西北大学"211"工程"十一五"学科建设基金项目资助

『早熟路径』下的法家与先秦诸子

赵小雷 著

中国社会科学出版社

图书在版编目（CIP）数据

"早熟路径"下的法家与先秦诸子/赵小雷著. —北京：
中国社会科学出版社，2010.10
　　ISBN 978-7-5004-9164-4

　　Ⅰ.①早… Ⅱ.①赵… Ⅲ.①法家－研究 Ⅳ.①B226.05

中国版本图书馆 CIP 数据核字（2010）第 195199 号

责任编辑　罗　莉
责任校对　石春梅
技术编辑　李　建

出版发行　中国社会科学出版社
社　　址　北京鼓楼西大街甲 158 号　邮　编　100720
电　　话　010－84029450（邮购）
网　　址　http：//www.csspw.cn
经　　销　新华书店
印　　刷　北京君升印刷有限公司　装　订　广增装订厂
版　　次　2010 年 10 月第 1 版　印　次　2010 年 10 月第 1 次印刷
开　　本　880×1230　1/32
印　　张　10　　　　　　　　插　页　2
字　　数　250 千字
定　　价　28.00 元

目　录

自　序

往之，后学新人每有一书成，辄请名人为之序，购者亦多以为参考，然每有名不副实者，遂缘及作序者。故，小册既成，亦曾欲请名人为之序，然，一则，有才疏学浅而缘及序者之忧；二则，有好逆世之论而累及序者之虑；三则，有必说之言，故自为之序，以求教于达人前辈。

鲁迅先生尝有《我怎么做起小说来》一文，谓之"意思是在揭出病苦，引起疗救的注意"。引此，或为不类，一则，似我辈者流焉敢与先生比之；二则，小说与学术本自不同。然忧时济世之心或相类耳。揆以当今中国之势，法家之学或能奏其功，此余为法家思想史之契机，亦或归宿者也。

法家者，固起于乱世，是"六王毕，四海一"（《阿房宫赋》）。自有法家之功在焉。而为后世文人所不喜者，利使之然也。或曰："严而少恩"，究其实，不过断绝了恃己之说以干时君世主而谋爵禄之仕途。然其"不殊贵贱，一断于法……明分职不得相逾越，虽百家弗能改也"（《史记·太史公自序》）。因而，汉武以降，儒家虽居独尊之位，然其为政之制度者，实以法家之说为基也。故，"夫儒者难与进取，可与守成"（《史记·刘敬叔孙通列传》）之说，不过俗儒干君以谋禄秩之言耳，守成者，亦实赖法家之学也。伦理道德、思想觉悟者，不过个人主观之修养耳，不强制以客观之法，必不济矣。虽然，国岂无法乎？非也。然，令不行、禁不止者，何也。法家固有说焉："国之乱也，非其法乱也，非法不用也。国皆有法，而无使法必行之法。"（《商君书·画策》）

法家之目标，固为加强君权以王霸天下，然，王霸天下，必施之以政，诸子论政固有法制与人治之别，法家论政之核心，固倡客观之法制，而非个人之才智、品德。一字以蔽之，曰："必"。必者，不得不然之势也。试言之如下：

1. 人好利之本性

以人性论之，法家固不论人性之善恶，好富贵而恶贫贱，固人之本性也。此最为持公之论也，以道德之善恶论人性者，其私存焉，何则，评价之标准、刑罚之施行，固在官矣，君固不得专，民亦不得其实也。今以利言之，去私之伪，而存公之实也。君臣、父子，无不以利计其长然者矣。官吏之贪赃枉法，其势必者，利使之然也；以为国、为民之心约之，必不得矣。或曰：果无为国为民之官乎，亦非也，其非圣既贤也。如韩非之论孔子以仁义说天下者也，从者，不过其七十列徒，而果奉行者，孔子一人而已。故，以仁义道德论官者，是以官皆为孔子，以民皆为七十列徒也，其势必不得矣（《韩非子·五蠹》）。

2. 为必然之势

然则何以治之，曰：以必然之势治之可也。"不恃人之为吾善也，而用其不得为非也。恃人之为吾善也，境内不什数；用人不得为非，一国可使齐。为治者用众而舍寡，故不务德而务法……不恃赏罚而恃自善之民，明主弗贵也。何则？国法不可失，而所治非一人也。故有术之君，不随适然之善，而行必然之道。"(《韩非子·显学》)又云:"故明主者,不恃其不我叛也,恃吾不可叛也,不恃其不我欺也,恃吾不可欺也。"(《韩非子·外储说左下》)适然之善与必然之道,此制度之枢机者也,韩子言之甚详,损益可也。

3. 重轻罪、立使法必行之法

法不全,固不必得,然有法而不必者,一曰:无使法必行之法;二曰:刑轻也。商鞅云:"国皆有法,而无使法必行之法。国皆有禁奸邪、刑盗贼之法……而奸邪、盗贼不止者,不必得……故善治者,刑不善而不赏善,故不刑而民善。不刑而民善,刑重也。刑重者,民不敢犯,故无刑也……赏善之不可也,犹赏不盗。故善治者,使跖可信,而况伯夷乎?……势不能为奸,虽跖可信也;势得为奸,虽伯夷可疑也。"(《商君书·画策》)贪赃枉法得以行者,亦以法,无权则无以贪,而无禁奸之法,国必不治也。如今之醉酒驾车然,向之,课以罚款了之,遂使醉驾者不绝,刑轻也,且不必得,托之人情,或得免矣。现课以15日之监禁,当事者,固不得免,受托者亦不敢为之请也,果能以一贯之,则醉驾者,必绝矣。

4. 循名责实

必得之势、使法必行之法,果奈若何,谓之:循名责实。后人或视其为驭臣之权术者,且由是而诋法家,是大谬也。法家固以张公抑私为务,然循名责实之义固不止于此也。要以言之,即各司其职、各尽其责、言行一致,所谓"使鸡司夜,令狸执鼠"(《韩非子·扬权》)者也。在法家者言之,即言、事、功三者之一耳。言不当事,事不当功皆在处罚之列,言大而功小,固罚;然,言小而功大,亦罚,非不悦有大功也。然大功之害,甚于言行不一也。故韩昭侯罪典衣而杀典冠,罪典衣者,以其失职也;杀典冠者,以其越职也。非不恶寒也,以为越职之罪甚于寒也

（《韩非子·二柄》）。后人或以为过，然，此实法家论政之最精密处，何则，不依偶然之善，而务禁必然之恶。典衣者，必然之职也，典冠者加之，偶然之善也。以偶然之善为政，不乱何待。寄希望于官吏奉公守法，是犹欲典冠者加之以衣者也，必不济也。

法家之价值，大略如上。然，犹有一义者，不得不辩也，秦、汉以降之文人，但言法家，必非之以专制。然此专制，感其不便者，在官而非民也，中国之民，固受制于国也，专制与民何伤；与官则不然，专制，使其不得，亦不敢为非也；民固无权以干官也，故，倘无国家之专制，则官更有恃无恐以虐民矣。窃以为，中国古代之政治，或有赖于专制之处者也。

柯林武德云：一切历史皆当代史也，又云：一切历史皆思想史也。或然矣，学人治史，固有为史而史者，此乃真学者矣；余则不然，虽无忧患之自觉，然两耳不闻窗外事者，似亦难以固守，既为中华之国民，于中国之现实固亦不能无所感矣，求诸史者，不过为释心中之疑者也，此或"念书的"（陕西方言：即读书人）之本分耶。按柯氏之说，当代史既为古代史之延续、社会史既含史家之意识，即为思想史者，故以中国古代史、法家与诸子之思想史为之参照，或能对当今中国现实诸矛盾及其解决，提供解释之别一途径乎。

吕思勉先生尝云："不明先秦时代政治及社会之情形，亦断不能明先秦诸子之学也。"（《先秦学术概论》）诚然矣。然，春秋之历史特征，何以为自上而下之维新，而非自下而上之革命，此非由中国文明之源头入手不能明了；而欲探究中国文明之源头，又必以西人之历史为参照。由此，余论法家与诸子之次第为：以侯外庐先生之"早熟"论为理论基础及其方法论，以"古典之古代"为之参照，借以阐明中国文明之"早熟"路径及其"亚细亚古代"之特征；由此以进，于春秋之历史特征及其根源，做一辨析；更由此以究法家及诸子之理论特征、内在矛盾及其根源。要以明之："亚细亚之古代"、春秋战国之历史特征及其根源、法家与诸子之理论特征及其内在矛盾、法家对诸子之批判继承。

以上为余所论之线索耳，此部只涉及中国古代社会及法家之发生，至于法家之理论体系及其现代价值者，则别为之著也。

赵小雷

2009 年 12 月 12 日　于西北大学桃园

导　论

一　法家思想的研究缘起

　　法家者，固起于乱世，"六王毕，四海一"（《阿房宫赋》）自有法家之功在焉。而为后世文人所不喜者，利使之然也。古谓之："严而少恩"；今谓之：专制。虽然，究其实，不过断绝了恃己之说以干时君世主而谋爵禄之仕途。然其"不殊贵贱，一断于法……明分职不得相逾越，虽百家弗能改也"（《史记·太史公自序》）。因而，汉武以降，虽然以儒家思想占了意识形态的统治地位，但在政治制度方面实由法家学说支撑着其几千年的基业。因此，所谓"夫儒者难与进取，可与守成"（《史记·刘敬叔孙通列传》）之说，不过俗儒干君以谋禄秩之言耳，守成者，亦实赖法家之学也。商鞅认为："国之乱也，非其法乱也，非法不用也。国皆有法，而无使法必行之法。国皆有禁奸邪、刑盗贼之法，而无使奸邪、盗贼必得之法，为奸邪盗贼者死刑，而奸邪、盗贼不止者，不必得……故善治者，刑不善而不赏善，故不刑而民善。"（《商君书·画策》）韩非认为："故明主者，不恃其不我叛也，恃吾不可叛也；不恃其不我欺也，恃吾不可欺也"（《韩非子·外储说左下》)。在此，所谓"使法必行之法"、禁奸"必得之法"、"恃吾不可叛"、"不可欺"者，莫不是由制度的建立处着眼。

司马谈在其《论六家要指》中论述法家时称："法家不别亲疏，不殊贵贱，一断于法，则亲亲尊尊之恩绝矣。可以行一时之计，而不可长用也，故曰'严而少恩'。若尊主卑臣，明分职不得相逾越，虽百家弗能改。"在此，司马谈之说固有其矛盾之处，"虽百家弗能改也"，固非"一时之计"，而正是"可长用"之制。

这是对法家思想的实质及其历史归宿的最精当的论述，它构成了后人研究法家思想的基本框架及理论视野。

法家者，正是以其"严而少恩"注定了它的悲剧命运，对此可由两方面来看，一方面当其为显学而称雄于战国之际时，他们也难逃用其学而戮其人的悲惨结局，如邓析、吴起、商鞅、韩非等；另一方面，当汉武之际"独尊儒术"的局面形成以后，法家思想虽然仍在上层建筑的政治制度中发挥着实际的作用，但在意识形态层面上则完全退出了历史舞台，从而形成了"阳儒阴法"的历史格局。不得不用者，因其"若尊主卑臣，明分职不得相逾越，虽百家弗能改也"，即现实政治的需要使然；然对其人及思想学说视而不见、存而不论者，因其"不别亲疏，不殊贵贱，一断于法，则亲亲尊尊之恩绝矣"，即官僚士大夫们的个人利益使然。亲亲者何，大臣之与天子，下级之与上级之关系也，尊尊者何，权贵而名显也。一断于法，则不得苟且；亲亲尊尊，则结党比周于上，贪赃枉法于下。此正是中国文明的早熟性导致的氏族统治之余绪使然（后详），只要得到在上者的认可，则其私欲即能大行其道。而且还要给此找到理论上的支持，遂使温情脉脉的儒家得以独尊，而法家不行于世，就是认同其学者，也多以儒者面目出现，以致两千年来法家思想几无学人所论，直至近代以后，迫于富国强兵的现实需要，关于法家的研究方才复兴。而当今之中国现实对法家学说又一次发出了召唤，即建立完善的政治法律制度，富国强兵，重振中华雄风。

要之，正是出于以上考虑，即现实的需要，法家思想的研究不但具有理论意义，而且更有现实意义。

二　法家思想的研究现状及意义

法家学说在近代的复兴，正如其当年兴起于诸侯各国变法图强的现实需要一样，试图以法家思想作为建设法制国家改良现实政治的重要参照，因而经世致用就构成了法家思想研究的一条中心线索和基本视角。

新中国成立以前　法家思想的研究主要表现为对其法律思想和政治思想的重视，以满足创建法治之国、改良政治的现实需要。这一时期的法家思想研究主要集中在这样几个方面，其一是法律史，其二是政治思想史，其三是中国思想史。其理论思维多表现在，为西学在中国的现实运用寻找历史依据上。

新中国成立后　这时期的法家思想研究主要是出于为新兴阶级寻找统治的理论依据，地主阶级是历史上的新兴阶级，无产阶级是现在的新兴阶级，法家是变法的代表，而变法作为中国历史上的政治运动就具有了进步性。因此这一时期的研究方法就主要表现为阶级分析法，此一方法至"文化大革命"发展到极端。

新时期以后至今　新时期以来的法家思想研究比以往有了长足的发展，研究范围虽然仍是以法律、政治为主，但并不局限于此，还涉及其他各方面，如历史观、经济观、文化观、管理观等。特别是地域文化与法家的关系研究，中国文化与法家的关系研究，法家研究的学术史研究等都取得了相当重要的成果。但与其他诸子研究的现状相比而言，还有相当大的差距，不论是数量还是质量都无法与其他各家相提并论，如与儒、释、道和易、玄、理、禅等比起来。

与台湾地区的法家思想研究相比尚有较大的差距，单就专著的数量而言，台北图书馆有关韩非的专著共计 1365 条，而有关法家的专著也在一千余部。而大陆的情况是，以"中国知网（http：//lsg.cnki.net/grid20/）"而言，1979—2009 年之间，有关韩非（包括韩非子）的论文，共计 873 篇，有关法家的论文 716 篇，有关商鞅的论文 383 篇（其中包括非学术论文）专著不过几十部。而儒家的条目则为 9145，孔子的条目为 8814，这还不算儒家范围内的其他内容，专著也远比法家的多。就质量而言，台湾的法家思想研究，不论是学说研究还是人物研究，其范围包括了各个方面：如《先秦法家统制经济思想》（侯家驹，台北：联经出版事业公司，1985)、《韩非子的实用哲学》（张素贞，台北："中央日报"出版社，1989)、《法家哲学体系指归》（黄公伟，台湾商务印书馆，1983)、《中国法家哲学》（王赞源，台北：东大图书股份有限公司，1989)、《先秦法家思想史论》（王晓波，台北：联经出版事业公司，1991)、《韩非子思想体系》（张素贞，台北：黎明文化事业公司，1985)、《法家哲学》（姚蒸民，台北：东大图书公司，1986)、《从法实证主义之观点论中国法家思想》（戴东雄，台北：三民书局，1973)、《韩非子通论》（姚蒸民，台北：东大图书公司，1999）等。

同时日本的法家思想研究（先秦诸子）也产生了不少论著，它们涉及法家的哲学、法学、政治、文化等方面，如《墨家·法家·论理思想》（宇野精一、中村元、玉城康四郎，东京：东京大学出版会，1967)、《法家思想研究》（木村英一，东京：弘文堂书房，1944)、《法家法实证主义》（田中耕太郎，东京：福村书店，1947）等。

就以上所述法家思想的研究来看，可以说包含了法家思想的各个方面，涉及哲学、政治、法律、经济、军事、社会、文化思想等。但总的来看，关于法律及政治思想的研究似乎占了绝大部分内容，其次是哲学和经济思想方面，而社会、军事，特别是文化方面的研究则相对要少一些。特别是将这些集中论述的，就几乎没有。

因此法家思想的研究也就有进一步探讨的空间和必要，具体而言，尚有以下几个方面的问题需要进一步探讨。

第一，就法家产生的历史根源问题，论者都涉及了春秋战国的历史特征，但对更远的历史，即中国进入到文明的不同路径问题及其对中国后来历史文化的影响都没有论述，中国文明之所以不同于西方，这是在其文明的一开始就决定了的，而非春秋战国才开始的，而春秋战国的补课性历史特征正是由中国文明的"早熟性"决定的。

第二，大多数论者对法家的专制持否定的态度，而没有看到它在中国历史上的必然性及其进步意义，法家的专制对象主要在官而不在民，专制的皇权在中国特殊的历史条件下具有进步性，否则如果像欧洲那样实行地方自治，倒霉的是中国普通的国民，因为与普通民众发生直接关系的更多的是地方的各级官吏及豪强劣绅，只有专制的中央集权才能约束他们。这是中国文明的早熟路径所决定了的，并非法家的一家之说，先秦诸子莫不如是，对民而言，本来即在专制之下，法家则更要对官吏施以专制而已。

第三，对法家的"法"、"术"、"势"的理解，似乎过于狭隘，一是将"法"仅仅看作是对法律的制定；二是视其只是为了强化对人民的统治；三是将"术"仅仅看作是加强皇权的阴谋诡计；四是将"势"仅仅看作是权势，等等。而没有将法家的这些思想看作是对各项制度建设的努力，法不仅仅是法律，而是各项规章制度，术也具有约束官吏的具体方法的意义，势也不仅仅是权势，更多的则是客观的趋势，即对政由心出的人治主义的否定。

第四，对法家思想的内在矛盾重视不够，没有作出比较合理的解释，如法家视人与人之间的关系皆为利害关系，甚至认为君臣关系也不过一种市场交易行为，但它却又反对商品经济，对工商技艺之人实行严厉打击；主张绝圣弃智，却又要以法为教、以吏为师；"易于进取"，却"难于守成"；秦朝短命，却汉承秦制；独尊儒术，却难免阳儒阴法，等等，这些单就法家思想本身是无法解释清楚的，它莫不与中国文明的"早熟性"有关。

第五，对法家学说的当代价值重视不够，一方面只看到它的法律意义，因而当前倡法家之说者多为法学界人士，其意或在于为当前的法制建设寻找一个历史证据；另一方面，是企业管理者，试图以法家对国家的统治理论来管理员工。

要之，就先秦诸子而言，法家是最具体系性的学术流派，它的思想比起其他诸子更完整，但就其研究现状来看，却远非其他诸子如道家和儒家可比。而就中国目前的现实来看，法家思想仍具当代性，其"不恃其不我叛"而"恃其不敢叛"，似乎比个人的为公、廉洁之心更可靠。

这正是社会现实的需要使然，众所周知，法家学说的复兴是与近代以来富国强兵的现实需要相一致的。在与西方列强的交往中，中华民族几千年来形成的既穷且弱的国力根本不堪一击，于是一些有识之士从五千年泱泱大国的梦中醒来，开始变法图强。但与我们的邻邦东瀛的全盘西化不同，大清帝国采取了"中学为体，西学为用"（张之洞）的维新路线，东瀛派往西方的留学生，既有学科技的，也有学其思想文化制度的。而清帝国派往西方的留学生则全是学科技的，更有甚者仅限于学习与军事有关的科技，至于思想文化方面，则无所取之。于是一些有心救国者，则转而向后看，于是重新发现了称雄于战国之际的法家思想。因此法家思想在近代的复兴，是带有强烈的功利性质的。既是由功利出发，就不可能全面、客观地分析研究其整个学说，而是只看一点不及其余，由此，法律、政治思想就几乎涵盖了法家的全部学说。法学家将其视为中华法系的理论源头，政治家则视其为政治学的代表。此正如《庄子·天下》篇中所称的，"天下大乱，贤圣不明，道德不一。天下多得一察焉以自好……犹百家众技也，皆有所长，时有所用……天下之人各为其所欲焉以自为方"。其结果就是"道术将为天下裂"，由此，法学家只看到法家法制学说中的平等性的一面，政治家又只看到法家政治思想中的专制性的一面。两家都没有错，它们都是法家思想中的固有之意，但各家"各为其所欲焉以自为方"，则都不能全面地认识法家思想的内在联系。事实上，法家并不是法律家，它只是比较强调法的重要作用的一家思想流派，固然它处处讲法的重要性，但其法主要是一种政治统治的手段，其目的还在于理想的政治、经济秩序的建立。而既然要建立一种政治制度，就必然要有相应的理论基础，即比较完整的哲学思想，以及在此之下的相应的社会、经济、军事及文化等方面的理论体系。因而法家思想绝不是某一方面的思想学说，而是一个比其他诸子都全面的理论体系，这是由其产生的历史条件所决定了的，法家作为春秋战国之际最后形成的一个理论流派，它必然是其他诸子学说的集大成者，对《韩非子》也应作如是观，即它不仅仅是法家学说的集大成者，同时也是整个诸子之学的集大成者。因此，法家学说还有进一步研究的理论空间。

　　其一，能否将以上所述的法家思想联系起来作为一个整体给以综合考察，从其各个部分的相互联系中发现法家思想的基本规律，并给以不偏不倚的客观评价，即，既要看到法家思想中的公正、形式平等的一面，又不能回避其向专制转化的一面。

其二，以往的法家研究多停留于当然层面，即法家思想的本来面目的阐释上，而思想史的研究更重要的还在于要阐明其所以然，即法家思想何以呈现出如此形态。以往在论述到法家的产生时，也无不联系到春秋战国的社会历史特征，但仅限于此还不够，还不能说明法家思想的内在矛盾，即为何由主张形式平等、公正却走向了专制，由强调人与人之间的利害关系却走向了对个人自由追求私有财富的反对，等等。这一切单从新兴阶级的代言人以及地主阶级本身的局限性这一角度是讲不清楚的。

本课题即法家思想研究拟分为两部分，第一部分，为法家发生论；第二部分，为法家的理论体系及其现代价值。所以法家的先进性将在第二部分里作详细的论述，在此就不赘述了。本书只是法家思想研究中的第一部分，即法家发生论。其基本线索为：中国文明的早熟路径、春秋战国的历史特征及其根源、法家及诸子产生的历史背景及其理论特征、法家对诸子的批判继承。

三　理论基础及其方法论

（一）克罗齐、柯林武德的史学理论

克罗齐认为"一切真历史都是当代史"[①]，柯林武德则将其明确地称为"一切历史都是当代史"[②]，并更进一步地认为"一

---

　　① ［意］贝奈戴托·克罗齐：《历史学的理论和实际》，傅任敢译，商务印书馆1982年版，第2页。

　　② ［英］柯林武德：《历史的观念》，何兆武、张文杰译，商务印书馆1997年版，第286页。

切历史都是思想史"①。实际上他们所认为的历史主要指的是历史学的历史，而不是客观的历史事实。而就历史学的历史来看，它们确实都包含着史家个人的主观在内。否则由单纯的记录者以"不虚美，不隐恶"（《汉书·司马迁传赞》）的态度照实记录下来的只是"编年史"，而不是"历史"，编年史是死的，历史是活的。"因为，显而易见，只有现在生活中的兴趣方能使人去研究过去的事实。因此，这种过去的事实只要和现在生活的一种兴趣打成一片，它就不是针对一种过去的兴趣而是针对一种现在的兴趣。"②"一切历史当其不再是一种思想活动而只是用抽象的字句记录下来时，它就变成了编年史"③，但是这种死的编年史一旦"当生活的发展需要它们时，死历史就会复活，过去史就会再变成现在的"④。"文献与批判，即生活与思想才是真正的史料"⑤。由此可以看出，克罗齐主要强调的是史学家要由生活出发，要有思想地与历史交流，也可以说真正的历史是现在的史学家与过去的史学家的双向建构过程及其结果。

同时柯林武德还认为，历史并不是一个由开始到结束，再重新开始的前后衔接的断断续续的连接，而是一个完整的有机过程，即并不是 P1 结束了，P2 就接着开始，"P1 并没有而且永远也不会结束，它只是改变了形式而成为 P2。P2 也并没有开始，它以前就以 P1 的形式存在着了……今天由昨天而来，而昨天里面复有前天，由此上溯以至于远古；过去的历史今天仍然存在

①　[英] 柯林武德：《历史的观念》，何兆武、张文杰译，商务印书馆 1997 年版，第 303 页。
②　[意] 贝奈戴托·克罗齐：《历史学的理论和实际》，第 2 页。
③　[意] 同上书，第 8 页。
④　[意] 同上书，第 12 页。
⑤　[意] 同上书，第 11 页。

着"①。

　　然而也正是由此表现出了其局限性，因为就作为现象的历史事件而言，其背后必然要有更深一层的内在根据，即支配着这些行动着的人的思想。但又是什么支配着这些人的思想呢？就其合理性来看，克罗齐强调了史学家研究历史的当下性根据，以及历史与现实的紧密联系。但不能因此就认为超出某个具体史学家理论视野之外的历史就不是历史，历史也好，历史学也好，它们说到底还是一种客观的现实存在。不论我现在是否在思索古希腊的历史，或看没看《荷马史诗》，它们都是客观存在的。

　　因此就克罗齐和柯林武德史学理论的中心概念，即"一切历史都是当代史"、"一切历史都是思想史"而言，我以为有以下几点是值得我们借鉴的。

　　第一，历史是一个连续发展的有机过程，古代史并不会随着时间的推移而消逝在我们的现实之外，它仍然活在我们今天的现实之中。不论史学家承认与否，他们在进行研究时总是由现实的需要和个人的兴趣出发的，而不是从书架上随手抽出一本史料就开始研究的。而这种现实需要并非仅仅只是现实的，同时还有历史的发展趋势因素在内，历史为它自己找到当下的代言人，也就是在P2中本身就包含着P1的内容，而过去的P1也预示着今天的P2，当下不过是历史的另一种形式而已。因此，史学家在选择研究对象时，表面看起来是出于个人的兴趣，但其实不过是应对历史的召唤而已。

　　第二，"一切历史都是思想史"，固然有忽视历史的客观性的一面，但另一方面其在强调史学家应从现实的深切感受出发，并以深刻的思想去研究历史，以及在试图探究历史事实背后的最终

————————
　　① ［英］柯林武德：《历史的观念》，第21页。

根据所表现出的努力上，还是有它合理的一面的。

史学研究并非只是对史料的顺序排列，或对历史事件的简单复原，而是要探寻其背后的动机，即行动着的人们的思想得以产生的根源，历史是思想着的人们的历史，历史学是史学家们思考历史的结果，所以推动历史的人的思想动机之根源，还要在历史本身中去寻找。"历史学是通过对证据的解释而进行的：证据在这里是那些个别地就叫做文献的东西的总称；文献是此时此地存在的东西，它是那样一种东西，历史学家加以思维就能够得到对他有关过去事件所询问的问题的答案……历史学的程序或方法根本上就在于解释证据。"① 解释证据，一方面在于说明其历史意义；另一方面即在于阐明其当代价值。

历史学家之所以要研究历史，并非为了满足自己的好奇心，而是带着对现实的疑问向历史寻找答案，史料就是解答其疑问的证据。因此对史料就不能被动地接受，而是要积极地进行解释。

概而言之，在历史的现实关照、所以然的方法论、整体性的理论视野等方面，克罗齐和柯林武德的史学观都有其重要的理论意义。

当然，仍要给其以辨证分析而不能照搬，也就是要与中国的传统史学理论及方法相结合，首先，不能以急功近利的现实需要去阉割历史，如评法批儒者然。其次，充分重视被其所不屑而称之为"编年史"的，然而是中国的根本传统的考据成果。第三，继承其历史行动的现实关照原则，努力发掘历史资料的现代价值，以彰显其历史的当下意义。

---

① ［英］柯林武德：《历史的观念》，第 37—38 页。

（二）侯外庐的"早熟"理论

以上所述之克罗齐、柯林武德的史学理论，旨在强调历史与现实、史料与史家之关系，对研究历史的重要作用，侧重于法家研究之缘起的说明。而侯外庐的"早熟"理论，则是本书的核心理论，笔者甚至认为它是研究中国历史的基本出发点[①]，同时也是打开中西方文明奥秘之门的一把钥匙。侯外庐的"早熟"理论在下面有详细的论述，在此就不展开了。要之，以地域单位是否冲破了氏族外壳、土地私有是否代替了土地公有为标准来划分，西方是古典的古代；而中国则是亚细亚的古代。

古典的古代是由家庭、私有制再到国家，中间经过了小私有制的充分发展而被大土地所有制所代替，最后进入到了奴隶制国家，它是走完了全程的，因而是发育正常的文明小孩。

亚细亚的古代则不同，它是由家庭直接进入到了国家，中间没有经过小私有制的充分发展，一开始就是大土地所有制，这个过程比古典的古代早了大约一千年，因而它是早产的文明小孩。

以往学人研究先秦诸子，莫不以春秋战国之历史为其背景，但春秋战国之历史特征及其根源，就春秋战国的历史本身是解释不清的，即何以春秋战国之际的历史特征为自上而下的维新，而不是自下而上的革命，由此出发，先秦诸子之理论特征、内在矛盾、历史归宿等就不能由所以然层面上得到解释。

以上就是本书的基本出发点。之所以要研究法家思想，首先就是由现实的需要出发的，以求在中国的传统思想里寻找到答案，其次，法家思想本身在今天也更显现出其优于别家的历史先

---

① 参见笔者《侯外庐的"早熟"理论对中国古史研究之意义》，载《史学理论研究》1996 年第 3 期。

进性。

（三）研究方法

具体而言，本书的研究方法有以下几点：

1. 穷根溯源的"所以然"探究

诸子之学前人所论者多矣，但似乎缺少由所以然层面上来解释其局限性或矛盾性者，这其中或者不能认同法家思想的深刻内涵，只是流于表面现象的介绍，或者是盲目的赞美，将其与西方的法权思想相比附。而这其中的关键就是以往的论者，虽然也都看到了思想产生的社会历史背景，但仅仅限于对春秋战国礼乐崩坏、学在四野的历史现象的介绍，说到法家的产生都视其为新兴阶级的代表，且不论其是哪个阶级的代表，单从这个阶级本身已经呈现出来的历史特征来分析其思想特征，还不能从所以然层面上得出合理的证明，因为这个阶级本身的历史特征还需要进一步的说明。就以普遍的观点，即法家代表了新兴的地主阶级的利益而言，那么地主阶级的历史特征又是由何而来的呢？而如果说它正是春秋战国之际的历史特征所决定的，那么又如何解释春秋战国之际的历史特征呢？即为何是自上而下的维新，而不是自下而上的革命？法家起源于春秋战国之际私有制的发展，有学者甚至认为法家是商品经济和商人阶层的代表，如吕振羽在其《中国政治思想史》中就认为法家是新兴的地主及商人阶级的代表，"韩非的阶级性，司马迁既谓其为'韩之诸公子'，是其出身，系属旧封建主家世；但其政治理论，又系代表较进步之新兴地主——商人阶层的要求"①。侯外庐甚至认为法家学说是商品理论的代表："法家的法的定义即借用商品等价交换的术语，例如慎到说：

①　吕振羽：《中国政治思想史》上册，人民出版社 1961 年版，第 216—217 页。

'有权衡者不可欺以轻重,有尺寸者不可差以长短,有法度者不可巧以诈伪。'(意林卷二引)由此看来,法的平均观念是商品等价交换关系在权利义务关系上的反映,法家可以说是中国古代商品关系的理论完成者,他们和亚里士多德的商品论有同等的价值。"①法家作为私有制发展的产物,这固然不错,但如何解释法家却要打击它正要依赖的工商技艺之人,即私有者阶级呢?这其中的关键就要从更深一层的根据上去分析了,春秋战国之际独特的历史特征其根源在于中国进入文明社会的不同路径,即"早熟性"所致。因此对先秦诸子思想特征的研究,不但要从春秋战国之际的历史特征出发,更要由中国历史的特殊性,即文明的早熟性出发才能做出合理的解释。简而言之,就是中国进入文明的独特路径决定了春秋战国之际的历史特征,而春秋战国之际的历史特征决定了诸子百家及其法家思想的理论特征。

　　2.整体联系的方法

　　首先,把法家思想作为一个有机整体给以考察分析,而不是单独就其中某一个人物的思想,或就其某一个方面进行研究。法家固然强调法的重要性,后人也正以此称其为法家,但不应以此就视其为法理学派而归入法学一类,或再稍一进步以其对统治权谋之强调而视其为政治学之一类派别。固然先秦诸子莫不言政,但又莫不包含着其他思想内容。事实上法家除了以法治国的政治思想以外,还包括哲学思想、经济思想、军事思想、文化思想、社会思想等,而这一切都是一个有机联系的整体。

　　其次,法家作为先秦诸子中的一家,而且是晚出的一家,它必然与其他诸子有各方面的相互联系,这不单是从发生论的意义上来看法家对其他诸子的批判继承,而且是从共性与个性的关系

---

① 　侯外庐等:《中国思想通史》第一卷,人民出版社1957年版,第591页。

的角度，来看先秦诸子与法家的相互关系的。所谓百家争鸣，到底这诸子百家都有哪些共同的特征，又有什么不同，其差异又有什么根本的区别，以及其产生的根源是什么，等等，这些问题不弄清楚，就不可能对先秦诸子有一个总体的把握，也就不能对具体的某一家诸子作出比较合理的解释。要之，对法家思想的研究非由对先秦诸子的共性出发以分析其独特性不能奏其功。

　　3. 综合比较的方法

　　中国学人历来视春秋战国之际为中国历史上的黄金时代，视百家争鸣为中国历史上第一次思想大解放，因而倍加赞赏并满怀无限的憧憬，成为以后几千年中国学人在漫漫黑夜中摸索前行中慰藉心灵的精神家园。但这只是表面现象，实际上诸子百家不过是以私学的形式，实现着官学的内容，所谓百家争鸣不过是诸子从各个理论层面论证了新的官学，都是为新的官学做了理论上的准备，这正是社会分工的专业化在意识形态上的表现（后详）。因此研究诸子中的某一家就不得不将其与其他各家相比较而论，只有在对比中才能看出其独特性，这也正是整体性方法的具体展开。

　　首先，将法家与其他各家的思想特征进行综合比较，以揭示出法家与诸子的对立统一关系。

　　其次，将诸子的思想特征与春秋战国之际的社会历史特征进行综合比较，借以给社会意识以社会存在的客观依据。春秋战国之际的社会历史特征，用古人的话说：乃天下无道，政出多门、礼乐崩坏、学在四野，等等；用现代人的话说就是"旧的打破了，新的还没有建立起来"（《安娜·卡列尼娜》），总之是天下大乱了。但是政权的转移及财富的重新分配采取了怎样的行进路线，它对诸子的思想产生了怎样的影响，这是到了侯外庐这里才得到了系统的理论阐释，即春秋战国之际的历史特征是自上而下的维新，而非自下而上的革命。

第三，这种自上而下的维新不过是春秋战国之际的社会历史特征的表现或现状，而它的根源又是什么，这就不能不涉及中国进入文明的独特路径，也就是说只有把春秋战国之际与中国文明的源头进行综合比较才能阐明它的历史特征的内在根据，春秋战国之际的变革之所以是自上而下的维新而非自下而上的革命，正是由中国进入文明的独特路径，即没有经过小私有制的充分发展就由家庭直接进入到了国家，这种大土地所有制的"早熟性"所决定了的。

第四，但这种文明的早熟性必须有一个参照，否则如何确定它是早熟的？而这个参照就是古希腊、罗马同时代的社会历史特征，因而就要把东西方进入文明的不同路径进行一番综合比较，由此阐明中国文明的独特性，而正是这一文明源头的独特性不但决定了春秋战国之际的历史特征，而且也决定了中国后来的历史发展方向。

4. 史论结合的方法

研究中国古代思想史自古以来无非侧重两个方面，一是训诂考据，一是发明义理，前者注重的是经典的字面或概念的意义，此即史；后者注重的是经典的思想意义，并在这个过程中羞答答地做一点现代意义的引申，此即论。本书在阐释法家原典时也无非是这两个方面，即由字面或概念意义到思想意义的发明。但在史即训诂考据的这一方面不做过多的纠缠，实际上也没有这个能力，如果不涉及有碍对思想意义的论述者，就尽量运用已有公论的史料。而对不辨明就不能了然其思想意义者，则给以尽可能周详的辨析，如对邓析被杀一事就须进行一番考证，即到底谁杀了邓析、为何杀的，又为何杀其人而用其刑，等等。而这后两点实际上又是论的范畴，因此本书所谓论者，一方面是尽可能准确地还原法家思想的本意，即给以当然层面上的说明；另一方面又要给以所以然层面的解释，如邓析，之所以被杀者，因其以私乱法，而之所以又用其刑者，因其对文辞简约之刑鼎的详细解释能为官用。所以本书的论证必以史料为基础，而又不拘泥于对史料的单纯考据上，研究历史，还原历史的本来面目固然重要，但更重要的还在于阐明它的历史意义和当代价值。

5. 以今证古的三重证据法

所谓三重证据法就是，在王国维的二重证据法（文献资料和考古资料）之外，以当代的社会存在和社会意识作为解释古代历史之证据，其理论根据就是柯林武德所谓的在 P2 中本身就包含着 P1 的内容，而 P1 也预示着未来的 P2，P1 就是历史存在，P2 就是现实存在，历史存于现实之中。这对中国历史而言更为恰当，世界上恐怕没有哪个国家的历史如中国这样，具有连续不断的一贯性，古代的一些生活现象、生活习惯、思维模式在今天中国人的现实生活中亦然存在着，如："郢人之以两版垣也，吴起变之而见恶。"高诱注云："楚人以两版筑垣。吴起……变其两版，教之用四，楚俗习久见怨也。"（《吕氏春秋·孝行览·义赏》）这种以木板或橼子为模板中间以土夯之的筑墙方法，最少在 20 世纪 70 年代中国的北方农村仍然在使用。再如，所谓自给自足的小农经济，20 世纪 50 年代生人恐怕都还有经验，那时一些偏远的农村，除了盐和铁（农具）需要购买以外，其他的都是自家生产的。再如，官本位意识、小农意识、贱商仇富意识等，至今仍残留在国人的意识之中。刘勰在论述文学的鉴赏时称："夫缀文者情动而辞发，观文者披文以入情，沿波讨源，虽幽必显。"（《文心雕龙·知音》）在此，虽然说的是观文，然而对于观史亦或可用，历史与现实固有其必然之联系。

四　研究对象和范围

　　既是法家思想研究，自是以法家为其研究对象或范围，这似乎是一个不是问题的问题，或有多此一问之嫌，但问题亦正在于此，何谓法家，谁是法家，哪些著作是法家中的哪位写的，等等，这些问题追究起来都是问题。吕思勉的先秦诸子可分派不可分人的研究方法，给先秦诸子之学的研究提供了基本的方法论保证，吕思勉指出："治先秦之学者，可分家而不可分人。何则？先秦诸子，大抵不自著书；凡所纂辑，率皆出于后之人。欲从其书中，搜寻一人所独有之说，几于无从措手；而一家之学，则其言大抵从同。故欲分别其说属于某人甚难，而欲分别其说属于某家则甚易……故治先秦之学者，无从分人，而亦不必分人。"①由此出发，似可对以上诸问题作一番界定。

　　何谓法家，对这个问题首先要明确的是，它不是一个形而上的概念，而是对先秦具有相近思想的某一派人的概括。

　　其次，这一派人并非都是有理论体系的学者，还包括实际实行某一思想的政治家或个人，前者如商鞅，后者如邓析者流。

　　第三，这一派人其中心思想是以法治国而不相信或反对以德治国者，并且不能归入其他作为显学的各家之内者，如道、儒、名、墨、阴阳、纵横、兵、农等。

　　第四，所谓法家，并非就是法律学家，尽管法律观念在其思想中占有重要地位，视法家为法律家者，正是今日中国的法学学者的家法，就其专业所限只注重法家思想中的法律思想，这没有错，但如果由此就视法家仅仅为法律家就难免以偏概全了，因为

———————

　　①　吕思勉：《先秦学术概论》，东方出版中心1985年版，第22页。

法律思想只是法家思想中的一部分。甚至政治思想也不能涵盖法家思想的全部，它仍然只是其中一部分，因为除此之外，法家思想中还有关乎经济、社会、历史、文化、哲学等多个方面。因此，所谓法家就是以法制、政制及其相应的意识形态建设为中心思想的一派人，包括政治家、理论家。在此，现象学的加括弧或称悬置的思维方法具有重要的意义，即把何谓法家这一概念界定悬置起来，而直接面对法家本体给以分析，此亦即《庄子·齐物论》中所称的"六合之外，圣人存而不论"。因为何谓法家可能说不清，但具体到所指称的学派，则大家可能都明白其具体所指称的是哪些人，因此不如换个问法，谁是法家，或法家都指哪些人，其答案可能是比较清楚的，邓析、李悝、吴起、申不害、慎到、商鞅、韩非等人是法家，而老子、庄子、孔子、墨子、孟子、荀子等不是法家。

在此要说明的是，管子，他是不是法家，本书采取的方法是存而不论，因为《管子》不论是不是管仲所写，其思想比较杂，它之中有法家思想，也有别家的思想。学界对此也没有达成比较一致的看法，因此本书对他采取存而不论的办法，把他"悬置"起来另文再论。这不单是笔者这样才疏学浅者流的有心无力之举，实际上就连一些史学大家对此也持慎重的态度，如吕振羽就认为："《管子》确非一人一时所作，所以把《管子》作为一个思想家的思想体系看，也是不妥当的，因之决定把他割弃。"①

再有就是荀子是不是法家的问题，以往这不是问题，但近代以来有人认为荀子是法家，其一是因其学生韩非为法家之集大成者，其二是荀子的思想中除了重礼的一面外，还有尚法的一面，

① 吕振羽：《中国政治思想史》上册，第97页。

除了王道还有霸道，以及法后王、批判儒家的思想，等等①。这固然不错，但其占主导地位的还是儒家思想，其一之论根本不足为据，学生是法家，老师就一定是法家么？其二之论亦不能证明荀子的法家身份，荀子固然倡性恶之说，但其目的在于证明人性是可以通过后天的改造而向善的，所谓"人之性恶，其善者伪也"（《荀子·性恶》），或曰："有治人，无治法……法者、治之端也；君子者、法之原也。故有君子，则法虽省，足以遍矣；无君子，则法虽具，失先后之施，不能应事之变，足以乱矣。"（《荀子·君道》）强调君子自我的道德完善，强调礼乐教化对人性的改造，这正是儒家的家法。因此本书认同传统的史学观念，不把荀子看做是法家。

　　鉴于以上的考虑，本书对何谓法家，即有关法家的概念界定不作论述，而重点在于说明谁是法家，那么这个划归的标准是什么呢？标准就是韩非，韩非是法家的集大成者，这是学界的共识。那么，古人对韩非的有关评价以及韩非自己对法家的概括，就可以视为划分法家学派的一个标准。胡适在其《中国哲学史大纲》中认为古代根本没有什么法家的提法②，但没有法家的称呼或叫法，不等于就没有这些人及其思想存在。

---

① 　李海生：《法相尊严》，辽宁教育出版社1997年版，第22页。
② 　胡适：《中国哲学史大纲》上册，东方出版公司1996年版，第320页。

第一章

中国古代社会

第一节　独特的早熟路径及其
对中国历史的影响

　　春秋战国之际是中国历史的一大变局。所谓百家争鸣正是新旧制度的交替在意识形态上的反映，故凡治先秦思想史者，莫不涉及当时制度变迁的各个方面，因而"不明先秦时代政治及社会之情形，亦断不能明先秦诸子之学也"①。这固然是基本的研究方法，然而仅限于此，似不能从根本上揭示出先秦思想的独特内涵。因为，春秋战国之际的历史特征，如果仅就其本身而言是很难说清楚的，在此基础上对先秦思想的探讨就只能是就事论事的。因此，笔者以为似应把研究的视野再扩大一些，从中国进入奴隶制国家的独特路径开始，来探讨春秋战国之际的历史特征，并在此基础上揭示出先秦诸子的思想本质。因为东西方文明的差异是早在其进入国家的起始阶段就已经奠定了的，因而要想从所以然层面上揭示出先秦思想的独特本质，就得从中国历史的源头

---

①　吕思勉：《先秦学术概论》，第11页。

开始。在此侯外庐关于中国进入奴隶制国家的独特路径的"早熟"理论，给我们提供了理论基础和方法论的保证。

侯外庐认为，中国虽然同样经历了奴隶制社会，"但古代文明路径在一般的规律性里，还包含了特殊的规律性"①，这个特殊的规律性就是"土地氏族国有的生产资料和家族奴隶的劳动力二者间的结合关系，这个关系支配着中国古代的社会构成，它和'古典的古代'是同一个历史阶段的不同路径"（第27页）。对此，张岂之和刘宝才在该书的新版前言里指出："这一结论是作者研究中国古代社会的理论基石，也是读者理解本书内容的必要前提。"② 正是由于土地和劳动力的特殊结合方式，决定了中国由氏族社会进入奴隶制国家的独特路径。而土地所有制的性质及其与氏族纽带的不同关系，使东西方进入文明的路径呈现出不同的特征，侯外庐认为它是由氏族社会解体过程的二元性所决定的，"一方面表现在私人占有土地和共有土地不相容，他方面表现在血缘基础的社会和地域基础的社会不相容"（第17页）。具体而言就是：（1）氏族公社的土地是否分成了小块而为各个家庭所有；（2）地域单位是否冲破了氏族的血缘纽带，即按照居民所居住的地域而非血缘来划分社会的行政区域。这同一古代社会"构成"范畴下的不同路径（第32—33页），不但决定了西方是"古典的古代"，东方则是"亚细亚的古代"，而且也决定了东西方后来的文明差异。

所谓"早熟性"即是指：东方专制君主制国家的形成，在历史的进程上是前行的，"比希腊罗马的历史差不多早了一千年"，

---

① 侯外庐：《中国古代社会史论》，河北教育出版社2000年版，第42页，以下简称《史论》，本书中只标页码者，均出自此书。

② 侯外庐：《中国古代社会史论·前言》，第2页。

因此，亚细亚的生产方式实在是"古代"国家形成的别一种路径。（第 22—23 页）具体而言即是，古代东方国家的产生采取了国有土地的路径，"一开始便是大土地所有制"，即在青铜时代就进入到文明社会，这不能不说是"早熟"的，而且在历史上也的确先行了一个时期。（第 24—25 页）如果我们以家族、私有制、国家三项作为衡量文明路径的指标的话，"古典的古代"是由家族到私有财产，再到国家，国家代替了家族，是走完了全程的；"亚细亚的古代"则是由家族到国家，国家混合在家族里，叫做"社稷"，中间跨越了私有制阶段。因此，前者是新陈代谢，新的冲破了旧的，这是革命的路线；后者则是新陈纠葛，旧的拖住了新的，这是维新的路线。（第 30 页）实在说来两者是平行的体系，在《政治经济学批判》导论中，古典的古代指的是"发育正常"的文明"小孩"；亚细亚的古代则指的是"早熟"的文明"小孩"（第 31 页）。在此，所谓"早熟"是相对于成熟而言的，而成熟指的就是相对于野蛮的原始时代而言的，即奴隶制国家的形成。古典的古代，随着氏族制的解体，形成了小土地私有制，而随着小私有制的竞争，形成了大土地所有制，由此才进入到奴隶制国家的文明阶段。而中国氏族制解体后，并未经过小土地私有制的竞争过程，而是直接由氏族公社的公有土地制进入到了国家的大土地所有制，这个过程比西方早了一千年。

　　而由《中国古代社会史论》的中心线索来看，"早熟"的只是国家的形式，或者叫外壳，而国家的内部结构则是不成熟的，所谓十月怀胎，希腊这个"文明小孩"是足月的，它完整地经历了家族、私有制、国家这个过程；而中国这个"文明小孩"则是不足月的，它是由家族直接进入到了国家，其中跨越了私有制这个过程，即早产的，所以亚细亚的古代就带有非常深厚的氏族社会的余绪。所谓亚细亚国家的内部结构的不成熟主要表现在：

其一，私有制发展不充分，氏族公社解体时没有把公有土地划分为各个小块，分配给每个家庭，而是由氏族首领据为己有而直接带入到了国家，即经济基础的确立不够典型。

其二，由此就使阶级的划分不够典型，没有以私有财产区分的典型的国民阶级，而是由"氏所以别贵贱"（《通志·氏族略序》）形成社会阶层的上下之别。

其三，作为国家机器的各种规章制度是不成熟的，以家治国，家国一体，氏族纽带牢牢地束缚着国家。因此，早熟的也就是早产的，早产的必然是发育不完全的，那么后天就得补上先天的缺失，正是由此决定了春秋战国的历史特征。

要之，亚细亚的古代其形式上是国家的，骨子里则是氏族的。

一　古典的古代

概括地讲古典的古代就是：（1）地域单位冲破了氏族外壳；（2）土地私有代替了土地公有。具体来看就是，在"古典的古代"，文明使社会分工进一步的加剧，形成了城市与农村的对立，城市成了土地所有者的中心，支配着农村的经济。"城市使氏族制趋于没落，代之而起的是以地域为单位的国民。"[①] "国家和氏族制度的区别所在，第一是在于它由领土以区分国民……这个按照地域的住民组织，是一切国家共通的特征。"（第41页）正是由于地域化的社会结构，进一步推动了土地私有制的发展，使得个人的私有土地和国有土地划分开来，"个人的财产直接地不是公社的财产"，正是地域化助长了"由自然路径成熟的"过程，即是私有土地形态的路径。"在希腊，最初出现的是小生产私有

---

①　参见侯外庐《中国古代社会史论》，第28页。

者，后来才产生了大土地所有者，并且渐渐把小生产者并吞"。（第33—34页）在希腊的英雄时代，土地差不多完全是由独立农民耕种的，显贵的氏族的王公所有的较大的邑地，是种例外，且很快就消灭了。（第43—44页）

古典的古代在氏族社会解体时，将公社的土地划分为小块分配给了各个家庭，这其中尽管仍然保留了一些公有土地，但一方面，这些公有地不是属于作为氏族首领的王公个人的，而是属于集体，即全体国民的，国王也不能将其据为己有，而必须与其他国民一样，即因功而受赏①；另一方面，"古典的古代"的国民是带着自己的一块份地进入国家的。

据考古资料（线文B）记载，古希腊早在迈锡尼时代（公元前1450—前1200年）就已经有了私有地及佃耕者，"迈锡尼时代的土地基本上分作两大类：一是公社所有地或公有地（ke-ke-me-na），一是不属于公社掌管的土地或私有地（ki-ti-me-na）。不论公地或私地，都有出佃之制。公地还有一种负担义务的占有制，叫做'卡马'。佃耕者和卡马地耕者耕作小块土地。公地是属于公社的，私地的所有者或占有者主要是一个贵族等级，叫做'特勒泰'，可能是公社的上层分子"。② 迈锡尼时代派罗斯的土地分为：（1）公有地（公社所有地）；（2）私有地；（3）份地；（4）佃地；（5）卡马。佃地，即从公有地（包括卡马地）或私有地租来的土地。卡马地，即耕种者要承担相应义务的公有地。这其中最应注意者，是"份地"的出现：

（14）114＝En 02［609］（派罗斯泥扳）

---

① 黄洋：《古代希腊土地制度研究》，复旦大学出版社1995年版，第35页。
② 林志纯主编：《世界通史资料选辑·上古部分》，商务印书馆1962年版，第234页。

1. ？瓦纳塔约的私有地二百四十二公升麦籽。

　　佃耕者所占有？瓦纳塔约的份地如次：

　　国王的工匠？阿图科斯占有一块佃地，二公升麦籽，

　　……

2. 阿马伦塔斯的私有地二百七十六公升麦籽。

　　佃耕者所占有阿马伦塔斯的份地如次：

　　神奴索罗占有一块佃地，六公升麦籽，

　　神奴厄多莫留占有一块佃地，十二公升麦籽，

　　神奴厄沙罗占有一块佃地，六公升麦籽，

　　特勒泰？瓦纳塔约占有一块佃地，十二公升麦籽，

　　　　　　　　——林志纯主编《世界通史资料选辑·

　　　　　　　　　　　　　　　上古部分》，第 235 页

(15) 131＝Ep 01 ［301］（派罗斯泥扳）

　2. 爱提奥克，一个份地的所有者，由公社占有一块公有地的佃地，一百七十四公升麦籽。

　3. 瓦纳塔约，由公社占有一块公有地的佃地，六十公升麦籽。

　4. 阿达马奥，由公社占有一块公有地的佃地，四十八公升麦籽。

　5. 阿图科，一个武器匠，由公社占有一块公有地的佃地，x 公升麦籽。

　　……

　8. 皮喀鲁，一个份地的所有者，他占有一块公有地，x 公升麦籽。

　9. 拉康洛，一个份地的所有者，他占有一块公有地，x

公升麦籽。

10. 库索，一个份地的所有者，他占有一块公有地，二又 x 公升麦籽。

11. 喀老约，一个份地的所有者，他占有一块公有地，四十八公升麦籽。

12. 巴拉科，一个份地的所有者，他占有一块公有地，八十四公升麦籽。

——林志纯主编《世界通史资料选辑·

上古部分》，第236页

13. 科图洛，一个份地的所有者，他占有一块公有地，十二公升麦籽。

14. 爱喀乌，一个份地的所有者，他占有一块公有地，七十二公升麦籽。

——林志纯主编《世界通史资料选辑·

上古部分》，第237页

(17) 148＝Ep 04 ［617］

9. 法来科斯有一块卡马地的佃地，他自己是一个份地的所有者，一百二十公升麦籽。

——林志纯主编《世界通史资料选辑·

上古部分》，第238页

在此，份地正是由公社的公有地划分为各个家庭所有的私有地，如上引"由公社占有一块公有地的佃地"、"一个份地的所有者，他占有一块公有地"，等等。而所谓佃耕者，也并非没有土地的家庭，如我们所谓的"雇农"，他可以是诸如工匠、神奴和神婢，也可以是"特勒泰"这样的上层人物。同时有自己的份地者，仍然可以向公有地或者别的私有地者租地来种，与此同时他也可以再把自己的地佃给别人来种，如上所引的"法来科斯有一块卡马地的佃地，他自己是一个份地的所有者"。作为上层人物"特勒泰"的"瓦纳塔约"有"私有地二百四十二公升麦籽"。这种私有地即是份地，而且是可以出租的。份地还有一种情况，似乎是在上述私有地之外而从公社所有的土地中分割出来给各个家庭的。"科图洛，一个份地的所有者，他占有一块公有地，十二公升麦籽"。在此，不太明确的是，这个科图洛，是在自己的份地以外，还另占有了一块公有地，还是他的这块份地就是由公有地分配给他的一块。但可以肯定的是，他是那块份地的"所有者"。尽管有学人认为，它不是如今天完全意义上的私有地，但起码是一种实际上的占有，古希腊人从实际的占有这个意义上来理解所有权。因此亚里士多德试图定义牢固的占有时，他实际上是在定义所有权："牢固占有的定义是对财产的如此占有，即对它的使用完全取决于自己——对自己财产的检验标准是自己是否有权转让它；这里我用转让来表示赠送和买卖。"亚氏这个有关所有权的定义为当今的古代经济和法律史家普遍接受。在古代希腊，土地所有权的首要标志是占有者对财产的转让权。毫无疑问，转让权即赠送和买卖的权利是所有权的最主要标志"，尽管"它不是唯一的、也不是充分的标志"。① 但它无疑表明了土地的私有者对其具有实际意义上的支配权，而且这个实际的占有并非只是由"特勒泰"等大土地所有者所独有，而是为具有希腊城邦

---

① 黄洋：《古代希腊土地制度研究》，第8—9页。

公民权的全体公民普遍所有。①

在此，需要提出的是，以往在讨论中国古代的政治、经济制度时，都是由阶级斗争理论出发的，如奴隶社会就是奴隶主与奴隶的矛盾，封建社会就是地主阶级与农民阶级的矛盾，在讨论社会的转变时也都是由阶级社会地位的更替出发，如战国时的社会特征就是新兴的地主阶级代替没落的奴隶主阶级的过程，等等，忽略了这两大部分各自内部的特征，如，同是统治阶级，中西方就表现出极大的差异，其一是在统治阶级的构成上，其二是在统治方式上。同是奴隶社会，西方的统治阶级就是由元老院等奴隶主阶级以及富有的平民构成，采取的统治方式是民主共和制；中国的统治阶级是以天子为代表的奴隶主贵族，采取的统治方式是个人集权制，后来虽然有各诸侯国的多政，但在该诸侯国内采取的仍然是一人统治的专制形式。

正是囿于阶级斗争的历史观，在论到奴隶社会时，就想当然地以为除了奴隶主阶级就是奴隶阶级了，社会的主要矛盾就必然是这两个阶级的矛盾了。在此，一是忽略了作为自由人的平民阶层的存在，二是以为奴隶主阶层作为统治阶级，就必然都是矛盾的同一方面了。事实上"先秦之前，准确地说在陈胜、吴广之前，中国社会矛盾的热闹场所，似乎并不在所谓的最高统治阶级与底层被统治阶级之间……而在同属一个政治集团的统治阶级内部……也就是说，整个先秦以前的中国社会，社会的主要矛盾似乎并不是'敌我矛盾'，也不是'人民内部矛盾'，而是'敌人内部矛盾'……显性（主体？）的社会矛盾，不在无权力……人群

---

① 黄洋：《古代希腊土地制度研究》，第5页。

与权力集团之间,而在权力集团内部,在权力集团之间"①。在此,统治阶级的内部构成及其采取的是什么样的统治方式,是有着根本的不同的,它直接决定了政治制度的方向。古典的古代以小土地私有制为基础,必然形成集体统治的政治制度,如贵族的元老院、平民的人民代表大会等;亚细亚的古代以大土地私有制为基础,其发展前途必然为专制的个人统治,整个春秋战国的政治运动,不过都是统治集团内部的争斗史,被统治阶级不过被裹挟其中罢了。

因此退一步来看,就算是考古资料(线文 B)反映的迈锡尼时代的土地制度还不是真正的土地私有制,即具有所有权的、可以自由买卖的,但由统治阶级内部来看,至少已经有了作为最高统治者的"执政官"与其他统治者如将军、元老院等贵族的区别,他们各有自己的土地,即作为统治阶级的集体占有,而非如中国般"普天之下莫非王土"(《诗·小雅·北山》)、"封略之内何非君土"(《左传·昭公七年》)那样的归统治者个人所有。

到了荷马时代,土地的私有制有了进一步的发展,《荷马史诗》所反映的内容既有迈锡尼时代晚期的社会现实,又有他所生活的时代即公元前 10 世纪前后的社会现实,"在荷马社会存在土地公有制的因素,同时也存在土地私有制的因素。一般说来,土地为私人占有和使用,并由儿子继承,但集体也拥有一部分土地,并且时常把它赏赐给对集体有功之个人"。② 如《伊利亚特》(Ⅻ.310—314)所记:萨耳泊冬在战场上对格劳科斯说(二人均为特洛耶盟军的将领):"格劳科斯,为什么我们二人在吕喀亚,

① 黄坚:《思想门——先秦诸子解读》,中国长安出版社 2007 年版,第 136—137 页。

② 黄洋:《古代希腊土地制度研究》,第 40 页。

无论是座位、会食或是满杯的酒，比所有的人都更受尊敬，而一切的人视我们如神？"因为"我们在克珊托斯河岸上占有了一大片田地，一片很好的果园和出产小麦的耕地。"再如《伊利亚特》（Ⅻ.421—423）中关于份地的记载："两个人手里拿着测量棒子在一个公共的田地里争着界标，在一小块狭小的地面，每个人争着自己平等的份儿。"①

此外，还有《荷马史诗》对阿喀琉斯盾牌所反映出的王田及雇工内容的描写等，这些虽然还不能证明"真正的土地私有制"的存在，但至少透露出这样的信息：其一，公社所有的土地公有制已经开始解体，但并非为国王或氏族首领一家所有，国王或氏族首领只不过利用其权力近水楼台地从公有土地里多占了一些而已。其二，氏族成员也平等的各分得了自家的一块份地，"在古代希腊，土地所有权的首要标志是占有者对财产的转让权"。②在此，占有即为实际上的私有。其三，城邦首领对自己领地的耕种，使用的是自己的奴隶或雇工，而不是全国的国民。因此荷马时代如果不能说是完全意义上的土地私有制，但起码"是一种过渡性的所有制；换言之，荷马社会处在从土地公有制到土地私有制的过渡阶段"。③

但最迟在梭伦改革（公元前594年）以后，土地私有就代替了氏族公有，"土地私有制产生和确立于古风时代的社会变革之中。在斯巴达，它确立于莱库古的改革；在雅典，它确立于梭伦的改革。换言之，古风时代的社会变革不仅确立了古典城邦的政治制度，同时也确立了土地的私有制，确定了个人对自己所占有

---

① 林志纯主编：《世界通史资料选辑·上古部分》，第246—247页。
② 黄洋：《古代希腊土地制度研究》，第9页。
③ 同上书，第41页。

土地的权利"①。

正是由于土地私有制的产生，从而形成了"由氏族单位到地域的转变史"，反过来，"这种个人财产地域化的发展，使土地私有的条件更加成熟……古典的形态便由于地域化助长了'由自然路径成熟的'过程，即是私有土地形态的路径"（第33—34页）。在此，概括地讲，所谓"自然路径"就是"私有土地形态的路径"。

由此，可以看出私有制与地域单位是相辅相成的，私有制使各个家庭由公社的氏族单位中独立出来，从而形成按实际居住地划分行政区域的城邦格局，梭伦时代城邦分为四个部落，并有四个部落巴西勒斯，每一部落分为三个三一区和十二个造船区，每一个造船区设有一个造船区长，职掌监督征税和开支。梭伦又创立了一个四百人议会，每部落一百人②。后来的克里斯梯尼改革，进一步打乱了氏族制的社会结构，他把"所有的居民划为十分部落，以便让更多数的人可以参加到政府来；有一句本是对那些想查问人民氏族的人说的成语，'部落无分彼此'，便是由此而来的。……他把议事会的成员由四百人改为五百人，每部落出五十人……他所以不把他们分配为十二个部落，以便他可以不必使用现成的三一区的划分……否则大众就不会混合起来……他又规定所有住在同一村社里的人彼此都是村民，使他们不用祖上名字相称，而正式以村社名字相呼"③。在此，按地域划分的国民就冲破了氏族外壳。新的冲破了旧的，这是革命的路径。如果以家庭、私有制和国家作为文明路径的指标，那么古典的古代是走完

---

①　黄洋：《古代希腊土地制度研究》，第11页。

②　[古希腊] 亚里士多德：《雅典政制》，日知、力野译，商务印书馆1959年版，第11—12页。

③　同上书，第25页，意为现代部落的居民与古代的氏族没有渊源关系。

了全程的，即在氏族社会与奴隶制国家之间经历了土地私有制的充分发展过程。正是由于土地私有者之间的激烈斗争，一方面使小土地私有者没落而被大土地所有制代替，另一方面使地域单位冲破了氏族外壳，因此，古典的古代就是"由自然路径成熟"的"发育正常的小孩"。（第 33 页）① 由此而产生了以下的结果。

（一）产生了独立自由的土地私有者阶级

"在古典城邦中自由农政治力量的源泉在于他们拥有土地的权利。在这里我们看到的是一个独立的土地所有者阶层，其中绝大部分是小土地所有者，他们没有形成一个社会的从属阶层，而是融合到社会的政治群体之中，成为城邦政治的一支中坚力量。也许这主要不是因为他们是农民，而是因为他们拥有土地。因此，土地私有制看起来是古典城邦制度最为根本的社会和经济基础。"② 正是由于产生了这个财富私有者阶级，古典的古代才告别了野蛮的氏族社会，从而进入到了文明社会的国家，它构成了文明的阶级基础，由此才产生了古典的古代一系列新的规章制度和社会意识。

（二）形成了自由竞争的商品意识和自豪的财富观念

私有制的确立，直接刺激了土地私有者的生产积极性，因此，生产者在生活资料的基本需求之外就必然追求更多的剩余产品，用来投放市场以赢利，从而形成了自由竞争的商品意识和引以自豪的财富观念，在西方，个人对私有财富的追求被看作是人的自然本性，得到了社会的普遍认可。"私有制的初步确立在古

---

① 所谓"由自然路径成熟的""发育正常的小孩"是侯外庐引用马克思的遗稿《前资本主义生产形态》一文中的原话，侯外庐是在得出以上结论后（1943 年）才看到此文的，1955 年版的《中国古代社会史论》改用日知的译文，载《文史哲》1953 年第 1 期。

② 黄洋：《古代希腊土地制度研究》，第 6 页。

代希腊的历史上、甚至可以说在整个西方历史上第一次激发了人们对财富的巨大欲望，其中尤其是社会的统治阶层——贵族阶层对财富的欲望。……荷马的英雄史诗极少提及社会的下层，为了解他们的情况，我们转向赫西阿德的《田功农时》。在这里，诗人详细描写了小农阶层的生活，他们拥有小块土地……他们对财富的追求也显示出了巨大的热情。"① 梭伦改革，将人们的社会地位以占有财产的多少分为四个等级，其最低一级为"日佣"级，这个等级不得担任任何官职，即使在后来以抽签选举官职，即财产资格实际上已经被"弃置不顾"时，人们仍然"不愿回答说他属日佣级"。而当一个日佣级者因财产的增加而升为骑士级后，他甚至要为神献上一座雕像，并自豪地在上面刻上"他已经变日佣级为骑士了"② 的献辞，这其中充满了对因财富的增加而提升了社会地位的自豪。土地私有者知道他是土地的主人，进而意识到他是自己的主人，土地及其收入都归他支配，他意识到了自己的权利，看到了财富的曙光。

（三）社会分工的发展和工商业的繁荣

"在古典的古代形态之下，因为土地的私有占领，新的劳动条件使个人的能力更加发展，土地私有制便使分工更加扩展起来。"（第 34 页）"'以前的公社耕种制，已经让位给各家族单位分种小块土地的制度。'……这个生产方式，形成了古希腊罗马的大规模的分工，因而产生了昌盛的古典文化——艺术、科学、哲学。"（第 45 页）这也是由古希腊的自然条件决定了的：即多山、平原少且破碎、丰富的金属矿藏、经济作物、三面环海、海岸线长达一万多公里、港口众多、处于地中海地区的中心位置，

---

① 黄洋：《古代希腊土地制度研究》，第 75 页。

② 《雅典政制》，第 10 页。

等等，"使希腊文明很难形成典型的农业文明"，"希腊的粮食大都依靠从海外采购"。[①] 而一个粮食不能自给的国家或民族，其工商业特别是商业的发达就是必然的。这也由下面所要谈到的国家政权的形式、公民独立的个体意识、平等观念的自觉、法律制度的完善、财富观念的自豪等，从侧面得到证实。因为这一切都是以基于双方自愿、等价交换的商业的发达为前提的。

　　（四）财富构成了社会的价值标准

　　财富成为一种客体力量凌驾于社会之上，每个社会成员的社会地位及政治权利都要以其占有财产的多少来决定。梭伦变法（公元前594年）就规定了以财产的多少来划分公民的等级，及其在政府中所能担任的职务，梭伦"按财产估价把人民分作四个等级，五百斗者、骑士、双牛者和日佣……按各级的财产估价比率，指定以相应的官职"[②]。尽管这种财产资格制度在亚里士多德时代可能就已经成为一纸具文，[③] 取而代之的是更为公平的抽签、硬性分配平民的官职名额等选举制度，但在实际的社会生活中，财富仍然是判断一个人社会地位高低的标准或价值取向。在此，财富构成了一个客观的标准，这是历史的进步，因为财富是可以凭借个人后天的努力挣得的，比起生而贵之的氏族制的国家形式来，它的积极意义是不言自明的。如，周公"兼制天下立七十一国，姬姓独居五十三人焉，周之子孙苟不狂惑者，莫不为天下之显诸侯"（《荀子·儒效》），而"此非可学能者也"（《墨子·尚贤下》）。

　　（五）公共权力机构的国家形式、完善的法律制度

　　与氏族社会的世袭制不同，古典的古代的国家形式，是由选

<hr />

① 刘红星：《先秦与古希腊》，上海古籍出版社1999年版，第29页。

② 《雅典政制》，第10页。

③ 参见《雅典政制》，第11页注③。

举产生且公民广泛参与的公共权力机构；与亚细亚的古代氏族首领的个人统治不同的是，古典的古代采取的是百人议会、元老院、人民代表大会等贵族和平民的集体统治形式。梭伦改革赋予了人民以投票权，而"人民有了投票权利，就成为政府的主宰"。①

由于经济利害成了社会关系的中心内容，就需要一种基于公平原则的手段，来调节社会的利害关系和保护私有财产的不受侵犯，这就要求建立完善的法律制度，特别是发达的民法体系。由此产生了公民的权利和义务的分离，并进而影响到国家统治形式的发展和完善，即镇压手段和经济调节职能的统一。在论述民法与私有土地的关系时，孟德斯鸠指出："民法内容的增多，主要是由于土地的分配，在不分配土地的国家，民法法规是很少的"。② 而在古典的古代正是由于私有制的发展，才产生了相对完善的法律制度，由于私有财产的中介作用，极大地刺激了公民的平等观念和自主意识，这就必然表现为对政治权利的自觉和渴望。希罗多德（公元前484—前425年）曾明确提出："人民统治的优点首先就在于它的最美好的名声，那就是，在法律面前人人平等。"③ 而在古罗马（公元前5世纪末—前4世纪初）平民与贵族的斗争中主要就是以法律的形式进行的，平民已清醒地认识到，人民的灾难"除了把自己这个阶层中的人推到国家的最高职位上去之外，就没有别的办法减轻它"，"人民不能依仗人家恩惠取得的东西，一定得用法律来争取它"。④ 在此，经济利益和

---

① 参见《雅典政制》，第12页。

② ［法］孟德斯鸠：《论法的精神》上册，商务印书馆1961年版，第286页。

③ ［古希腊］希罗多德：《历史》上册，王以铸译，商务印书馆1959年版，第232页。

④ 林志纯主编：《世界通史资料选辑·上古部分》，第349、352页。

政治权利都表现为一种法权形式。"许多城邦都制定法律保护个人对财产的所有权,现存古希腊《格尔蒂法典》和古罗马《十二表法》便是明证"。① 今日欧洲发达的民法体系即是以它们为源头的。

（六）独立自主的个体意识及其自觉的权利义务观念

黑格尔认为,抽象法作为一种权利,只有通过对财产的占有,即私有财产的所有权才能获得现实化,"人唯有在所有权中才是作为理性而存在的"。② 正是私有财富构成了独立自主的个体意识的物质基础,亚里士多德在《雅典政制》里描述奴隶的地位时说:"在群众眼中,宪法上最残酷和苛虐的部分就是他们的奴隶地位;当然,他们对于每一件别的事也一样感到不满,因为他们觉得他们自己实际上什么事都没有参与。"③ 再如前面所引,人民的灾难"除了把自己这个阶层中的人推到国家的最高职位上去之外,就没有别的办法减轻它","人民不能依仗人家恩惠取得的东西,一定得用法律来争取它"。如果从平民的角度来看,为个体的利益而主张相应的权利,从而表现出独立自主的个体意识,这似乎容易理解。在此,需要特别提出的是这种独立自主的个体意识,在执政者身上的表现。梭伦的亲戚僭主庇西特剌图（又译珀西斯特剌图斯）,"他愿意一切按照法律行事,不使自己有任何特权;特别是有一次,他被控犯杀人罪,传他到阿勒俄琶菊斯受审,他也亲自出庭,自行辩护,而传讯的人怕了,反而离

---

① 杨师群:《两周秦汉与古希腊罗马的工商业比较》,《江西社会科学》2009年第4期。
② ［德］黑格尔:《法哲学原理》,范扬、张企泰译,商务印书馆1961年版,第50页。
③ 《雅典政制》,第5页。

开了"。① 所谓个体意识，是以承认别人与自己一样也是个体为
前提的。

（七）自觉的科学意识及独立的私家著述

正是由于以上的原因，在古典的古代具有非常浓厚的科学氛
围，有非常自觉的科学观念，有独立的科学家，有个人独立的科
学著作，这种追求真理的科学精神一直贯串到今天，构成了今天
西方世界文明的源头，如关于动物学和植物学的分类，今天用的
还是亚里士多德的分类法。

二　亚细亚的古代

由于生产方式的亚细亚特性，即"土地氏族国有的生产资料
和家族奴隶的劳动力二者间的结合关系"（第 27 页），使氏族土
地的公有制延续为王公贵族的国有制。土地既然不能变成私有，
即归各个家庭所有，地域单位就很难成立，也就不能冲破氏族的
血缘纽带，从而使氏族关系不但延续到了奴隶制国家，并且在后
来东方的封建社会还以"家谱"和"三老"的形式保存到近世。
（第 20 页）古典的古代是由家族到私有财产，再到国家，国家代
替了家族。亚细亚的古代则是由家族直接进入到了国家，国家混
合在家族里面叫做"社稷"，这其中没有经过土地私有制及其激
烈地斗争过程，奴隶制国家一开始就是大土地所有制，这个过程
比西方早了大约一千年。表现为新旧纠葛，旧的拖住了新的，这
是"维新"的路径而非革命的路径。因而亚细亚的古代就是由温
室生长的"早熟"的"文明小孩"（第 33 页）。

在此，有必要对"早熟"原因作一说明，马克思、恩格斯在
论述东方的亚细亚特性时，都将其归结为由氏族的公共事务而来

---

① 《雅典政制》，第 20 页。

的政治权力，侯外庐称：氏族公社的权力者转化成为国家的主人，有不同的情形，在此，首先要关注的是"转化"的特殊条件，它就是土地制度，在希腊虽然有向王公的转化，但是因土地几乎完全是由独立农民耕种的，显贵的氏族王公所有的较大的邑地，是种例外，而且很快就消灭了。所以像希腊古代王公的特权是过渡的，不过是氏族公社解体过程中的暂时形态，从而转变为城邦共和制的公共权力机构。然而在东方，由于土地没有分配给各个家庭，因而向王侯所有权的转化，却是通例，而且难以消灭，非但如此，它在后来东方封建社会还以家谱的形式保存到近世。（第19—20页）这其中，灌溉、热带等自然环境是亚细亚古代"早熟"的自然条件，土地国有没有地域化的所有制形态，是它的基础，氏族公社的保留以及转化成为土地所有者的氏族王公，是它的"维新"路径的阶级基础，征服周围部落的俘虏，是它的家族奴隶劳动力的源泉。（第26—27页）而就马克思遗稿《前资本主义生产形态》的内容来看，部落共同体组成的统一体的首领，是由部落首长之一人为代表，还是由各部落首领之结成的共同体为代表，就决定了这种社会的形态是或则较为专制的，或则较为民主的。而对于需要全体成员之劳动来完成的社会行为，如灌溉、交通工具等，在这情形之下，是最高统一体亦即高居各小公社之上的专制政府手里的事。（第37页）"这样的职务，显然被赋予了一定的权力，以便利于其工作，这种权力便是国家的萌芽。"[1] 至于此种社会职权如何具体转变为对于社会高高在上的支配，如何由最初为社会的公仆乘机逐渐转化而为它的主人这些问题，另当别论。但可以确定的是这种政治上的支配是以公共事务如灌溉等的社会职务的执行为条件的，公共事务的经营者

---

[1]　恩格斯：《反杜林论》，人民出版社1970年版，第176页。

最终转变成了社会的政治支配者。（第44—45页）

　　侯外庐由马克思、恩格斯的有关经典著作出发，并以中国的古代典籍为依据进行了详尽的论证，从而阐明了中国文明"早熟"性的历史根源，那就是氏族首领由灌溉、农业和战争等公共事务的执行逐渐地变公仆而为主人，即由公社首领而为国家的天子。并对其具体的转化过程，也进行了详尽的阐释。

　　具体而言，中国古代的文明发源地位于黄河中下游平原，这里虽不是热带，但由于是冲积平原，土地肥沃，土质松软，因而有利于农业的发展，这是其一。

　　而当时铁器尚未发明，主要的农具是石器和木器，而正由于黄河中下游平原比较松软的土质，使农业生产成为可能，这是其二。

　　但黄河中下游一是河水经常改道、泛滥，二是灌溉的需要，因而水利建设就是必须的，再则，当时在黄河中下游生活着众多的部落，因而战争就是不可避免的，这是其三。

　　而正由于是平原，所以就使集中统治成为可能，这是其四。

　　中国的人口众多，由此，一方面就使大规模的群体劳动成为可能；另一方面也就必然要求有一个集权于个人的领导，这是其五。

　　中国是个内陆国家，不处于沟通东西或南北的要冲地带，因此就没有海外殖民和贸易的可能，这是其六。

　　由以上条件来看，中国古代的农业就不可能采取家庭单干的形式，工具既然不发达，就需要众多的生产者，而水利和战争除了需要部落成员的广泛参与外，其行政执行者的权力专断也就成了必然，最典型的材料就是大禹治水而有夏朝的传说，由于治水有功而得舜之禅让为部落首领，但禹死后却没有实行禅让，而是由他的儿子启继位，开启了夏朝。记载大禹的典籍很多，在此只列出与本书有关的篇章；如《尚书·大禹谟》、《禹贡》、《左传·昭公六年》，《诗经·鲁颂·閟宫》、《商颂·长发》，《楚辞·天问》、《论语·泰伯》，《史记·夏本纪》，等等。大禹以治水闻名，然大禹的功绩并不止于此，他同时还在国家的其他行政管理方面表现出才能，而这也正是作为一个氏族首领与一个水利工程技术人员的区别所在。所谓"降水儆予"（《尚书·大禹谟》）、"随山浚川"（《尚书·禹贡》），即是治水；所谓"夏有乱政，而作禹刑"（《左传·昭公六年》），即是制定刑律；所谓"为纲为纪"（《史记·夏本纪》），即是制定规章制度；所谓"惟时有苗弗率，汝徂征"（《尚书·大禹谟》），即是军事征伐。由此可以看出，氏族首领如禹等在因公共事务而转化为国家的王公的过程中，其功绩或能力不仅仅在于诸如治水之具体事务，这是应当引起我们注意的。在此，有必要对大禹治水稍加辨证，以往都认为鲧治水在堵，而禹治水在导，重点在于治理水灾，并且将其夸大为将九州的河流都疏导一遍，笔者以为孔子的论述可能更为可信一些，即"禹，吾无间然矣。恶衣服，而致美乎黻冕；卑宫室，而尽力乎沟洫。"（《论语·泰伯》）因此大禹治水更多的因素还在于灌溉，特别是在中国铁器还没有发明，而使用木石农具又不能深耕的条件下，这也与恩格斯在《反杜林论》中所说的"在东方如没有灌溉，那末农业是不能进行的"[①] 正相适应，对此，王德培在其《西周封建制考实》一书中有较详尽地论述，他认为："沟洫的意义必然更重在灌；一套显然以排为主的系统，不会符合实际。"[②]"前铁器时代（即铁器发明之前的木石农具时代——引者注）原发的田野农业确实与人工自然灌溉有密切的关系。……弥补了木

---

①　转引自《中国古代社会史论》，第45页。

②　王德培：《西周封建制考实》，光明日报出版社1998年版，第54页。

石农具耕层深度之不足，促成土壤改良，肥力增长，产量提高，原始农业转化为田野农业。"①侯外庐认为："所谓'缵禹之绪'正说明由于公共利益的水源监督与治理，逐渐发生了社会职能，这大概是从禹开始的，后来便继承了这个'绪'，转化成为超出社会公共利益以上的权力。"（第108—109页）因此"关于灌溉制度的经营，实在是东方进入文明的一个自然条件。经营者的社会职能随着功德地位的增高而且日益扩大，《诗·大雅·韩奕》所谓'奕奕梁山，维禹甸之'。《大雅·泂酌》篇把灌溉经营者的职能崇敬成为'民之父母'，正是'宗之君之'（氏族贵族）的条件"（第117—118页）。

也就是说，在氏族公社时期，本来由氏族成员共同占有生产资料以维持木石农具的低效率生产，没有可能将土地分为小块给各个家庭，而只能采取土地公有的形式。所谓"普天之下，莫非王土"（《诗经·小雅·北山》）、"相先王受民受疆土"（《大盂鼎》）。但由于灌溉等公共事务，氏族首领将公共利益转变为个人权力进入到了国家，随将所受之土据为己有，氏族成员则逐渐成为奴隶。"即使有所谓授田制度，恐怕也只限于国中"，它"当然是从属的土地所有制"（第80页）。

与此相适应，中国古代的城市国家就不同于古典的古代是经济性的，而仍然是氏族国家的形式，即所谓的"宗子维城"、"都鄙有章"、"体国经野"（第114—116页）。

所谓"民之父母"，所谓"宗之君之"，不但构成了中国古代进入文明的独特路径，实在是中国后来几千年封建专制制度的思想根源。父母之于子女的关系本来就是一种自然的强制，子女不能选择父母，父母却可以选择子女，如韩非所称的"产男则相

---

① 王德培：《西周封建制考实》，光明日报出版社1998年版，第45页。

贺，产女则杀之"（《韩非子·六反》），这是其一；子女要仰仗父母的养育，因而就不得不受其管束，这是其二；而父母们也必须养育子女，因而就有管束子女的权力，这是其三；而在实际的施行上则表现为权利和义务的不平衡现象，即作为子女只有尽义务的必然，却没有要求父母尽义务的可能，更没有追究其不尽义务的责任的可能：

> 父盗子，不为盗（第98页）。
>
> 擅杀子，黥为城旦舂（第109页）。
>
> 免老告人以为不孝，谒杀，当三环之不？不当环，亟执勿失（第117页）。
>
> 子盗父母，父母擅杀、刑、髡子及奴妾，不为"公室告"（第117页）。
>
> "子告父母，臣妾告主，非公室告，勿听"。可（何）谓"非公室告？"主擅杀、刑、髡其子、臣妾，是谓"非公室告"，勿听。而行告，告者罪（第118页）。[①]

不但告者罪，受理的官府亦罪，如"永乐二年，刑部言河间民讼其母，有司反拟母罪。诏执其子及有司罪之"（《明史·刑法志·刑法一》）。对此，作为中国古代法律经典的《唐律疏议》有更详尽的说明："诸告祖父母、父母者，绞"（参见卷二十三），但值得注意的是，如果告的是谋反罪，子女却不受刑[②]。由此可见，亚细亚的古代名义上是看重氏族的血缘纽带，实质上不过是

以自然血亲的父子关系来比附国家的政治结构。"父母"对"子女"的权威是由法律来保证实施的，而各级"父母们"对"子女"应尽的义务，却没有任何保障。所谓"爱民"，所谓"以民为本"，等等，不过都是"君叫臣死，臣不敢不臣，父叫子亡，子不敢不亡"的粉饰而已。因此，"天子作民父母，以为天下王"（《周书·洪范》）正道出了亚细亚古代中国政治的本质，即氏族统治的国家形式。

这一切都决定了中国古代的亚细亚特性，即"土地氏族国有的生产资料和家族奴隶的劳动力二者间的结合关系。"（第27页）"我断定支配殷代的生产方式，是氏族公社所有的畜牧和农业生产资料与氏族成员主要的共同劳动力二者间之结合。"（第55页）"殷代盘庚以后时期是略当于希腊英雄时代或罗马王政时代的阶段；就产业所有的形态看来，殷代没有土地私有的前行运动固然是历史阶段的必然，但到了西周，城市国家显然已经成立，可是也没有土地私有制，却走了另一个路径——国有制（氏族公社保存之下的公族所有制）。"（第56页）

而正由于地域单位没有冲破氏族外壳、土地私有没有代替国有，因此中国古代国家的特征就是"血族纽带所联结的氏族统治"（第155页），其结果便是：

（一）没有形成典型的财富私有者阶级

只有由"氏所以别贵贱"（《通志·氏族略序》）的上下的阶级分裂，却没有由氏族单位彻底转化成为地域单位，即因财富的差异而产生国民的阶级分裂。（第116页）商人虽然富比王侯，但其政治地位却是"和奴隶一样低贱"的，所谓"天有十日，人有十等"（《左传·昭公七年》），这其中是不包括商人的。（第250页）尽管商人们"恃富而卑其上"（《左传·昭公元年》），但那不过是他们的一厢情愿罢了。单就财富而言他们也根本无法与贵者相比。吕不韦虽然"家累千金"，但是比起后来他食河南洛阳十万户来，其"利率"是不可相提并论的（《战国策·秦策五》）。而这一切却是来自于秦王的"封赐"，他之所以被封为丞相，是因了他助子楚登上王位的结果，并非仅仅因为有钱就可以为相，更不要说为王了，如希腊罗马的执政官那样。其轨迹是很清楚的，即助王登位→拜相→封赐→食邑。在这个问题上，就连侯外庐也有前后不太一致之处，一方面，他一再强调亚细亚的古代没有典型的"土地私有"的显族贵族（第85页）；另一方面，他在论述战国时期私有财富的进一步发展时，视吕不韦为"商业资本家"，"可以'食河南洛阳十万户……家僮万人，《史记》本传)"（第72页）。但据《史记·吕不韦列传》所载："秦王立一年，薨，谥为孝文王。太子子楚代立，是为庄襄王。庄襄王所母华阳后为华阳太后，真母夏姬尊以为夏太后。庄襄王元年，以吕不韦为丞相。封为文信侯，食河南洛阳十万户。"由此可见，吕不韦之所以能食洛阳十万户，不是以他的私有财富，而是以其丞相和文信侯的政治地位及爵位而得到的，这正是贵而富的典型例证。以往在论述春秋战国之际的商人阶层时，大都以这几个人为例：如，弦高犒秦师、范蠡、子贡、猗顿、郭纵、乌氏倮、巴寡妇清、巴蜀卓氏，等等，试图借以阐明当时商人阶层的社会地位之高，那么我们不妨在此具体来看一下历史的真相到底是怎么回事：

1. 弦高犒秦师

缪公元年春，秦缪公使三将将兵欲袭郑，至滑，逢郑贾人弦高诈以十二牛劳军，故秦兵不至而还，晋败之于崤。

——《史记·郑世家》

三十三年春，秦师过周北门，左右免胄而下。……及滑，郑商人弦高将市于周，遇之。以乘韦先，牛十二犒师，曰："寡君闻吾子将步师出于敝邑，敢犒从者，不腆敝邑，为从者之淹，居则具一日之积，行则备一夕之卫。"且使遽告于郑。

——《左传·僖公三十三年》

2. 范蠡

范蠡既雪会稽之耻，乃喟然而叹曰："计然之策七，越用其五而得意。既已施于国，吾欲用之家。"乃乘扁舟浮于江湖，变名易姓，適齐为鸱夷子皮，之陶为硃公。……十九年之中三致千金，再分散与贫交疏昆弟。此所谓富好行其德者也。后年衰老而听子孙，子孙脩业而息之，遂至巨万。故言富者皆称陶硃公。

——《史记·货殖列传》

3. 子贡

子赣既学于仲尼，退而仕于卫，废著鬻财于曹、鲁之间，七十子之徒，赐最为饶益。原宪不厌糟□，匿于穷巷。子贡结驷连骑，束帛之币以聘享诸侯，所至，国君无不分庭与之抗礼。夫使孔子名布扬于天下者，子贡先后之也。此所谓得埶而益彰者乎？

——《史记·货殖列传》

4. 猗顿、郭纵

猗顿猗顿用盬盐起。而邯郸郭纵以铁冶成业，与王者埒富。

——《史记·货殖列传》

5. 乌氏倮

乌氏倮畜牧，及众，斥卖，求奇缯物，间献遗戎王。戎王什倍其偿，与之畜，畜至用谷量马牛。秦始皇帝令倮比封君，以时与列臣朝请。

——《史记·货殖列传》

6. 巴寡妇清

巴寡妇清，其先得丹穴，而擅其利数世，家亦不訾。清，寡妇也，能守其业，用财自卫，不见侵犯。秦皇帝以为贞妇而客之，为筑女怀清台。夫倮鄙人牧长，清穷乡寡妇，礼抗万乘，名显天下，岂非以富邪？

——《史记·货殖列传》

7. 巴蜀卓氏

蜀卓氏之先，赵人也，用铁冶富。……富至僮千人。田池射猎之乐，拟于人君。

——《史记·货殖列传》

对于以上这些富者，司马迁评论道："由是观之，富无经业，则货无常主，能者辐辏，不肖者瓦解。千金之家比一都之君，巨万者乃与王者同乐。岂所谓'素封'者邪？非也？"（《史记·货殖列传》）

在此，所谓"比封君"、"与王者埒富"、"拟于人君"、"国君无不分庭与之抗礼"，不过表明了这些商人占有的私有财富而已，所谓"比"，所谓"拟"，所比拟的无非是财富而已。这其中不但没有丝毫的政治权利的意味，而之所以要与这些王公贵族相比，本身就表明了其地位的低下，以及王公贵族高高在上的政治统治。根本没有达到古典的古代那些财富私有者阶级在国家的政治生活中居支配地位之程度，更谈不上阶级意识，即要求相应的政治权利的自觉。因此，问题的关键不在于春秋战国之际有没有商人等财富私有者阶级，而在于这些财富私有者阶级在国家的政治结构中处于一个什么样的地位，即能不能达到富而贵的程度，对此，先秦史料得到的多是相反的证据，如《国语·晋语八》叔向均秦、楚公子禄章所记载：

> 秦后子来仕，其车千乘。楚公子干来仕，其车五乘。叔向为太傅，实赋禄，韩宣子问二公子之禄焉，对曰："……夫二公子者，上大夫也，皆一卒可也。"宣子曰："秦公子富，若之何其钧之？"对曰："夫爵以建事，禄以食爵，德以赋之，功庸以称之，若之何以富赋禄也！夫绛之富商，韦藩木楗以过于朝，唯其功庸少也，而能金玉其车，文错其服，能行诸侯之贿，而无寻尺之禄，无大绩于民故也。且秦、楚匹也，若之何其回于富也。"乃均其禄。

叔向不以秦公子富而均其禄，并对韩宣子的疑问进一步解释到，爵禄以其功庸而不以富。绛之富商，尽管能够"金玉其车，文错其服，能行诸侯之贿"，但却只能乘坐用皮革包裹着木头的车子行走于市，"唯其功庸少也"，"无寻尺之禄，无大绩于民故也"。再如《左传·成公三年》所载，一商人欲救荀䓨出楚，计未行，楚人释荀䓨，荀䓨要报答他，"如实出己"，商人答曰，"吾无其功，敢有其实乎？吾小人，不可以厚诬君子"。在此，虽然是无功不受禄，但重点在于"小人"与"君子"之别，商人自称"小人"绝非一般意义上的自谦，实是商人的社会地位之低贱使然。

有学人认为春秋战国之际并不贱商，"西周在意识形态上固然重农，但并不轻商，甚至从某些方面看还是重商的"。[①] 但那是与秦汉以后对商人的严厉打击相对而言的，历史本身有它的延续性，亚细亚的古代就决定了它不可能有发达的商品经济和居支配地位的财富私有者阶级，土地为氏族王公所有的国有制及氏族余绪的专制制度都不允许它们的存在，否则就是古典的古代了，因为商品经济和财富私有者阶级正是否定专制制度的阶级力量和物质基础，"因此，很难想象春秋早期存在一个兴盛、有势力的商人阶层。在封建社会里（封建，在此取中国传统的意义，即封邦建国——引者按）商人和手工业者都不能使他们所处的较低社会地位有所提升"。[②] 否则如何解释秦汉以后对工商阶层的严厉打击呢，亚细亚的古代及其历史延续，不但政治是专制的，经济、文化甚至老百姓的私生活都是专制的。而商品经济就意味着自由竞争，就意味着公平、平等、公正，就意味着对特权的否定。

---

① 吴松等：《中国农商关系思想史纲》，云南大学出版社2000年版，第3页。
② 许倬云：《中国古代社会史论》，广西师范大学出版社2006年版，第15页。

（二）　自然经济抑制了社会分工的发展和工商业的繁荣

由于没有独立自由的财富私有者阶级，就不可能形成个体的私有经济，也就难以产生自由竞争的商品意识，生产的目的仅仅是为了生活消费，而不是为了追求最大化的利润。一方面是社会分工不发达，社会生产采取了手工业与农业相结合的形式；另一方面则由于官营工商业的主导地位，因而使商品经济的发展受到了极大的抑制，从而表现为一种专制经济的特征①，即国家对经济生活的控制。

有学人以士、农、工、商四民的划分来论证亚细亚的古代的社会分工、工商业及商品经济的发达，究其原因，笔者以为是忽视了中国文明的早熟路径的缘故。在此，不论是工商业的繁荣，还是商品经济的发展与否，都不能单从它们本身的现象来看，而要由它们在国家的政治结构中占据着什么样的地位这个角度来看，一方面要看其是否是自然形成和自由发展的；另一方面要看其是否受国家政治的统治、能否对国家的政治产生支配的影响作用，由此来看的话，答案是否定的，在中国，经济从来都不是经济的问题，而是政治统治的一部分。要知道所谓四民的区别，并非是自然形成的，而恰恰是国家设计的。这由东西方城市国家的发生就可得到证明，古典的古代，其城邦是自然形成的，是建立在经济意义上的，"在土地私有制下建立起来的城市，必然繁荣"（第115页）；而亚细亚古代的城市却是人为设计的结果，是建立在"授民授疆土"的政治基础上的，"城市是'宗子维城'制，是宗法的，不是经济的……原因是氏族纽带"。（第115页）

　　　　惟王建国，辨方正位，体国经野，设官分职，以为民

---

① 傅筑夫：《中国封建社会经济史》第一卷，人民出版社1981年版，第39页。

极。乃立天官冢宰，使帅其属而掌邦治，以佐王均邦国。

——《周礼·天官·冢宰》

以土圭之法测土深、正日景，以求地中。……然则百物
阜安，乃建王国焉，制其方千里而封树之。

凡建邦国，以土圭土其地而制其域：诸公之地，封疆方
五百里，其食者半；诸侯之地，封疆方四百里，其食者参之
一；伯之地，封疆方三百里，其食者参之一；诸子之地，封
疆方百里，其食者四之一；诸男之地，封疆方百里，其食者
四之一，凡造都鄙，制其地域而封沟之。以其室数制之：不
易之地百亩，一易之地家二百亩，再易之地家三百亩。乃分
地职、奠地守，制地贡，而颁职事焉。

——《周礼·地官·大司徒第二》

国有六职，百工与居一焉。或坐而论道，或作而行之，
或审曲面埶，以饬五材，以辨民器，或通四方之珍异以资
之，或饬力以长地财，或治丝麻以成之。坐而论道，谓之王
公。作而行之，谓之士大夫。审曲面埶以饬五材，以辨民
器，谓之百工。通四方之珍异以资之，谓之商旅。饬力以长
地财，谓之农夫。治丝麻以成之，谓之妇功。

——《周礼·冬官·考工记第六》

昔武王克商，成王定之，选建明德，以蕃屏周……分鲁
公以大路、大旂，夏后氏之璜，封父之繁弱，殷民六族……
使帅其宗氏，辑其分族，将其类丑，以法则周公，用即命于
周，是使之职事于鲁，以昭周公之明德。分之土田倍敦，
祝、宗、卜、史，备物、典策，官司、彝器，因商奄之民，

命以《伯禽》，而封于少皞之虚。分康叔以大路、少帛、綪
茷、旃旌、大吕，殷民七族……封畛土略……聃季授土，陶
叔授民，命以《康诰》，而封于殷虚。皆启以商政，疆以周
索。分唐叔以大路，密须之鼓，阙巩，沽洗，怀姓九宗，职
官五正。命以《唐诰》，而封于夏虚，启以夏政，疆以戎索。

——《左传·定公四年》

以上所述，固然都是经过后人润色过了的古代乌托邦，"封
建亲戚以蕃王室的说法，是战国时代造作出来的"（第139页）。
"可是《周礼》所说的'凡造都鄙，制其地域而封沟之。以其室
数制之'，以及'凡建邦国，以土圭，土其地，而制其域'等，
却很和古义符合"（第183页）。概括地讲，所谓封建，不过是封
邦、建国的过程，类似于古希腊罗马的殖民，这是在周代的文、
武二王时代完成的。不过表明了作为统治者的氏族带着被统治者
的氏族，前往所受封的土地上去开荒辟土、垦荒种田过起日子来
了而已。所谓封邦，不过是以植树划分疆界，即壅土为垅并插以
树枝；所谓建邦，则是第二阶段的建城过程了，就是以土筑墙。
城既建成，就要分配各家族的居住区域，由此才有四民不杂处的
规定。而既要生活，就要有生产，既要生产就要有分工，这不单
是对建城而言，就是安顿下来以后的生活，仍然需要生产的不同
分工。这里的关键，是这种分工是自然而然地形成的，还是由氏
族国家安排的，而由先秦现存的典籍来看，显然是由国家来安排
的。除了以上所引外，尚有以下一些资料：

管子对曰："昔者，圣王之治天下也，参其国而伍其鄙，
定民之居，成民之事，陵为之终，而慎用其六柄焉。"桓公
曰："成民之事若何？"管子对曰："四民者，勿使杂处，杂

处则其言哤，其事易。"公曰："处士、农、工、商若何？"
管子对曰："昔圣王之处士也，使就闲燕；处工，就官府；
处商，就市井；处农，就田野。……夫是，故士之子恒为
士……工之子恒为工。……故商之子恒为商……农之子恒为
农……"

——《国语·齐语》

元年春……举善援能，官方定物，正名育类。昭旧族，
爱亲戚，明贤良，尊贵宠，赏功劳，事耆老，礼宾旅，友故
旧。胥、籍、狐、箕、栾、郤、柏、先、羊舌、董、韩，实
掌近官。诸姬之良，掌其中官。异姓之能，掌其远官。公食
贡。大夫食邑，士食田，庶人食力，工商食官，皂隶食职，
官宰食加。政平民阜，财用不匮。

——《国语·晋语四》

类似的文献还有很多，意义也多相近，故从略。但由以上的
资料来看，中国古代的工商业一开始就是由国家控制的，而不是
像古典的古代那样是由个体私有制自然形成的。周代的城市国家
实在还带有非常深厚的氏族公社的余绪，"这种'百工'的前身，
笔者以为出于氏族手工业者，所以他们'族居'，还保持着氏族
的组织。……西周时代的商人，也与手工业者一样，隶属于官
府"。[1] 这似乎已成学界共识。[2] 这些工商业者都是为氏族国家服
务的，不但有专人管理，而且他们对国家都要承担相应的责任，
而不是为自己，否则怎么解释"工之子恒为工"、"商之子恒为

---

　　① 童书业：《中国手工业商业发展史》，齐鲁书社 1981 年版，第 9 页。
　　② 参见郭沫若《奴隶制时代》，人民出版社 1954 年版，第 50 页；钱穆：《国史
大纲》，商务印书馆 1940 年版，第 60 页。

商"、"农之子恒为农"呢。事实上在春秋之际，这些工商业者是既不许变业，也不许兼业的，"其大夫不失守，其士竞于教，其庶人力于农穑。商工皂隶，不知迁业"（《左传·襄公九年》）。这也正表明了国家对工商业者的严格控制。反之如果是自由的私有者阶级，所谓士、农、工、商，职业的选择是完全由自己的，唯一的限制是作为客体力量的财富（在梭伦时代），而这是可以通过后天的努力改变的，但在中国则是完全由国家控制的，只要是国家控制的，个体的职业就不是自由选择的。

因此，不论周秦时代的工商业表面上有多繁荣，都改变不了它在国家政治结构中的从属地位。并且这种从属地位也并未随着历史的发展而有所改变，相反，在秦汉盐铁专卖以后其受国家的控制更严了。一方面是商业资本农业化，表现为以盈利所得大量购置土地；另一方面是手工业与农业的结合，从而形成了自给自足的自然经济。

（三）缺乏自由竞争的商品意识及自豪的财富观念

亚细亚的古代工商业及商品经济的不发达，还可以由建立其上的社会意识得到说明。先秦典籍中，且不论是否有贱商的思想，但最起码没有如古典的古代那样的自由竞争的商品意识及自豪的财富私有的观念。相反，各家学说都把个体对私有财富的追求视为社会动乱的根源，因而对个体私有财富的所有者，往往有种种的限制；财富私有者绝不能单凭其财富而扬眉吐气，相反常常表现出自卑的心态，即不能由富而贵。"夫爵以建事，禄以食爵，德以赋之，功庸以称之，若之何以富赋禄也！夫绛之富商，韦藩木楗以过于朝，唯其功庸少也，而能金玉其车，文错其服，能行诸侯之贿，而无寻尺之禄，无大绩于民故也。"（《国语·晋语八》）降之富商，虽然能"金玉其车，文错其服，能行诸侯之贿"，然而因其不是来自于国家的爵禄，所以只能"韦藩木楗以过于朝"。再如，"贾人曰：'吾无其功，敢有其实乎？吾小人，不可以厚诬君子。'"（《左传·成公三年》）这不仅仅是自谦，实在是中国的富子在国家的政治压力下以求自保的心理的真实流露，私有财富是受政治的严格限制的。"与晏子邶殿，其鄙六十，弗受。子尾曰'富，人之所欲也，何独弗欲？'对曰：'庆氏之邑足欲，故亡。吾邑不足欲也。益之以邶殿，乃足欲。足欲，亡无日矣。在外，不得宰吾一邑。不受邶殿，非恶富也，恐失富也。且夫富如布帛之有幅焉，为之制度，使无迁也。夫民生厚而用利，于是乎正德以幅之，使无黜嫚，谓之幅利。利过则为败。吾不敢贪多，所谓幅也。'……公以为忠，故有宠。"（《左传·襄公二十八年》）这是制度的限制，贪得无厌故"亡无日矣"，"富而侈"者，就是国人看不顺眼也不得了，"郑驷秦富而侈，嬖大夫也，而常陈卿之车服于其庭。郑人恶而杀之"（《左传·哀公五年》）。大夫而用卿之车服，国人就"恶而杀之"。古典的古代那种以私有财富的积累而使其社会地位得到提升的自豪感，在中国古代的富子身上是根本看不到的，与此相适应遂有诸子的哲学。

对于氏族国家的统治者来说，最害怕的就是老百姓的自由竞争之心，民有争心则不忌于上，不忌于上则难治，如对成文法公布的反对：

郑人铸刑书。叔向使诒子产书，曰："……昔先王议事以制，不为刑辟，惧民之有争心也。犹不可禁御，是故闲之以义，纠之以政，行之以礼……民于是乎可任使也，而不生祸乱。民知有辟，则不忌于上，（正义曰："刑不可知，威不可测，则民畏上也。"）并有争心，以征于书……如是，何辟之有？民知争端矣，将弃礼而征于书。锥刀之末，将尽争之。乱狱滋丰，贿赂并行，终子之世，郑其败乎！肸闻之，国将亡，必多制，其此之谓乎！"

—— 《左传·昭公六年》

晋赵鞅、荀寅帅师城汝滨，遂赋晋国一鼓铁，以铸刑鼎，著范宣子所为刑书焉。仲尼曰："晋其亡乎！失其度矣。夫晋国将守唐叔之所受法度，以经纬其民，卿大夫以序守之。……今弃是度也，而为刑鼎，民在鼎矣，何以尊贵？贵何业之守？贵贱无序，何以为国？"

—— 《左传·昭公二十九年》

民可使由之，不可使知之。

—— 《论语·泰伯》

为富不仁矣，为仁不富矣。

—— 《孟子·滕文公上》

人生而有欲，欲而不得，则不能无求。求而无度量分界，则不能不争；争则乱，乱则穷。先王恶其乱也，故制礼义以分之，以养人之欲，给人之求。

—— 《荀子·礼论》

因此就要从根本上彻底否定老百姓的自由竞争之心，而这是由政治上和意识形态上，即软硬两方面实施的，所谓百家争鸣的先秦诸子，不过是从不同方面唱着同一首歌，即愚民。"民可使由之，不可使知之"（《论语·泰伯》）。孔子要退回到东周，所以高呼"一日克己复礼，天下归仁焉"（《论语·颜渊》）。老庄对社会的批判则更进一步，彻底否定了阶级社会的一切人为的规章制度，老子云："大道废，有仁义；智慧出，有大伪；六亲不和，有孝慈；国家昏乱，有忠臣。"（《老子·第十八章》）因此，他要"绝圣弃智"（《老子·第十八章》），而以"邻国相望，鸡犬之声相闻，民至老死，不相往来"（《老子·第八十章》）为其理想之社会。庄子更是以类似动物的"天放"状态为理想社会，"夫至德之世，同与禽兽居，族与万物并。恶乎知君子小人哉！"（《庄子·马蹄》）

法家虽然提倡自为之心，但却将其纳入为国耕战的国家行为之中，对工商技艺之人的打击更加严厉（后详）。总之，在先秦典籍中看不到一点鼓励由个体角度追求私有财富的影子。

所谓"富民"、"置民之产"莫不是从维护国家对臣民的统治立论，倒是《庄子》一语道出了其中的真谛："爱民，害民之始也，为义偃兵，造兵之本也。"（《庄子·徐无鬼》）由此，表明了老庄之学对社会批判比起别家来更具积极意义，因为亚细亚古代的早熟路径，使得中国没有经过私有制的充分发展就直接进入到了国家，所以就不可能达到西方那样发达的商品经济的高度，也就自然找不到一条规范社会的道路，如以私有财富为基础的法律制度、公共权力机构的国家形式，等等。因此就要连同阶级社会本身一起否定掉，这是其为寻一个根本的解决办法而不得的一种解决。[①]

要之，一方面是从政治上对财富私有者，即商人阶层的打压；另一方面则是由社会意识上抑制个体的自由竞争之心，倡导一种贱富的社会心理，这些都说明了亚细亚的古代之中国，工商业及商品经济的发展远没有达到社会支配者的地步。

---

①　胡适：《中国哲学史大纲》卷上，东方出版社1996年版，第44—45页。

（四）财富不能形成一种凌驾于社会之上的客体力量

财富不能形成一种凌驾于社会之上的客体力量，即不能构成决定个体在社会上的经济地位和政治权利的价值标准。在古典的古代富者必定是贵者；在亚细亚的古代则相反，贵者必定是富者，除了上述所引的吕不韦外，尚有"杜周初徵为廷史，有一马，且不全；及身久任事，至三公列，子孙尊官，家訾累数巨万矣"（《史记·酷吏列传》）。秦以前是"氏所以别贵贱"，秦汉以后则是官所以别贵贱。

所谓"氏所以别贵贱"者，即由周天子视其关系远近分封而来的世卿世禄的氏族贵族，其一是周之同姓子弟及异姓之有功勋者，如姜太公；其二是以册命的形式确认一些原有方国、部落酋长们的统治权。[①] 如："昔武王克商……其兄弟之国者十有五人，姬姓之国者四十人，皆举亲也。"（《左传·昭公二十八年》）"周公……兼制天下，立七十一国，姬姓独居五十三人。周之子孙，苟非狂惑者，莫不为天下之显诸侯。"（《荀子·王道》）再如《周礼·地官·大司徒》所载之公、侯、伯、子、男等因其爵位不同，而享有的不同待遇。

以上所述，固不当全信，所谓五等爵制，不过是汉儒们出于一己之私的托古言制而已，其不可信已成学界共识，[②] 但受封者以占有土地及成员的多少，而体现出一定的高低贵贱的差别，这似乎没有问题，所谓"公食贡，大夫食邑，士食田，庶人食力，工商食官，皂隶食职，官宰食加。"（《国语·晋语四》）食贡、食

---

① 黄惠贤、陈锋主编：《中国俸禄制度史》，武汉大学出版社1996年版，第2页。

② 许倬云：《中国古代社会史论》，第6页；郭沫若：《中国古代社会研究》，上海书店1989年版，第115页；傅斯年：《论所谓五等爵》，欧阳哲生编：《大家国学·傅斯年》，天津人民出版社2009年版，第113页。

邑、食田者，靠农人供养，故高贵；食力、食职者养于人，故低贱。而商人由于从氏族中游离出来，成为既无受封之土地，又无族群归属，因而更低贱。在中国古代从未有过富而贵的法典形式，相反却有贵而富的明确规定，如封国若干里，食邑若干县、若干户、俸禄若干石、禄田若干亩，等等，所谓"夫贵不与富期，而富至"（《战国策·赵策三》），秦汉以后的富商大贾尽管可以"田连阡陌"，但因其不是来自于国家的封赏，其地位仍然是低贱的。"事末利及怠而贫者，举以为收孥。宗室非有军功论，不得为属籍。明尊卑爵秩等级，各以差次名田宅，臣妾衣服以家次。有功者显荣，无功者虽富无所芬华。"（《史记·商君列传》）

所谓"官所以别贵贱"，是指秦汉以后，随着大一统的中央集权制的产生，一方面郡县制代替了分封制；另一方面官僚制代替了世袭制，由此个人在社会中地位的高低就只能以其官职的大小来决定了。也就是自然血亲的氏族纽带被官僚体制给斩断了，自此以降虽然仍然有所谓世家大族垄断朝廷高官以及荫庇子孙的世袭现象存在，但已经不是政治体制中的主流了。并且，这种荫庇，也必然是以曾经或现有的高官为前提的，魏晋时所谓"上品无寒门，下品无世族"中的世族，如，崔、卢、王、谢诸家，不过是以其先祖或父辈多为朝廷高官而已。对此，郑学檬有不同意见，认为"唐太宗命人修《氏族志》即以'我今特定族姓者，欲崇重今朝冠冕'把官爵姓氏结合以别贵贱"。[1] 但这仍然是以李氏的皇帝身份为前提的，其他皇族成员的高贵地位正是以此为基础的，而非李姓者都能"芬华"，所谓"旧时王谢堂前燕，飞入寻常百姓家"（刘禹锡《乌衣巷》）。姓氏并不能保证家族的长久富贵。再者，李世民之所以为皇帝，并非因其姓李，不过是据天

---

① 这是郑先生对我的博士论文的专家评审意见中的一条。

下以为己有而已。《水浒传》中的柴进,作为皇族的嫡派子孙而被无赖殷天锡所欺。所谓"王侯将相,宁有种乎"(《史记·陈涉世家》),中国人从来就没有什么贵族观念,多的不过对当权者表面上的畏惧而已,一旦失官则即刻无势。

(五)氏族统治的国家形式,以及法律制度的不完善

所谓氏族统治的国家形式,就是以自然血亲的家庭关系来维系国家政治结构的统治形式,"通过将家族关系与封建制度结合起来的办法,周王将政治首领与家族首脑合而为一了"①,这是基于自然血亲的氏族统治的国家形式。

秦汉以后则为抽象的氏族统治的国家形式,所谓"抽象的",笔者以为就是以自然血亲的父子关系来比附国家政治结构的统治形式,具体而言就是,皇帝已经与周天子没有任何血缘关系了,就是各级官吏之间,以及他们与皇帝之间也没有任何血缘关系了,但一方面仍然有皇亲国戚的血缘纽带的存在,另一方面,则以自然的父子关系来证明君臣关系的合理性,并且把它扩大到社会生活的各个方面,如上所述(见亚细亚的古代),利用父与子的先天的支配与被支配的关系,来论证社会等级结构的必然性,其目的就是要维护皇帝对臣民的绝对统治。一方面是从政治、法律制度上来强制性地规范君父与子民的等级地位,即"忠";另一方面是从意识形态上来软性地反复灌输亲亲尊尊的思想观念,从而变甘为人子的外在教化为内在的信仰,即"孝"。孟德斯鸠称:中国的官吏"与其说是在管理民政,毋宁说是在管理家政"。②"尊敬父亲就必然和尊敬一切可以视同父亲的人物,如老

---

① 许倬云:《中国古代社会史论》,第4页。
② [法]孟德斯鸠:《论法的精神》上册,商务印书馆1961年版,第129页。

人、师傅、官吏、皇帝等联系着。"① 这是对中国政治体制的最精确的概括，即以父子关系来规范社会，这在儒家的思想中表现得最充分，孔子论政云："君君、臣臣、父父、子子。"（《论语·颜渊》）这种君臣的父子关系正是一种抽象的氏族统治形式，在这一点上其他各家也一样，就连主张无为而治的道家也有类似的论述："事亲则慈孝，事君则忠贞。"（《庄子·渔父》）道家反对的只是儒家等学派以忠孝仁义对人进行道德教化，从而使人的精神受到束缚，认为教化出来的忠孝都是假的而非出于本心，真正的忠孝是自然而然的。但它并没有完全摆脱以父子关系规范社会的论政范围，从而提出基于国民的权利义务观念。

墨家虽然表现出了一定的平民意识，但也仍然没有超越氏族统治的局限，如："古圣王审以尚贤使能为政，而取法于天……立为天子，以为民父母。"（《墨子·尚贤中》）

任何一个社会必然存在着事实上的等级差别，否则就不可能前进。在这一点上，诸子各家都是承认的，但必须将这种差别纳入有序化的轨道，由此就需要一个标准来规范社会，而这个标准还必须被社会各阶层成员所认可，在西方这个标准就是私有财富。而在中国它就是基于父子的血缘关系，即要由在上的统治者来安排，而不能是在下者自由地去争取。

由此也决定了亚细亚的古代在法律制度上的不健全，这主要表现在以下三个方面：

其一是民法体系的缺乏，因为人们的社会关系主要不是表现为一种经济利害关系，而是一种基于血亲的宗法关系，因而"在

---

① ［法］孟德斯鸠：《论法的精神》上册，第315页。

这种情形之下，政治上和经济上的隶属关系，就是国家的臣属关系"①。所以也就不需要作为调节手段的民法体系，而是以刑法等行政手段来调节民事关系。孟德斯鸠说得好："民法内容的增多，主要是由于土地的分配。在不分配土地的国家，民事法规是很少的。"② 在中国古代，民事关系从来都不完全是当事者双方的事，而是国家政治结构中的一个有机组成部分，一切民事关系，诸如经济纠纷、冲突、伤害、斗殴等，莫不包含着丰富的伦理和政治内涵。父子关系，在古典的古代纯粹是一种权利义务关系，如古罗马的《十二铜表法》（公元前451年）规定，如果一个父亲将孩子卖了三次，则这个孩子就从其父权下解放出来，即脱离了父子的血缘关系。③ 但在中国则不然，"父母在，不敢有其身，不敢私其财，示民有上下也"（《礼记·坊记》）。子女不能告父母，而父母则可以告子女不孝；如果一个人为报父仇而杀人，则可以受到减刑或免于追究的对待，孝，在此就成了国家政治的一部分。

其二，刑法不是基于商品交易的平等和公正原则而是专及的，因为"社会支配者的利害关系，要使现状当成法律确"，④而中国的奴隶制国家，作为支配者的利害关系的，就是如何维护它的氏族统治，即使氏族成员保持其"臣属关系"，所谓"氏所以别贵贱"（《通志·氏族略序》）和"礼不下庶人，刑不上大夫"（《礼记·曲礼上》）正是这个意思。

　　① 《资本论》第三卷，第1032页，侯外庐译本，转引自侯外庐《中国古代社会史论》第19页。
　　② 孟德斯鸠：《论法的精神》上册，第286页。
　　③ 林志纯主编：《世界通史资料选辑·上古部分》，第335页。
　　④ 《资本论》第三卷，第1035页，侯外庐译本，转引自侯外庐《中国古代社会史论》，第26页。

其三，因而中国的法律就不具有独立性，而是表现出与行政相混一的特征。在西方，法院和法官具有独立的地位，执政者主要是以法律手段来实行统治的，他自己也得受法律的约束。就连古希腊独裁的僭主庇西特拉图（公元前 560—前 527 年在位），也得在法庭上为自己的无罪而辩护。[①] 相应的法学家也具有相对独立的法律地位，他们对法律条文的解释具有法律效力，"根据宪令规定，审判员也不得拒绝遵从"。[②] 再有辩护士的辩护等，这一切都表明了西方法律制度的相对独立性。但中国古代的法律制度则不具备这种特征，邓析之所以被杀就是因为他以民间讼师的身份教人辩狱，并且试图对国家的法律（《刑鼎》）进行解释（《竹刑》），在中国古代私人解律是一贯被禁止的，法家更强调要"以吏为师"（《韩非子·五蠹》）。行政机关同时亦是法院，称作"衙门"，执政官同时亦是法官，称作"父母官"、"县太爷"。表现出国家的镇压手段和经济调节职能的混一。

（六）没有独立自主的个体意识及权利义务观念

由于没有独立自由的财富私有者阶级、没有公平交易的财富标准、没有自由竞争的商品意识和完善的法律制度等，就不能产生权利和义务的分离，由此也就不能产生完全独立自主的个体意识，所以唯上、唯亲、唯师以及认同、崇古，就构成了中国人特有的思维模式，即一种"群体意识"，在此，社会意识与社会存在是正相适应的。

许倬云引梅因的观点认为："春秋战国时期的社会是'家族关系'（familial relationships）的结构，亦即一种建立于家族之

---

① 《雅典政制》，第 20 页。

② ［古罗马］查士丁尼：《法学总论》，张企泰译，商务印书馆 1989 年版，第 11 页。

上而不是建立于个体之上的结构。"① 梅因称:"所有进步社会的运动在有一点上是一致的。在运动发展的过程中,其特点是家族依附的逐步消灭以及代之而起的个人义务的增长。'个人'不断地代替了'家族',成为民事法律所考虑的单位……用以逐步代替源自'家族'各种权利义务上那种相互关系形式的……就是'契约'……在这种新的社会秩序中,所有这些关系都是因'个人'的自由合意而产生的。"② 在此,契约正是商品经济的产物,它在理论上应是缔约者个人的自由意志的体现。中国古代虽然也有契约,但关键则在于它并未扩展到社会的结构之中,而仅仅停留在有限的经济范围之内。中国历史上所谓的忠、孝、节、义等莫不是建立在家族关系基础之上的。

(七)没有自觉的科学意识及独立的私人著述

正是由于以上这些原因,使得中国古代没有自觉的科学意识,没有独立的科学家,没有私人著述的专业著作,自然科学不发达,人文科学则采取了阐释经典的"传注"形式,侯外庐指出,在西方是先有"智者",后有"贤者",在中国则相反,是先有"贤者",后有"智者"③。智者关注的是自然的奥秘、人的终极价值;贤者看重的则是社会矛盾的解决,是非常现实的、功利的。我们往往自豪地称,我们的《甘石星经》是世界上最早的天文学著作,我们第一次记载了哈雷彗星的出现,如"有星孛入于北斗,周内史叔服曰:'不出七年,宋、齐、晋之君皆将死乱。'"(《左传·文公十四年》)但这无非是以自然界的灾异来论现实政治的,而非对自然奥秘的自觉探讨,实际上是一种占星术,甘德

---

① 转引自许倬云《中国古代社会史论》,第1—2页。
② [英]梅因:《古代法》,沈景一译,商务印书馆1959年版,第96页。
③ 侯外庐等:《中国思想通史》第一卷,第131页。

的《天文星占》，题目本身就说明了问题。因为没有独立的财富私有者阶级、没有基于商品经济的自由竞争的观念、没有独立的个体意识，就不会产生为提高生产效率的科学研究活动，也就不会产生以此为基础的非功利性的对真理的追求。相反，倒是表现出对自然科学的反对，视之为奇技淫巧（这种观念一直延续到鸦片战争），如在《庄子·天地》里就有对能提高生产效率的机械的反对：子贡于汉阴见一农夫凿隧入井而灌溉，遂向其推荐一种新的汲水工具，却遭到老丈的反对和嘲讽："有机械者必有机事，有机事者必有机心。……吾非不知，羞而不为也。"以致子贡反被农夫老丈所劝，因而"卑陬失色"，甚至对其师孔子的"用力少，见功多"的圣人之道都产生了怀疑："功利机巧，必忘夫人之心。"再如，《韩非子·外储说左上》中记载的，墨子以木鸢之飞为拙，而以任重致远之车轭为巧。

所谓"事求可，功求成，用力少，见功多者，圣人之道"（《庄子·天地》），这是符合人类物质生产及精神生产的一般规律的，但是为何会产生"机械"、"机事"、"机心"这样的观念呢？所以判断中国古代科学是否发达，不能看是否有一两件自豪于世界的"最早"记载，而要看是否有自觉的科学观念、超越功利的科学精神，即重视科学的氛围。所谓科学，最基本的特征就是它能够重复，哈雷根据天文学的原理计算出这个多次出现的星体是同一个，并且预言了它可能在1758年至1759年再次出现，它的出现频率是76年一次，事实证明了哈雷的推论是正确的。而我们记载的是什么？是否流星划过天空就要死人？它可以重复吗？正由于此，前者是科学，后者是迷信。在古希腊有非常发达的逻辑学，而在中国古代"白马非马"历来是被嘲笑的对象，如在《庄子》、《韩非子》中。不仅如此，它还要受政治和法律的打击，如韩非所称的"坚白无厚之词章，而宪令之法息"（《韩非子·问辩》），这正是为什么流传到今天的名家的资料异常少而且不可解的根本原因，如《庄子·天下》篇所记之惠施十事"卵有毛，鸡有三足"者。

综上所述，正是由于东西方进入奴隶制国家的不同路径，不但使东西方的奴隶社会表现出很大的差异，而且对后来东西方文明的差异也产生了极大的影响，尽管这其中有很多具体的历史原因，但最终都莫不根源于此。

第二节　春秋战国之际的历史及思想文化特征

据此，我们就有可能对春秋战国之际的历史及思想文化特征作出比较合理的解释，它是结果，而中国古代社会的早熟路径则是其产生的原因。具体而言，它包含三个方面的内容，一是政治上的；二是经济上的；三是文化上的。

一　政权向下移动的行进路线

一般都以为春秋战国是中国历史的一大变革时期，一方面表现为氏族制度之解体，一方面表现为土地私有制的逐步确立，这固然不错。但这其中的关键则在于它的演进采取了什么样的行进路线，即是自下而上的革命，还是自上而下的维新？其根源又是什么？由此而呈现出什么样的历史特征？

由中国历史的实际而言，春秋战国的历史演进无疑是采取了自上而下的维新路线，不论是政权的转移还是财富的集中都采取了向下移动的行进路线。就前者而言，氏族统治的国家形式采取了天子、诸侯、大夫、陪臣的政权向下移动的行进路线，这在先秦的典籍中是有明确记载的："天下有道，则礼乐征伐自天子出；天下无道，则礼乐征伐自诸侯出……自大夫出……陪臣执国命。"

（《论语·季氏》）"平王之时，周室衰微……政由方伯。"（《史记·周本纪》）"大夫皆富，政将在家。"（《左传·襄公二十九年》）"政在大夫……晋公室卑，政在侈家。"（《左传·襄公三十一年》）"公室将卑。"（《左传·昭公三年》）"诸侯失位，以间王政。"（《左传·昭公二十九年》）"政在季氏"（《左传·昭公三十二年》），等等。

所谓"礼乐征伐自天子出"、"自诸侯出"、"自大夫出"、"陪臣执国命"，以及"政在季氏"、"政在大夫"、"周室衰微……政由方伯"，等等，都表明了政权的向下移动路线，其轨迹是非常清楚的。

这种政权的下移路线正是中国文明的独特路径，即"封邦建国"的内在矛盾所致，国家的结构及社会组织都是以自然血缘为基础的，而没有相应完善的政治制度之建立。因而随着周天子与各级卿、大夫及其卿、大夫们相互之间的血缘关系逐渐疏远以后，天子失威，诸侯坐大的局面就是必然的，对此，在后面再讨论。在此，要明确的是政权下移如何成为可能，或其采取了什么样的形式。如果单就表面现象来看，一方面固然是周天子无法再以血缘关系来维系对诸侯的统治；另一方面则在于诸侯、卿、大夫们的收民心以取天子而代之，如"以家量贷，而以公量收之"的齐氏（《左传·昭公三年》），世修其勤，民服焉而忘其君之季氏（《左传·昭公三十二年》），他们都是与民发生直接关系之执政者，对于普通民众而言，虽然是"普天之下，莫非王臣"，但天子离他们太远，因而谁能给他们以实际之利益，他们就接受其为统治者，所谓"公弃其民，而归于陈氏……以家量贷，而以公量收之……欲无获民，将焉辟之？"（《左传·昭公三年》）"天生季氏，以贰鲁侯，为日久矣。民之服焉，不亦宜乎？鲁君世从其失，季氏世修其勤，民忘君矣。虽死于外，其谁矜之？社稷无常奉，君臣无常位，自古以然。"(《左传·昭公三十二年》) 得民心者，得天下，固然矣。但关键在于此民心是如何发生作用的，是一种如古典的古代那样的自觉的追求，还是不得不然的自在的接受。前者如亚里士多德在《雅典政制》中所论述的，民众对奴隶地位的自觉的反抗、古罗马之市民为维护自己的权利而要将本阶层的人推上统治地位的自觉。这一切都是以法律的形式进行的，表明了其自觉的、独立自主的法权意识，在此，民心是以选举自己代表的形式发生作用的，惟其如此，它是一种自下而上的革命。而后者则相反，他们只能寄希望于在上者的良心发现，只能被动地接受，因而，是天子还是诸侯、卿、大夫，谁来当执政者都无所谓，关键在于谁能给他们带来实际的利益，他们就选择谁，如果有更好的统治者的话。因此，政权的向下移动，不是在下的国民的自觉，而是在上的统治者阶层内部争权夺利的结果，而这些执政者首先考虑的就是自己的统治利益，在此前提下才多少顾及到在下者的某些利益，惟其如此，它是自上而下的维新，其实质就是天子、诸侯、卿、大夫们对统治权，即替民做主之权力的争夺，民众不过是其统治权之实现者而已。

二　私有财富向下移动的行进路线

就土地私有制的确立而言，同样采取了这种向下移动的行进路线，原来是"普天之下，莫非王土，率土之滨，莫非王臣"(《诗·小雅·北山》)。到了春秋战国之际则是"天子经略，诸侯正封，古之制也。封略之内，何非君土，食土之毛，谁非君臣"(《左传·昭公七年》)，由王土、王臣，到君土、君臣的转变，正表明了土地由天子而诸侯，由诸侯而大夫，由大夫而陪臣的下移路线。周天子分封出去的国有土地于是被各封国的诸侯据为了私有，同时诸侯分封出去的采邑，也被各级卿、大夫们据为了私有，因而有"季氏富于周公"（《论语·先进》），"大夫皆富"
（《左传·襄公二十九年》）的记载。春秋战国之际，诸侯、卿、
大夫及其之间对土地的处理，如争田、赏田、易田、赂田及割城
赔地，等等，都表明了其对土地的实际私有权，对此先秦典籍多
有记载："定王十六年，三晋灭智伯，分有其地。"（《史记·周本
纪》）"晋文公既定襄王于郏，王劳之以地，辞，请隧焉。王不
许……文公遂不敢请，受地而还。"（《国语·周语中》）"晋文公
解曹地以分诸侯。"（《国语·鲁语上》）"范宣子与和大夫争田，
久而无成。"（《国语·晋语八》）"邢侯与雍子争田，雍子纳其女
于叔鱼以求直。"（《国语·晋语九》）"知伯帅赵、韩、魏、而伐
范、中行氏，灭之。休数年，使人请地于韩。……知伯说，又使
人请地于魏……知伯说，又使人之赵，请蔡、皋狼之地，赵襄子
弗与。……知伯身死、国亡、地分，为天下笑，此贪欲无厌也。"
（《战国策·赵策一》）"初，公傅夺卜齮田，公不禁。"（《左传·
闵公二年》）"公赐季友汶阳之田及费。"（《左传·僖公元年》）
"晋邢侯与雍子争鄐田。"（《左传·昭公十四年》），此外如《国
语·晋语四》、《战国策·齐策一》、《左传·僖公三十一年》、《左
传·文公元年》、《左传·文公十八年》、《左传·成公二年》、《左
传·成公三年》、《左传·成公四年》、《左传·成公十七年》、《左
传·襄公十年》、《左传·哀公二年》等文献都有此类的记载。

在此，与政权的向下移动一样，这种对土地的争夺，仍然不
是以法权的形式进行的，与由家族进入到国家而不是将土地分给
各个家庭的路径相适应，春秋战国时的土地也不可能进行重新的
平均分配，一方面是土地的实际占有者，将本来是国有土地据为
己有，即由王土变为君土，仍然是在氏族贵族内部进行的；另一
方面这种土地的变更是以争夺的形式实现的，韩非所谓"争于气
力"者，这其中是没有什么法律形式约束的。如："昔天子之地

一圻，列国一同，自是以衰。今大国多数圻矣！若无侵小，何以至焉？"（《左传·襄公二十五年》）"晋是以大。若非侵小，将何所取？武、献以下，兼国多矣，谁得治之？"（《左传·襄公二十九年》）"疆埸之邑，一彼一此，何常之有？王伯之令也，引其封疆，而树之官。举之表旗，而著之制令。过则有刑，犹不可壹。……自无令王，诸侯逐进，狎主齐盟，其又可壹乎？……封疆之削，何国蔑有？主齐盟者，谁能辩焉？"（《左传·昭公元年》）

如果说在封建天下，即"天子经略，诸侯正封"（《左传·昭公七年》）之时，尚有某种标准约束的话，那么，到了春秋战国之际则唯气力是争了。

综上所述，春秋战国之际的社会变动，不论是政治的，还是经济的自上而下的移动，都不过表明了一政向多政的转化。在此有必要先对一政及多政的概念做一界定：

所谓一政，即政出周天子一家，也就是孔子所说的"礼乐征伐自天子出"，而这种方式，就是建立在农业文明基础之上的礼制，概括地讲，即政由周天子而出的礼制。

所谓多政，即政出多家，史籍上称"晋政多门"（《左传·成公十六年》）、"政由方伯"（《史记·周本纪》）、"礼乐征伐自诸侯出……自大夫出……陪臣执国命"（《论语·季氏》），实际上就是诸侯、大夫、陪臣、士，甚或皂吏各自为政，亦即政由己出。而且这种转化是没有任何法规可以约束的，所谓"上古竞于道德，中世逐于智谋，当今争于气力"（《韩非子·五蠹》），这是对当时现实的最精确的概括。一切以实力说话，没有任何规矩可依。笔者始终认为春秋战国之际的中国，并非如学界所称的那样是中国历史的黄金时代，而是一摊马虎账，如与梭伦变革（公元前594年）相比，同时代的鲁国的初税亩，到底是怎么样的一种情形，似乎没有哪个文献能清楚地表明，这对一个以具有专职的历史官员、以历史学发达而自豪于世界的文化系统而言，似乎是不可理解的。相反，我们今天读古希腊、罗马的文献，则很明了。其根源就在于春秋战国之际的社会活动，一切都还没有制度化。笔者原来对此，尚不敢肯定，后来看了许倬云 2006 年才翻译成中文的（几十年前的英文旧作①）《中国古代社会史论》，就更加确信这不只是笔者的一得之见。许倬云认为："在列国战争期间，领土被自由割让、兼并，甚至根本没有顾及周王这个名义上的土地所有者就占领了他国……文献中几乎没有记载一个贵族因为要从其他贵族那里抢夺土地而去征询国君的许可……事实上，中国古代的情形表现为对特定土地的实际控制，而不是所有权的合法性问题。'拥有'（possession）在这里可能比'所有'（ownership）更恰当。"② 土地的争夺是这样，统治权的争夺也就只能是这样了，谁厉害谁说了算。对此，古代文献倒是有明确的记载，如上文所引的"疆埸之邑，一彼一此，何常之有"（《左传·昭公元年》）。

　　一方面周天子的权威已经荡然无存，根本无法约束"尾大不掉"（《左传·昭公十一年》）的诸侯们了；另一方面，所谓的礼制，在这时也已经根本没有任何实际意义了，无非是诸侯相互征伐可资利用的一个借口而已。这些已经是学界的常识性问题了，无需赘述。问题的关键则在于，礼制固然是无法适应新的时代需要了，但何以周天子自己没有转化为新的霸主呢？当初受封的各家诸侯的势力发展了，必然不满足于再受周天子的约束，然而是什么限制了周天子自己势力的发展呢，由此透露出什么信息，这

---

①　许倬云：《中国古代社会史论》中文版序言。
②　同上书，第 132 页。

是应该引起学人关注的。

　　笔者以为这正是亚细亚古代"早熟"路径的必然结果，所谓"封建亲戚，以潘屏周"（《左传·僖公二十四年》）。这件封建外衣固然是后人所裁制的（第138页），但是周天子当初将天下分封给各路诸侯，使其各率族人封邦、建国，而这些诸侯则负有勤王的义务应该是可信的。就其与诸侯的关系来看，应该是很松散的，"家庭关系有一个内在的因素，即君主的统治权力根本就不是绝对的，正是这一因素颠覆了封建制度（引者按，不是马克思所说的封建，而是中国式的封邦建国的封建）。对宗族家长的尊敬是个人化的，而非制度化的"。[①] 这虽然说的是国君与其卿大夫们的关系，但周天子与各诸侯国之间的关系也可作如是观。

　　首先，作为早熟的国家，其上层建筑的各项法规制度还没有建立起来，至少是不完善的，因而没有什么能够保证周天子对各诸侯国的绝对控制。礼制的实质，类似于古典的古代的习惯法，是自然而然的一个约定俗成的过程，"夫礼之初，始诸饮食"，《礼记·礼运》这一段虽是汉儒们的加工，但也反映出礼的起源的一些信息。所谓"礼尚往来，往而不来，非礼也，来而不往，亦非礼也"（《礼记·曲礼上》）。如果就是来而不往，或往而不来，礼又能如之何呢？所以对于季氏的"八佾舞于庭"，孔子也只能发一声"是可忍也，孰不可忍也"的悲叹而已（《论语·八佾》）。礼的本身缺乏内在的物质基础，它不像法是建立在财产私有的基础之上的。"氏所以别贵贱"固然是礼的规定，但由于这个规定本身不具有客观的强制性，只能以自然界的差别作为其理论根据，如天与地、父与子，等等，而这种差别是不可改变的。但是社会总是要向前发展的，富贵与贫贱的上下移动，作为人类

---

　　① 许倬云：《中国古代社会史论》，第95页。

历史前进的杠杆，则是不以人的意志为转移的，问题在于怎样满足和实现人们的这种趋富贵而恶贫贱的欲望。古典的古代是以私有财富为基础，并以建立其上的相应的法律制度来调节人的这种贪欲；而中国则没有相应的制度来调节，遂只有"争于气力"（《韩非子·五蠹》）了。

其次，周天子虽然号称是有六军（《周礼·夏官·司马》），但是不论是在与商战于牧野之时，还是分封以后，周天子都不得不依靠其他诸侯的军事支持。武王誓师牧野时并非只是自家的军队，而是一个集众多部落的诸侯联盟，两年前准备征伐纣王时"诸侯不期而会盟津者八百诸侯"。两年后再来时，武王所带不过"戎车三百乘，虎贲三千人，甲士四万五千人"，在发出"西土有众，咸听朕言"（《周书·泰誓中》）的战前动员令后，"诸侯兵会者车四千乘，陈师牧野"（《史记·周本纪》）。至于周王朝建立以后，诸侯勤王的文献记载就更多了，如"晋文公既定襄王于郏，王劳之以地"（《国语·周语中》）、"天子作师，公帅之，以征不德。元侯作师，卿帅之，以承天子"（《国语·鲁语下》）、"三十年春，王命虢公讨樊皮"（《左传·庄公三十年》）、"王以戎难告于齐，齐征诸侯而戍周"（《左传·僖公十六年》）等。最著名的就是烽火戏诸侯（《史记·周本纪》）的典故了，此典的故事性虽多为学人所指出，但其中透露出的诸侯对周天子有勤王救驾的责任信息，应该是可信的。开始还是"公帅之，以征不德"而"卿帅之，以承天子"，周天子还有自己的军事实力，诸侯辅之；后来则不得不完全依赖诸侯们的军队了。因此，缺乏强大的国家军队是周天子失威的一个重要原因。于是诸侯问鼎于周及强索土地的事就经常发生了（《战国策·东周》、《左传·宣公三年》、《左传·昭十二年》）。天下没有免费的午餐，勤王救驾是要代价的，

晋文公因勤王有功，不受地，请隧，而隧乃天子之葬礼仪式，[①]
故请隧与问鼎其意一也，周襄王自然是"不许"了，不过这个
"不许"却是说得可怜巴巴的："昔我先王之有天下也，规方千里
以为甸服……其余以均分公侯伯子男……先王岂有赖焉……亦唯
是死生之服物采章，以临长百姓而轻重布之，王何异之有？"
（《国语·周语中》）此时，周天子所剩者，不过一点天子的礼仪
而已，其实际状况不过与一小国同，以至于连自己居住的成周都
要依靠诸侯的维修了，"王使富辛与石张如晋，请城成周"（《左
传·昭公三十二年》）。

总之，一方面是周天子对诸侯国的关系是以基于血缘关系的
氏族纽带维系着的，而没有健全的统治制度加以强制，因而当历
史的长河冲淡了这"血"的浓度，即亲族关系越来越远时，作为
建立其上的礼制就自然无法维系对诸侯的约束了；另一方面，周
天子自身仍然沉溺于过去"封建亲戚，以潘屏周"的梦幻中，而
没有看清历史的发展趋势，进行相应的变革。当各诸侯国都在治
爰田、作秋甲、丘兵（州兵）时（见《国语·晋语三》、《左传·
僖公十五年》、《左传·成公元年》、《左传·成公二年》、《左传·
昭公四年》），他仍然试图继续实行过去的统治方式，依靠诸侯来
维系其统治，其灭亡的命运就是必然的了。一句话，以氏族纽带
维系的分封制本身就包含着它灭亡的内在矛盾。在此的关键问题
是，新的统治制度向何处发展、以什么方式进行、由谁来领导。
当然，历史已经做出了它的选择，这个新的统治制度就是秦汉以
后形成的大一统的中央集权的专制制度；进行的方式自然只能是
狗咬狗的战争；新的领导者也因而只能是战争的胜利者，在此没
有先进与落后之别。学人要讨论的在于，这个新的政治制度有没

---

① 其说详见徐元诰《国语集解》（修订本），中华书局 2002 年版，第 51 页。

有朝另一种发展方向转变的可能。答案是否定的。

其一，"余一人"的天子的专制形式要保持，而不可能是古典的古代那样的城邦制的执政官、保民官、元老院、人民代表大会等共和制形式。周天子固然失势了，但必然要有新的天子取而代之。"普天之下，莫非王土。率土之滨，莫非王臣"的统治秩序必须保持，诸侯争霸、封建割据的混乱局面必须结束，从而建立起新大一统格局。

其二，基于自然血亲的氏族关系是无法再维持了，但氏族统治的方式，即以父子关系比拟君臣关系及其他社会关系的政治结构，则不可能消亡。由此也就不可能建立起如古典的古代那样基于私有财富和法制的公共权力机构，即国家机器，以及以权利义务相分离为基础的法权形式的意识形态。而怎样实现这个转化，就是春秋战国之际所要解决的历史课题。这就是抽象的氏族统治方式的确立，就是把自然的家庭关系放大为整个国家的政治关系，使君父与子民的关系制度化。所谓制度化，一方面是政治制度的建立；另一方面是意识形态的确立。前者由郡县制代替了分封制，由官僚制代替了宗亲制；后者使礼制下的忠孝仁义及祖先崇拜等观念得以系统化和制度化，在这方面，其生命力更加强大，其余绪至今仍然根深柢固于国人的灵魂深处。专制制度可以推翻，但其意识形态则不是那么容易清除的，相反历代统治者都莫不强化这一观念，无非是"虑其后便、计之长利也"（《韩非子·六反》），即维护其长治久安的统治。

其三，与古典的古代是以法律形式、经过自下而上的革命借以达到贵族与平民的平衡的方式不同，春秋战国之际的变革则是以诸侯混战的形式、自上而下地进行着，战争成了唯一的形式，最终以生产力发展水平不高的秦国统一了天下。因此孟子说："春秋无义战"（《尽心下》），其实质是"反动的"（第196页），一切都是为了统治权的争夺。

这是由中国历史的早熟路径从一开始就决定了的，在古典的古代，氏族制的解体和私有制的确立都发生于氏族社会与奴隶制国家之间，即在进入国家之前，地域单位就已经冲破了氏族外壳，土地私有就已经代替了土地公有，故它是一种革命的路径。因而产生了广泛的土地私有者阶级，由此产生了公共的权力机构，以及权利义务相分离的法权意识。但是中国则没有经过这个革命的过程，一开始就是王公贵族的大土地国有制，并且使氏族统治延续到了奴隶制国家，因此，"前者是新陈代谢，新的冲破了旧的，这是革命的路线；后者却是新陈纠葛，旧的拖住了新的，这是维新的路线。前者是人惟求新，器亦求新；后者却是'人惟求旧，器惟求新'。前者是市民的世纪，后者是君子的世界"。（第30页）在古典的古代，氏族贵族被显族贵族取而代之，这是人类社会的"正常历史"，而春秋战国之际的中国，虽然也是由公室、公子（宗室、宗子）到世室、富子，也是一样的蓄积财产，但是却没有冲破氏族制的外壳，从而达到完全的显族的阶段。一方面这些世室和富子们仍然是建立在小宗族基础上的氏族贵族，"没有像在希腊打破氏族制变成地域性的国民"；（第85、191页）另一方面"由于氏族古制的保存，社会的变革便难于明朗化，走了长期转变的道路"（第190页）。

所谓"明朗化"，笔者以为即是如梭伦变法和克里斯悌尼改革那样的法权形式的革命；所谓"难于"，其根本原因正在于氏族余绪的存在。因此，中国春秋战国之际的变革只能是承认现状的一种"维新"，即一种局部的调整。所谓"人惟求旧，器非求旧，惟新"（《尚书·盘庚上》），作为统治者的人，还是氏族贵族，不过由公子变为了富子，但器，即统治的方式则有所变更；但人既是旧的，器也新不到哪里去，封建也罢，郡县也罢；自然父子也罢，抽象父子也罢，无非是在氏族统治的圈子里打转转。

　　然而，氏族制的解体和私有制的产生既然是人类历史发展不可缺少的阶段，那么它可以被跨越，但却不能被省略。因而如果它在进入奴隶制国家之前没有完成，那么在这之后就得补上这一课。而正因为是补课性质的，它既不能是原来的氏族统治的国家形式，也不能是如古典的古代那样的城邦制的民主共和形式。

　　因为，在氏族统治形式和私有观念还不发达的氏族社会末期都没有完成这个过程，那么在这一切都已经巩固了的奴隶制国家建立以后就更不可能了，氏族贵族是不会主动让渡出自己固有的政治权力，而代之以公共的权力机构的，同样私有观念的发展适足以使各级氏族贵族将其实际占有的，但名义上是属于国家的土地据为私有，而不会主动地将其平均分配给各个家庭，从而使其成为自由的小土地私有者。就现有的先秦典籍来看，都没有平均分配土地于国民的法权形式的记载（所谓授田制，正是土地国有的标识。土地总要有人耕种的，授民以田，不过是为国耕种罢了）。一切都取决于对土地和政权的实际控制能力，这其中是没有什么法典可资依据的，"晚世之时，六国诸侯……各自治其境内，守其分地，握其权柄，擅其政令。下无方伯，上无天子，力征争权，胜者为右"（《淮南子·要略》），传统的礼制是无法抑制日益增长的对私有财富的渴望的。这其中或者遇上异族的外部侵略以打破氏族统治的国家形式，或者遇上生产力发展的内部突变，从而产生大量的小土地私有者阶级，并进而由地域单位的国民冲破氏族外壳。但这两者既然都没有发生，那么政权的转移和财富的集中就只能采取自上而下的维新路线，历史的车轮仍然按照它固有的惯性向前滚动着。

　　正是由于这种自上而下的维新路线，使春秋战国之际的社会变革，呈现出一种历史过渡性特征，即由自然血亲的氏族制向抽象（或形式上的）的氏族制的转变。因此，矛盾的解决就不可能是非此即彼的突破，而只能是采取一种折衷的方式，即矛盾双方各向着自己的对立面转化，从而组成一个新的矛盾统一体，在这个新的矛盾统一体中，一方面氏族统治的国家形式要肯定，另一方面作为它的对立面的私有制也要肯定。因而就只能采取一种抽象的氏族统治的国家形式，这其中统治者与被统治者及其之间不必再有自然的血亲关系，但却将自然血亲的父子关系，作为社会的组织结构，并将其扩大到整个国家的政治生活中去。《周书》载："天子作民父母，以为天下王。"（《尚书·周书·洪范》）孔子论政云："君君、臣臣、父父、子子。"（《论语·颜渊》）孟子云："内则父子，外则君臣，人之大伦也。"（《孟子·公孙丑下》）荀子云："上之于下如保赤子"，"下之亲上欢如父母"（《荀子·王霸》）。又云："君子者……民之父母"（《荀子·王制》）。这种君臣的父子关系正是一种抽象的氏族统治形式。

因而，所谓春秋战国之际氏族制度的解体，并非是氏族统治的国家形式被否定了，"大夫'有国'的现象只是氏族制的分化，并不是氏族制的结束"。（第 194 页）因为各国诸侯及其卿大夫仍然是氏族贵族，统治方式亦与周天子没有什么本质的区别，即没有代之以公共的权力机构，只不过由政在姬氏一家变成了政在多家而已。史籍称作"晋政多门"（《左传·成公十六年》），"国将亡，必多制"（《左传·昭公六年》）。所谓"多政"、"多制"正表现了社会发展对原来周天子统治的"一政"的第一次否定。春秋战国之际的历史任务，就是要完成氏族统治的国家形式由自然血亲向抽象的氏族形式的转化，即第二次否定，亦即否定之否定。周王朝的统治是无法维持了，但建立什么样的以及如何建立一个新的政治制度，即如何由多政向新的一政转化，亦即结束诸侯混战的多政局面，就是其必须解决的历史课题，因为氏族统治的国家形式不被打破，就必然要求一政的统治形式。

如前所述，亚细亚的古代，早熟的只是国家的形式，即由氏族首领直接转变成了国家的王公贵族，由氏族公社所有的公有土地制度直接转化成了氏族贵族所有的国有制。而它的各项政治和经济制度即国家的内容是非常不完善的，它只能适应于阶级矛盾还不激烈、社会关系还不太复杂的周王朝的初期，而不能适应于阶级矛盾已日趋激烈、社会关系已日趋复杂了的后期。所以春秋战国之际就是国家的内容，即国家制度的完善时期。如上所述，一方面要维持天子"余一人"对国家的绝对专制权，重新确立"普天之下，莫非王土"的大一统局面；另一方面自然血亲的氏族纽带，以及建立其上的礼制形式，已经不能维持国家的统治需要了，但却又无法达到古典的古代那样的国家形式，因此春秋战国的前途就必然是——大一统的中央集权的专制制度。

三　以私学的形式为新的官学做着理论上的准备

从思想文化方面来看，如果说春秋战国之际的历史任务是建构严密完整的政治制度，以适应新的经济秩序。那么表现在思想文化上的历史课题，就是要给这种新的政治制度提供理论依据，从而构成任何政治制度都不可缺少的意识形态。因此与多政的社会现象相适应，思想文化也产生了由官学而私学的分化，**所谓官学，即一政之学，所谓私学，即多政之学**。而随着政治制度的定于一统，思想文化也就必然要定于一尊。因而与政治局势的治→乱→治的发展格局相适应，思想文化的演进就呈现出官学→私学→经学（新的官学）的发展轨迹。在此意义上可以说诸子之学是**以私学的形式，完成着官学的内容**，因而官学和私学不是学在官府还是学在四夷的变化，而是政治体制由一政到多政在意识形态上的反映。对此史籍是有明确记载的，孔子云："天下有道，则庶人不议。"（《论语·季氏》）"天子失官，学在四夷。"（《左传·昭公十七年》）孟子云："圣王不作，诸侯放恣。处士横议。"（《孟子·滕文公下》）荀子云："诸侯异政，百家异说……莫不求正而以自为也……皆道之一隅也。"（《荀子·解蔽》）庄子云："天下大乱，贤圣不明，道德不一。天下多得一察焉以自好。譬如耳目鼻口，皆有所明，不能相通，犹百家众技也，皆有所长，时有所用……道术将为天下裂。"（《庄子·天下》）《汉书·艺文志》云："诸子十家……皆起于王道既微，诸侯力征，时君世主，好恶殊方，是以九家之术蜂出并作，各引一端，崇其所善，取合诸侯。"以上所引表明在古人看来诸子私学都是大道既废之后，各引一端以张其说的产物。古人没有唯物史观，故将一政时期的王道作为天下之至道，而把诸子私学视作王道衰微的表现。在这里将诸子私学视作由一政到多政的理论表现是正确的，而将王道，即一政之官学视作至道则是不科学的。事实上诸子之学正是新的政治制度在意识形态上的必然要求，各家所论均构成了未来政治制度的一个侧面，是某一政治职能在理论上的体现。这种严密而完整的政治制度及其意识形态，不是一家之学所能完成的，同时它在客观上也正反映了当时社会各阶层的不同要求。它需要从各个方面进行论证，因为它必须照顾到各个阶层的经济利益和政治要求。这是与社会分工越来越细、各阶层的社会关系越来越复杂的发展趋势相适应的，原来建立于传统习俗之上的"礼制"是无法满足一个奴隶制帝国的需要的。因此，诸子之学各执大道之一端，正是理论建设之科学化和专业化的必然要求。

　　诸子之学既然是多政的社会现实在意识形态上的反映，那么它就与其社会存在相一致，呈现出一种历史过渡性特征。一方面是彼此相互联系和相互影响，即《庄子·天下》篇所谓"皆有所长，时有所用"，另一方面又隐含着重新统一的趋势，即各家私学最终将朝着新的官学方向发展，大一统的意识形态不是某一家所能单独承担的。由官学到私学是分，由私学到官学是在一个新的高度上的合，分正是为在新的高度上的合做理论上的准备，它本身并不是目的，惟其如此它是过渡性的。这是由其历史条件，即独立的私家学派晚出的补课性特征所决定了的。古典的古代，与独立自由的财富私有者阶级的支配地位相适应，产生了具有独立地位的古代思想家、科学家和艺术家，即私学，从而形成了独立自由的学术研究氛围，学术研究不是政治的附庸。而中国由于独特的早熟路径，没有产生占支配地位的独立自由的国民阶级，及以此为基础的个体意识，也就不可能产生具有独立地位的思想家、科学家和艺术家，所以思想文化一开始就只能是以官学的形式出现，从而成为政治的附庸，这是就思想文化的主体而言的；就客体，即现实的需要来看，也没有这个市场，由于私有制的不发达，也就不可能有发达的工商业，城市不是经济意义上的，对广大的农村来说根本不需要什么思想文化、科学技术和艺术。唯一有此需要的是各级氏族贵族，但这一切不需要通过购买来实现，而是由自己来生产的，所谓"处工就官府"、"工商食官"，即国家经济。没有竞争的现实需要，就必然没有发展的可能。由此中国古代的思想文化一开始就只能是以官学的形式出现，而正由于多政的私学是在官学建立之后产生的，因此它就不能不表现出很大的官学性质，可以说它是分化了的官学。在古典的古代是多学派并存的，学术研究是相对独立的，它尽管也要为政治服务，但却不是政治本身，其争论是学术性的，因而盛行私人著述。而中国则不同，学术争论往往表现为政治斗争，是政治活动的一个有机组成部分，没有私人著述，现在看到的诸子著作大都是其门人和后学对他们政治活动的记录。某一学派能否在社会上立足，就要视其能否取得意识形态上的统治地位，诸子之学是如此，后来经学的今古文之争也是如此，学术之争不过是经济利益和政治地位之争在意识形态上的表现而已。因此，私学的内在矛盾就决定了它必然要向官学转化，即要以政治的手段来解决学术上的矛盾，各家私学并存的自由论辩局面，不要说统治者不允许，就是私学自己也不能接受。这正中统治者下怀，即给了统治者以择其善而用之的机会。因此新的官学就不是某一私学在政治上的独尊，而是私学相互融合的产物，没有诸子之学的发展，后来新的官学就不可能建立，因此，诸子百家不过是以私学的形式，实现着官学的内容，是官学在乱世的一种表现形态而已。

概括地讲，儒家以其"亲亲"的思想原则，给新的一政，即大一统的中央集权制国家形式提供了理论依据，从而完成了由自然血亲的氏族制向抽象的氏族制的转化，它构成了新的一政的政治思想和伦理道德观念；法家则以其严刑峻法的法制学说和相应的规章制度，为新的专制制度提供了现实保证，否则单凭儒家的"仁爱"思想是根本不可能维持专制的国家形式的。道家则给新的制度提供了哲学的理论基础和方法论的保证，它的自然天道观为后来儒家的君权神授说和儒学的哲学化提供了形而上的理论内涵，如玄学和理学等。

因此，所谓的百家争鸣并非如学人称道的那样，是什么思想解放运动，而是相反，它们都在积极地为未来的专制制度作着意识形态的准备。在此之前的中国有什么思想？所有的不过是一些"传习"而已，因此百家争鸣并不是在解放思想，而是在建立思想，即将原来的传习结合现实的需要给以理论化的建构。所以，尽管表面上看起来诸子百家争得剑拔弩张，但在根本的大原则上大都是一致的，所争者，无非是如何加强国君的统治权，怎样将老百姓统治得服服帖帖，一个说以法治，一个说以礼治，最后则统一为刑德并用。

第三节　诸子私学的理论特征及其成因

具体而言，诸子之学的共性主要表现在这样几个方面：

一　自上而下的论政方式

这是诸子各家最基本的一个共同特征，他们都是为统治阶级服务的，是站在统治者的立场上来看待社会的治乱问题的，讨论的出发点和最后归宿也都是如何加强国家政权的统治机能，其政治理想都是统治秩序的长治久安。法家就不用说了，就是崇尚"自然无为"的道家，它的落脚处也在对老百姓的统治上，只不过在具体的统治方法上，主张在上的统治者要顺应在下的老百姓的自然本性，不要过多地干涉。但天子、王公、圣人对老百姓的绝对统治权是不容置疑的。

道家的学说一般都被看作是中国历史上最早的自然哲学，然而它是为求社会问题的解决而探讨自然的，并非是为了自然奥秘的求知。对此，胡适曾作过相当精辟的论述："在中国的一方面，最初的哲学思想，全是当时社会政治的现状所唤起的反动。社会的阶级秩序已破坏混乱了，政治的组织不但不能救补维持，并且呈现同样的腐败纷乱。当时的有心人，目睹这种现状，要想寻一个补救的方法，于是有了老子的政治思想。但是老子若是单有一种革命的政治学说，也还算不得根本的解决，也还算不得哲学。老子观察政治社会的状态，从根本上着想，要求一个根本的解决，遂为中国哲学的始祖。他的政治上的主张，也只是他的根本观念的应用。老子哲学的根本观念是他的天道观念。"[1] 天道，

---

① 胡适：《中国哲学史大纲》上册，第46页。

正是道家结构社会的一个根本原则，道家试图以天道运行的自然无为规律来解决社会矛盾，同时也解决道家思想上的矛盾，一方面道家认为社会必须由在上的君主来治理，另一方面又要求个体的相对自由，于是只能以无为来治天下。对此《庄子》后来作了很好的说明：

> 天地虽大，其化均也；万物虽多，其治一也；人卒虽众，其主君也。君原于德而成于天。故曰：玄古之君天下，无为也，天德而已矣。以道观言而天下之君正；以道观分而君臣之义明；以道观能而天下之官治；以道泛观而万物之应备。
>
> ——《庄子·天地》

儒家虽然提倡仁爱，主张统治者要以仁爱之心来统治臣民，即要施行仁政，但目的是为了将臣民统治得更好，考虑的仍然是国君的利益。道家还主张在上的统治者要顺民之心来治民，故有无为而治的思想。儒家则干脆得多，一方面主张加强在上者的统治权，一方面对臣民进行道德的教化。对于晋国铸刑鼎，孔子就坚决反对："晋其亡乎！失其度矣……贵贱不愆，所谓度也……今弃是度也，而为刑鼎，民在鼎矣，何以尊贵？贵何业之守？贵贱无序，何以为国？"（《左传·昭公二十九年》）再如"民可使由之，不可使知之"（《论语·泰伯》）的愚民思想和君君、臣臣、父父、子子的宗法等级制思想，等等，就很难说是从国民的角度提出来的，最起码孔子是不想当这样一个被别人任意"由之"而不"使知之"的"小人"的，而他之所以提出这样的主张就是准备着有朝一日成为一个替君王使民的"君子"。所谓"君子之德风，小人之德草。草上之风，必偃"（《论语·颜渊》）。事实上孔子一生奔波也就是为着这个目的，"苟有用我者，期月而已可也，三年有成"（《论语·子路》）。为此甚至直接高呼："沽之哉，沽之哉，吾待贾者也。"（《论语·子罕》）因此当樊迟向他"请学为稼"和"请学为圃"时，顿时没有好气地答道："吾不如老农"、"吾不如老圃"，待其出则大骂曰："小人哉，樊须也！上好礼，则民莫敢不敬；上好义，则民莫敢不服；上好信，则民莫敢不用情。夫如是，则四方之民，襁负其子而至矣；焉用稼！"（《论语·子路》）可见只要成为和当好了"君子"自有小人来效，由此可见孔子是要干大事的人，即怎样使好这些小人以及怎样使那些还处于小人地位的君子们在心理上有个安慰，于是创造出了一套以仁爱"使人"与安贫乐道的儒学。

墨家是先秦诸子中唯一站在下层平民的立场上论社会之治的显学，侯外庐视其为国民阶级的代表。[1] 但它同样表现出对在上者的统治权的认可："天下有义则治，无义则乱。我以此知义之为正也。然而正者，无自下正上者，必自上正下者。是故庶人不得次己（放纵自己）而为正……是故义者，不自愚且贱者出，必自贵且知者出"。（《墨子·天志下》）由此可见，兼爱、尚贤之政依然来自于上之所为，庶人是不得恣意为政的，所谓"夫安危治乱，在乎上之为政也"（《墨子·非命下》）。这种改良的措施，仍然要来自于在上的统治者的仁爱，墨家并不反对王公大人之治，其论治天下仍然要立天子置三公（《墨子·尚同上》），不过要以尚贤为政体之本，要兼爱天下之民。尚贤，即富之、贵之、敬之、誉之，而其实质则是要"高予之爵，重予之禄，任之以事，断予之令"（《墨子·尚贤上》）。这一切固然有对贤能之士的敬重，但给予一定的政治权力并授之高官厚禄，则不是老百姓所能

---

① 　侯外庐等：《中国思想通史》第一卷，第197页。

为之的了，而必来自于在上之统治者的圣智。故选贤，并非是由国民选择自己的阶级代表，以保护自己的经济利益、实现自己的政治权利，而是由执政的王公大人来选择能够任职的贤能之士，以加强对下的统治，"此言先王之治也，必选择贤者，以为其群属辅佐"（《墨子·尚贤下》），可见它的尚贤和兼爱都是要由在上者来安排的，目的也正是为了在上者的统治。

二　对私有财富的否定

诸子百家都反对私有财富，更加反对个人追求私有财富的自由竞争之心，认为它们正是社会动乱的根源。老子称："不尚贤，使民不争；不贵难得之货，使民不为盗；不见可欲，使民心不乱。"（《老子·第十二章》）"是以圣人之治，虚其心，实其腹；弱其志，强其骨。常使民无知无欲，使夫智者不敢为也，为无为，则无不治。"（《老子·第三章》）

道家思想的中心内容就是无为，对在上的统治者而言就是不要有意识地控制老百姓，对在下者而言也不要有追求财富的竞争之心，正是由于天下人都贪求难得之货，遂俱起争夺，因而天下大乱，在上者为了治理又发明了一切人为的规章制度，矫正人心、钳制人身，使人不得"自然"。

儒家更是将这种观念理论化为"义利之辨"，孔子从君子的人格修养方面着眼，把义利之辨视作区分君子与小人的标准，见利忘义者必是小人，而淡泊名利和安贫乐道者必是君子，至少是君子必备的人格修养之重要内涵。认为追求财富不是一个君子的所为，不但如此，对这种贫穷生活仅仅表露出不满或抱怨，都不是一个君子应有之所为。孟子则将其上升到仁政的高度，认为一个明君就不该考虑利，而应以仁义治国，要爱民，要给老百姓以固定的生活资料，"是故明君制民之产，必使仰足以事父母，俯足以畜妻子，乐岁终身饱，凶年免于死亡。然后驱而之善，故民之从之也轻"（《孟子·梁惠王章句上》），由此可见"民之产"是要由"明君"来安排的，老百姓只要衣食有了着落就容易驱使了，就像驱赶牛羊一样。因此在因人们追求私有财富而引起天下大乱这一点上，儒家与道家看法是一样的，所不同者只是在如何治理上。

在先秦诸子中墨、法两家倒是不反对言利，墨家明确提出了"兼相爱，交相利"的主张，但他却反对对私有财富的自由竞争，一方面提出了"节用"、"节葬"的主张，另一方面则主张"贵之"和"富之"都要由在上者来安排，由前者，一切生产只要够用就行，不能追求奢华，这就不可能产生商品经济；由后者，就不可能产生独立自由的个体私有者阶级。所以墨家的"兼相爱，交相利"，只是追求基本的生活资料的满足而已，至于发家致富，并进而追求个体在政治上的权利，等等，则是墨家坚决反对的。

法家是在先秦诸子中唯一明确言利的学派，在这一点上它可以与现代的资产阶级相媲美，韩非就认为人与人之间都是一种经济利害关系，君以高官厚禄与臣交易，臣下以性命与君交易，这里不存在什么君仁臣忠的问题，相反君不仁、臣不忠才可以王霸天下。父母生了儿子就庆贺，生了女儿则溺死，这并非爱儿子不爱女儿，而是"虑其后便、计之长利也"（《韩非子·六反》）。做车的愿人富贵，卖棺材的盼人早死，这并非卖车的心好，卖棺材的心坏，而是利益使然。在此法家对人与人之间的利害关系的表述可说与马克思相差无几了，但它却没有指向对私有财富的自由竞争的认可，相反却主张严厉打击工商技艺之人，即个体私有者，强调"利出一孔"（《商君书·弱民》），即为君主王霸天下而"耕战"。

三 没有提出个人的权利问题

诸子均没有提出个人的权利问题,甚至老百姓也没有这种观念,即不是自下而上地看待社会的治乱问题,追求个体的权利,相反则认为个体应克制自我以服从君主的统治。这是由诸子百家的立场所决定了的,他们都是站在在上者的地位来看待社会问题的,根本没有国民的阶级意识,而是以未来在上者的一员自居,不是要求建立新的上层建筑,而是在认可现存的统治者的前提下进行一些改良,即"维新"。但维新的目的则是加强君主的权力,道家讲"知足",儒家讲"克己复礼",认为"民可使由之,不可使知之"(《论语·泰伯》);墨家讲"尚同",所谓"义者,不自愚且贱者出,必自贵且知者出";法家则要将个人的一切行为都要纳入国家的需要的范围,凡不为君用者,皆在可杀之列,如被视为世外高人的伯夷、叔齐,在法家看来皆为无用之人。

四 强调等级制,缺乏平等观念

诸子百家都主张社会应有等级贵贱之分,没有哪一家明确提出过平等的观念,相反对于贵贱等级秩序的强调,则是各家都有的。儒家称:"贵贱无序,何以为国"(《左传·昭公二十九年》);法家称:"贵贱不相逾越……治之至也"(《韩非子·有度》);道家称:"贵贱有仪,上下有等"(《庄子·天下》),"天子诸侯大夫庶人,此四者自正,治之美也;四者离位而乱莫大焉"(《庄子·渔父》);就是墨家也认为:"自贵且智者为政乎愚且贱者则治,自愚贱者为政乎贵且智者则乱。"(《墨子·尚贤中》)实际上的等级贵贱是任何社会和任何时代都存在的客观事实,问题在于有无一个形式上的平等标准,使个体可以通过自己的努力由贫贱而富贵,并且这种改变是自下而上的独立自由的。再者,不论事实上这个标准是否存在，单就理论上来看，诸子百家都没有达到西方"富而贵"的高度，尽管也表现出了追求平等的努力，但不是由在下的国民建立新的公共权力机构来实现自己的平等，而是相反，将希望寄托于在上的统治者，要通过加强在上者的统治权来实现，也就是要通过跻身于治民者的一员来实现，惟其如此，在实质上它们都是官学的一部分。

五　采取了氏族统治的国家形式

诸子百家都采取了氏族统治的国家形式，即对孝的重视，将国家事务等同于家务，孟德斯鸠称：中国的官吏"与其说是在管理民政，毋宁说是在管理家政"。① 这是对中国政治体制的最精确的概括，即以父子关系来规范社会，这在儒家的思想中表现得最充分，《周书·洪范》云："天子作民父母，以为天下王。"孔子云："君君、臣臣、父父、子子。"（《论语·颜渊》）孟子云："内则父子，外则君臣，人之大伦也。"（《孟子·公孙丑下》）荀子云："上之于下如保赤子"，"下之亲上欢如父母"。（《荀子·王霸》）又云："君子者……民之父母"（《荀子·王制》）。

这种君臣的父子关系正是一种抽象的氏族统治形式，在这一点上其他各家也一样，就连主张无为而治的道家也有类似的论述："君先而臣从，父先而子从，兄先而弟从，长先而少从，男先而女从，夫先而妇从。夫尊卑先后，天地之行也，故圣人取象焉。天尊地卑，神明之位也；春夏先，秋冬后，四时之序也；万物化作，萌区有状，盛衰之杀，变化之流也。夫天地至神矣，而有尊卑先后之序，而况人道乎！宗庙尚亲，朝廷尚尊，乡党尚齿，行事尚贤，大道之序也。语道而非其序者，非其道也。语道

① 孟德斯鸠：《论法的精神》上册，第129页。

而非其道者，安取道哉！"（《庄子·天道》）"事亲则慈孝，事君则忠贞"（《庄子·渔父》）。道家反对的只是儒家等学派以忠孝仁义对人进行道德教化，从而使人的精神受到束缚，认为教化出来的忠孝都是假的而非出于本心，真正的忠孝是自然而然的。但它并没有完全摆脱以父子关系规范社会的论政范围，从而提出基于国民的权利义务观念。

墨家虽然表现出了一定的平民意识，但也并没有超越氏族统治的局限，仍然是以天子为民之父母（《尚贤中》）；仍然是以君仁臣忠、父慈子孝、兄友弟悌为理想之治（《兼爱下》），以处家不得罪于家长、处国不得罪于国君为个人基本的行为规范（《墨子·天志上》）。

任何一个社会必然存在着事实上的等级差别，否则就不可能前进。在这一点上，诸子各家都是承认的，但必须将这种差别纳入有序化的轨道，即要由在上的统治者来安排，而不能是在下者自由地去争取。春秋战国正是一个财富重新分配、各阶层成员的社会地位重新确立，即建立新的统治秩序的时代。由此就需要一个标准来规范社会，而这个标准还必须被社会各阶层成员所认可，在西方这个标准就是私有财富。而在中国它则是基于父子血缘关系的自然差别。

六　没有私人学术之论著

诸子之学大都是门人弟子对其言行的记录，个人的独立篇章很少，更没有如西方那样的著作形式。并且所论都是关于现实政治的，至于对自然奥秘之探讨及生产工艺之研究者则几乎没有。甚至反对自然科学或生产工艺的改进，视其为奇技淫巧（《庄子·天地》）。人文科学采取了传注经典的方式，并且延续了几千年。对此，吕思勉有详细的论述，他将中国学术分为七个时期：

先秦诸子之学一也；魏晋之玄学二也；南北朝、隋唐之佛学四也；宋、明之理学五也；清代之汉学六也；现今之新学七也。"七者之中，两汉、魏、晋，不过承袭古人；佛学受诸印度；理学家虽辟佛，实于佛学入之甚深；清代汉学，考证之法甚精，而于主义无所创辟；最近新说，则又受诸欧美者也。历代学术，纯为我所自创者，实止先秦之学耳。"所谓先秦之学，属于私学者，则惟有诸子之学而已。然"先秦诸子，大抵不自著书。今其书之存者，大抵治其学者所为，而其纂辑，则更出于后之人"。[①] 在此，所谓诸子不自著书，固非吕先生一家之言，实乃学界所共识。[②] 由此"欲从其书中，搜寻一人所独有之说，几于无从措手"。[③] 而汉武以后几千年之中国学术，冯友兰称之为经学时代，其实质即以先秦之学为经也，倘若抽去先秦之学，所谓五千年之中华文化还剩下什么？

综上所述，这一切莫不由中国历史的特殊性所致，私有制没有得到充分的发展，就不可能有独立的财富私有者阶级；由此就不可能冲破氏族统治的国家形式而代之以公共的权力机构，也就没有独立自主的个体意识及其权利义务观念；由此也就没有学者的独立自主的地位，学者的唯一出路就是从政，为现有的当权者服务。这就构成了一个恶性循环，一方面由于没有独立自主的经济地位，个体的经济利益都要仰仗在上者的恩赐，就只能为在上的统治者出谋划策；另一方面也就越是丧失了个体的独立地位。这其中的关键即在于国民阶级的发展还不足以冲破氏族贵族的统治，私有财富还不足以构成社会的价值标准，于是就只能在认可

---

① 《先秦诸子概论》，第3、20页。

② 参见蒋伯潜《诸子通考》，浙江古籍出版社1985年版，第4页；罗焌：《诸子学述》，华东师范大学出版社2008年版，第16页。

③ 《先秦诸子概论》，第22页。

现状的情况下对其进行一些改良。这里的关键在于诸子百家都没有自觉的国民意识，而是相反采取了积极认同的态度。也就是说在春秋战国之际，诸子百家都没有提出重新平均分配土地、建立公共的权力机构的要求，因而他们的政治理想必然要带有氏族统治的余绪，一方面是私有制毕竟有了一定程度的发展；另一方面是血缘纽带的自然淡化，于是就只能演化成抽象的氏族统治形式，即以各个家庭的自然血亲关系来规范实际上已没有血缘关系的社会成员。于是就形成了以父慈子孝比拟君仁臣忠的抽象的氏族统治的国家形式。

　　道家学说的基本思想就是无为，表现出一定程度的个体意识。主张在上者对臣民不要过多的干涉，要任其自由的发展。但以什么作为理论根据呢？正如胡适所说，它是要寻求一个从根本上解决社会问题的办法，但是这个根本的办法，道家在现实中又找不到，于是提出了天道自然的观念，天道的运行是"自然"的，即自己如此，而非人为的。因此统治者之治国也要像天道的运行一样因民之情，但正是在这里显示出了它的矛盾性，因为道家对民情只是用了一半，即自由发展方面，而对另一半即对私有财富的渴望，却坚决反对。道家的无为并非无政府主义，它的实质内容是无不为，即仍然承认在上者的绝对统治。这样一方面是承认绝对的统治，另一方面又强调因任自然以反对人治。而要反对人治就必然要求建立一套客观的制度，但这又是道家所反对的，因此道家也就不可能找到一条可行的根本解决的办法，只是提供了一个形而上的原则。

　　道家的这个原则，被后来的法家给现实化了，道家的矛盾在法家这里得到了解决。一是法家承认个体追求私有财富的合理性；二是法家要建立一套客观的法律制度，这样在上者就可以无为而治了。但法家在此又表现出了新的矛盾，虽然法家对人与人之间经济利害关系的论述，已经达到了马克思对现代资产阶级本质的揭示的高度，但是它却走向了另一条道路，不但未能发展起个体的私有经济，也未能培养出广泛的国民阶级，相反却成为专制制度的一个重要部分。在经济上它提出利出一孔，即个体只能通过为君主耕战以实现其王霸大业来求得富贵，除此之外的一切工商技艺之人和文学言谈之士等个体发家致富的途径都在打击之列。而它所主张的法律制度其出发点则是为君的，而非为民的，尽管它是一把双刃剑，既有利君的一面，也有利民的一面，而在国民阶级不发达，国民意识缺乏的条件下，它只能成为氏族统治的工具，一切以吏为师，个体没有任何的法律权利。

墨家虽然提出"兼相爱，交相利"的主张，表现出一定的平民意识，但是却要以天意作为规范社会的价值标准，以尚同为路径，以明鬼为手段。而天的意志和鬼的威力都是看不见摸不着的，唯一可实行的就只有尚同了，即一同于天子之意，于是具有平民意识的思想学说却成了专制思想的渊薮。

因为社会上不存在一个居支配地位的财富私有者阶级，财富也没有构成凌驾于社会之上的客体力量，因而财富标准及其由此决定的自下而上的政治形式，即公共的权力机构及其权利义务观念就不可能产生。故墨家虽然与道家相反，其理论视角完全归结于对社会问题的具体解决，但其归宿则又与道家相同，最终也不得不归结于天，并且是有意志的人格神，在此它甚至不如道家的自然天道观。但在将其视为超越于社会之上的价值标准这一点上，则是相同的。这是因为在现实社会中找不到一个结构社会的价值标准，故不得不把注意力投向社会现实之外，而以天意来代替，这是与非经济的氏族统治方式相适应的。墨家的固有矛盾就在于它处在有差别的阶级社会，却要求一种实际上的平等，而又没有找到一种在形式上是平等的价值标准来调节各方面的利害冲突，因为这种标准在中国是不存在的。所以它就不得不以天意和氏族社会的平等观念作为其价值标准建构起它的乌托邦。由此，墨家陷入了不能自拔的循环论证的泥沼，即天秉人的意志，天要人相亲相爱，人之兼爱正是秉天的意志，否则天就要罚之。所谓尚贤兼爱都要由高高在上的统治者来实行，墨家所设想的"选其贤可者"立以为政长，也只是氏族社会的事，在尚贤兼爱中是不存在自下而上的政治思想的，因而其保证也来自于鬼神的力量，而非人的法律制度。这正是中国古代平民力量薄弱的必然表现，即还没有达到以私有财富冲破氏族统治的程度。在此情况下平民也只有要求绝对的平等，才有望保证其利益了。采取的是将在上者拉下来，而不是要使在下者升上去的方式。否则在无任何基础的条件下，强调等级差别的形式平等，那么得到实际利益的就只能是处于优先地位的氏族贵族了。平民的力量还没有达到这个程度，即提出自己的阶级要求，因此就只能把富贵的希望寄托于在上者的仁爱了。但这实际上是不可能的，表现出了其理论的空想性。故孟子称墨家"爱无差等"（《孟子·藤文公上》），荀子称："墨子……上功劳苦，与百姓均事业"（《荀子·富国》）、"有见于齐，无见于畸"（《荀子·天论》）、"曼无差等，曾不足以容辨异，县君臣"（《荀子·非十二子》）。即在阶级社会却要求实际上的平等，所以《庄子·天下》称墨子"反天下之心，天下不堪，墨子虽独能任，奈天下何？"墨家不行于后世的根本原因就在于它与时代趋势背道而驰，不但在上者不肯下来（更不用说把这种改良的希望寄托于在上者的仁慈了，即要统治者主动放弃其特权地位），就是在下者亦不肯永居下位而无上达之希望。"反天下之心"必然使"天下不堪"。

在先秦诸子中唯有儒家思想没有内部的矛盾，由于私有制不发达、没有广泛的国民阶级、没有权利义务观念、没有公共的权力机构、氏族外壳没有被打破、私有财富没有构成社会的价值标准、等级贵贱又是一种客观存在，因此它提倡父慈子孝、君仁臣忠，主张爱有差等，反对个体对私有财富的追求，提倡克己复礼，一切要由在上者来安排，等等。在此社会存在与社会意识是正相一致的，这也正是为什么后来儒家能吸收其他各家的思想成分而统治中国几千年的根本原因，各家的矛盾在融入儒家思想体系以后得到了扬弃，儒家也通过对其他各家思想的吸收，完善了自己的理论体系，从而构成了后来的一政，即中央集权的专制制度的意识形态，亦即新的官学。

第四节　中国历史的特殊性对法家思想的影响

——法家失去统治地位的历史根源

以上所述正是法家思想产生的历史和理论背景，对法家思想的研究如果只就其本身的理论体系而论，只能是就事论事，而更重要的则在于从所以然层面上得到界说，否则就无法阐明法家思想的独特本质及其理论形态的历史根源。具体而言就是，中国古代社会独特的早熟路径及春秋战国之际的历史过渡性特征，决定了法家理论体系的构成、难产过程及其历史归宿，即提供了它的社会史根源；当时的法律实践则为其提供了思想根源；而春秋战国之际的诸子私学则构成了它的理论渊源，为其提供了理论基础和方法论保证。法家思想正是适应了当时的历史条件，在融合了各家思想成分的基础上形成的，它不但总结了以往的治国经验，并且为后来大一统的中央集权的形成奠定了理论基础。

法家虽然强调以法治国，但如果与同期的古希腊罗马的法律及国家学说相比较，就会发现它们之间存在着明显的差异。西方的法是以私有财产的权利义务观念为基础的，采取的是自下而上的论政方式，其目的在于对个体的经济利益和政治权利的维护，因此有发达的民法体系，同时对国民的参政权亦有明确的规定。而法家的"法"则没有这种法权形式的意味，尽管它承认人与人之间的经济利害关系，但其目的则在于君主的王霸大业，认为英明的君主就应利用臣民的这种求富之心使其为国而耕战，采取的是自上而下的论政方式。富贵，不是个体的经济利益和政治权利的法权形式，而是君主治国的一种手段，即一种恩赐，法在这里不过是赏罚的一种客观标准，因此，不但没有独立的民法体系，也没有任何选举和参政的法权形式的规定。

这正是由中国独特的早熟路径所决定的，即私有制没有代替公有制，地域单位没有冲破氏族外壳。春秋战国之际政权和财富也采取了自上而下的维新路线，没有产生公共的权力机构，也没有产生以财产私有权为基础的权利义务观念。中国历史特殊的经济基础决定了它的法律制度及国家学说只能采取法家的这种形式，它与氏族统治的国家形式是正相适应的。由此，也就决定了中国法律制度和法家学派的难产过程。在此要将刑与法区分开来。在中国伴随着奴隶制国家而诞生的是刑而不是法[1]，即禹刑和汤刑之类，刑只是一种镇压手段，而法则包含着国家的经济职能在内。刑罚是自古就有的，法是战国时期才有的[2]，它的标志是成文法的公布。在西方平民与贵族的斗争主要是通过法律进行的，即表现为一种法权的斗争形式。而中国的斗争则是要不要法的政治形式。氏族贵族是坚决反对公布成文法的，子产铸刑鼎就

---

① 胡适：《中国哲学史大纲》卷上，第328页。
② 同上。

遭到叔向和孔子的反对（见《左传·昭公六年》、《左传·昭公二十九年》）因为有了成文法，人民就可以据此而与统治者争长论短了，所谓"民在鼎矣，何以尊贵？贵何业之守？"（《昭公·二十九年》）即势必动摇氏族贵族的统治秩序。而民间的诉讼行为也是不被氏族统治者所允许的，邓析被杀，正是因为他教民讼狱，政治秩序的稳定在氏族统治者看来是头等重要的事。而法家要事无巨细一断于法，直接否定了氏族贵族的特权地位，因而就势必要遭到其坚决的反对，法家的代表吴起、商鞅的被杀就表明了法家学派的难产过程。

正因为氏族统治的国家形式，因而就连法家这样不完全的（与西方相对而言）法制形式，最终都不得不交出其统治权。它之所以能在春秋战国之际处于统治地位，主要是由于其富国强兵的学说适应了战乱年代的现实需要。而儒家之所以后来能取而代之处于独尊地位，就是因为它与氏族统治的国家形式是相适应的，因而尽管它在战乱年代派不上用场，但只要氏族统治的国家形式不被打破，它的统治地位就是必然的。春秋战国的私学形式为法家提供了理论渊源和理论基础，私学的发展趋势必然是新的官学，而法家正处在私学发展的后期，因而它不但是以往私学的理论总结，并且为后来中央集权的政治制度奠定了理论基础，秦汉以后虽然不提法家了，但法家所创的法制思想及其政治制度则被实际运用着，即史家所称的阳儒阴法。春秋战国之际的思想文化特征，即历史过渡性，决定了私学必然向统一的一家之学发展，私学发展到最后就必然趋向彼此的融合，这其中法家对各家私学的继承最多，在战国后期私学中的显学可以说是以儒法为主的，而当过渡性的历史使命完成以后，即抽象的氏族统治的国家形式确立以后，法家就只好将意识形态的统治地位让给了儒家。

儒家在思想史上取代法家占据了统治地位的历史必然性，就是因为地域单位没有冲破氏族的外壳，国家采取了家族统治的形式，而儒家正适应了这种宗法政治的国家形式，而法家却试图在一定程度上否定它而以具有客观标准的法治取而代之。

在这里儒法之争就表现为礼与法的不相容，而宗法政治必然尚礼治抑法治。希腊的司法之神一手擎着利剑，一手托着天平，尽管是神话，但与历史却颇为相合[1]，即以暴力保护私有财产的神圣不可侵犯，同时本着在法律面前人人平等的原则调节其利害冲突，但这些在中国是不存在的。这样，一方面由于没有独立的并居支配地位的私有制经济，经济利益也就不能形成联系社会结构的纽带，因而也就不需要作为调节手段的民法系统；另一方面由于氏族的血缘关系构成了社会结构的纽带，因而刑法保护的就不是财产私有者的经济利益，而是氏族贵族的统治秩序，在这里法律是认人不认财的。因为氏族贵族的经济利益是以血缘关系而体现出来的，所谓"普天之下，莫非王土。率土之滨，莫非王臣"（《诗·小雅·北山》）。"在这里，国家就是最高的地主。"[2]国家这个最高的地主再把全国的土地和臣民分封给他的宗亲。以周朝为例，"昔周公吊二叔之不咸，故封建亲戚以蕃屏周"（《左传·僖公二十四年》）。又，"昔武王克商，光有天下，其兄弟之国者十有五人，姬姓之国者四十人，皆举亲也"（《左传·昭公二十八年》）。荀子称："兼制天下，立七十一国，姬姓独居五十三人。周之子孙苟不狂惑者，莫不为天下之显诸侯"（《荀子·君道》）。但是由于国家采取了氏族统治的形式，即无等级差别的氏族外壳却包含了有阶级差别的国家内容，这就产生了一个矛盾，

---

① 参见维柯《新科学》，人民文学出版社 1986 年版，第 205、209 页。
② 马克思：《资本论》第 3 卷，人民出版社 1975 年版，第 891 页。

就是以什么来构成社会的价值标准，即统治的理论基础？这个矛盾不解决就无法维持国家的统治。但是私有财产既然不能作为中介以调节人们的社会关系，那么就必然要有一套相应的制度规范，对人本身的社会行为进行规定。它一方面要承认氏族的统治形式，另一方面又要对等级差别的统治内容作出合理的解释，于是就必然产生制度化的道德规范，即，以君君、臣臣、父父、子子为中心范畴的"礼制"。它把事实上的等级差别解释成是先天命定的，因为人不能选择自己的血缘关系，所以也就要安于这种既定的社会地位，上视下如赤子，下视上如父母（参见《荀子·王霸》），从而维持一种亲亲、尊尊的和谐的社会秩序。

西方的价值标准是残酷的，然而却是公平的，中国的价值标准是"人道"的，然而却是不公平的，这里的关键就是私有财富这个唯一的中介。对于以天下为家的氏族贵族来说，最不能容忍的就是氏族成员追求财富的"争心"，即自由竞争的个体意识，认为它是一切祸乱的根由（《荀子·礼论》），更不能接受建立在公平交易原则基础之上的法律制度了。也就是说不允许社会成员通过自由竞争自然地协调其相互关系，而是要由氏族贵族，即各级父家长来安排社会生活秩序（参见《论语·季氏》及《春秋繁露·制度》"不患寡而患不均"章）。叔向对子产铸刑鼎的反对，就充分地证明了这一点（《左传·昭公六年》、《昭公二十九年》）。它表明氏族贵族是不允许在他们之外另建立一种客观的价值标准，并以此来否定其特权地位的。因此，氏族贵族的意志就构成了一切社会行为的标准。客体标准既然不能成立，就要代之以主体标准，即通过礼乐教化的道德培养，形成一种理性的自觉。孔子认为："道之以政，齐之以刑，民免而无耻。道之以德，齐之以礼，有耻且格。"（《论语·为政》）又云："子为政，焉用杀！""听讼，吾犹人也，必也使无讼乎！"（《论语·颜渊》）孟子认为

"及陷乎罪，然后从而刑之，是罔民也"（《孟子·滕文公上》）。荀子认为"有治人，无治法……法者治之端也，君子者法之原也"（《荀子·君道》）。又云："君子也者，道法之总要也……得之则治，失之则乱"（《荀子·致士》）。"故有良法而乱者有之矣，有君子而乱者，自古及今，未尝闻也"（《荀子·王制》）。孔孟是从法律行为的主体而言的，荀子是从执法者而言的，角度不同，但其精神则是一致的，即法律只能惩戒人的外部行为，是统治的次要手段，而关键在人的内心。官司断得再公平都不如不打官司的好，片言断狱不如使民无讼。再完备的法律条文都不如深得"法之义"，即具有仁爱之心的君子更有利于"治"了。

因此，所谓礼治，其实质是人治、治人。第一，以一种制度化的道德规范即"礼"来规定人们的自身行为及其社会关系，使每个社会成员都安于既定的社会地位，而泯灭其自由竞争的个体意识。第二，以礼乐教化对社会成员——包括庶民在内——进行道德修养的训练，使其在内心深处形成一种信仰的力量，以自觉遵守和维护"礼"所规定的等级制度。王国维云："制度典礼之专及大夫、士以上者，亦未始不为民而设也。"（《殷周制度论》）第三，强调各级统治者个人的道德完善，而忽视法律制度的健全。在具体的司法过程中，执法者的个人意志往往凌驾于法律之上，起着决定性的作用，而且法律适用的范围则往往具有很大的伸缩性。因此有法不依（刑法），更多的是无法可依（民法、行政法），就成了中国古代政治制度的重要特征。法治是客观的标准，礼治则是主观的标准，前者是经济的、公平的；后者是宗法的，不公平的。礼制，一方面表现了儒家处在阶级社会而对无阶级差别的氏族社会的怀念，反映了他们企图救世的苦心，即从根本上消除人们的争斗之心，使其和睦相处的美好愿望；另一方面也表明氏族传统在阶级社会中的延续，礼制就是对这种现状的承认，以期通过泛爱主义的道德修养来协调复杂的社会关系。

因此，儒家在汉武以后占据了统治地位，其根本原因就在于它适应了以血缘为纽带的宗法统治的政治需要，从理论上证明了"氏所以别贵贱"的合理性，为氏族贵族的统治提供了理论根据。与作为支配者阶级的氏族贵族的经济利益及政治地位是一致的，只要国家采取氏族统治的形式，儒家学说的统治地位就是必然的。春秋至汉初虽然为中国历史之一大变局，但是氏族统治的余绪并未中断，就上层建筑而言，"秦汉虽变古，然秦之帝室，仍是古代之贵族。汉高祖起自平民，而以后天子仍为世袭。就此点而论，秦汉仍未尽变古也"。就经济基础而言，由于没有发达的工商业，大多数人仍以农为业，不过由昔日的奴隶变为今日之自由民，"聚其宗族，耕其田畴。故昔日之宗法社会仍保留而未大破坏，故昔日之礼教制度，一部分仍可适用。不过昔之仅贵族得用者，现在大部分平民亦用之而已"。① 由此可见礼制在秦汉的大一统局面形成并巩固以后，不但未遭到消灭，而且适用的范围更广泛了。因此哪家学派能与此经济基础相适应，它就能在上层建筑中占据统治地位。

因为作为国家，任何一种统治形式，都必然要有一整套与其政治制度（它决定于经济基础）相适应的意识形态，作为它的理论基础。秦汉以后国家仍然采取了氏族统治的形式，那么就必然要求一种以宗法关系为主导的价值标准，从而对社会的等级差别作出合理的解释，而礼制正是儒家对以往氏族制度系统化和理论化的结果。概括地讲它主要有这样几个特征：

其一，它是非经济的，它否定人们追求私有财富的自由竞争

---

① 冯友兰：《中国哲学史》上册，中华书局1961年版，第488页。

意识的合理性。认为这是一切祸乱的根由，主张人与人之间应以"礼让"为先。孔子云："君子谋道不谋食……忧道不忧贫"。（《论语·季氏》）又云："能以礼让为国乎！何有（朱注：何难之有）？不能以礼让为国，如礼何！"（《论语·里仁》）孟子云："为富不仁矣，为仁不富矣！"（《孟子·滕文公上》）荀子则对此作了总结性的论述，认为人生而有欲，有欲就有争，有争则有乱，而"先王恶其乱也，故制礼义以分之"（《荀子·礼论》）。在这里区分的标准是非经济的，与梭伦变法恰恰形成鲜明的对照。

其二，以氏族关系区分社会的等级差别，孔子论为政的中心思想就是君君、臣臣、父父、子子（《论语·颜渊》）的等级观念。孟子也认为"内则父子，外则君臣，人之大伦也"（《孟子·公孙丑下》）。荀子讲得更具体，"上之于下如保赤子"，"下之亲上欢如父母"（《荀子·王霸》）。又说"君子者……民之父母"（《荀子·王制》）。所谓君子，即类似于父系家长。由此可见，儒家从自然血亲的父子关系出发，并将其放大为国家的政治结构，从而把整个社会的等级差别都纳入宗法血亲的关系之中。在此，父子关系的自然差别就成了儒家先天假定的等级秩序的现实依据。父子的老少关系既然是不可改变的，社会关系的贵贱之分也就是必然的了。

其三，强调个体主观的道德修养，而否定法制的客观的公平原则。主张在上的君子要施爱于在下的小人，反之在下的小人也要像对父亲一样地尊奉君子。孔子所谓"君子之德风，小人之德草，草上之风必偃"（《论语·颜渊》），就是要君子以其道德修养教化庶民，使其安于礼的规范，不然则加之以刑。但是正是在这里表现出礼制的专及性，它以暴力手段保证了下对上的尊奉，却没有保证上对下的仁爱，即所谓的"礼不下庶人，刑不上大夫"。对此商鞅就曾给予了严厉的批判，认为它是根本靠不住的，"仁者能仁于人，而不能使人仁。义者能爱于人，而不能使人爱"
（《商君书·境内》）。韩非则明确指出，以天下之大，服膺其仁义
者不过七十人，而真正奉行的也只有仲尼一人而已。因此，为民
父母者未必治，为其子者未必不乱（《韩非子·五蠹》）。

　　总而言之，儒家的社会理想，就是把国家生活认同为一个
和睦的大家庭，每个人都要安于既定的社会地位，并且要克制
追求财富的自由竞争意识，从而维持和谐的统治秩序。因此，
儒家的理想是宗法的，而不是经济的，它与氏族统治的国家形
式正相吻合。儒家的统治地位尽管还有其他因素，例如儒学自
身体系的开放性和包容性，使它可以把其他学说都同化为己
有，① 但是其维护氏族统治的等级制度，反对私有制经济及其自
由竞争意识，则是最根本的原因。在这里社会存在与社会意识是
正相适应的。

　　同样，法家之所以没有最终取得统治地位，其根本原因就在
于它试图打破氏族统治的等级制度，并且彻底否定其礼制的主观
标准，而代之以绝对的客观标准。慎到在论述人治与法治的异同
时指出："舍法而以身治，则诛赏予夺，从君心出矣。……君舍
法，而以心裁轻重，则同功殊赏，同罪殊罚矣。怨之所由生也"。
（《慎子·君人》）要解决这个问题就必须使"民一于君，事断于
法"，所谓"有权衡者，不可欺以轻重，有尺寸者，不可差以长
短"（《慎子·逸文》，钱熙祚辑）。这里的"权衡"和"尺寸"，
就是客观的标准，即法。表现出法与礼的根本对立，礼是讲贵贱
之别的，是不能在一个标准之下来"齐"的。但法却不然，法是
要讲一个标准的，所谓"范天下之不一，而归之于一"（《说文解

---

　　① 　冯友兰：《中国哲学史》上册，中华书局1961年版，第488页。

字》)。① 一切"一"之于耕战的成果，借此以论官授爵。与"氏
所以别贵贱"的儒家相对立，法家"不别亲疏，不殊贵贱，一断
于法，亲亲尊尊之恩绝矣！"(《史记·太史公自序》) 其集大成者
韩非主张："刑过不避大臣，赏善不遗匹夫"(《韩非子·有度》)。
承认人们追求财富之"争心"的合理性，认为人与人之间的关系
就是一种经济利害关系，就是父母与子女的关系也是"犹用计算
之心以相待也"(《韩非子·六反》)。因而统治者就要鼓励人们追
求富贵的竞争意识，使其为国而耕战，并随之论功行赏。商鞅说
得很清楚："凡人主之所以劝民者，官爵也，国之所以兴者，农
战也。"(《商君书·农战》) 所以他主张："民力尽而爵随之，功
立而赏随之。"(《商君书·错法》) 韩非则更进一步，认为君与臣
的关系也是一种利害关系，无所谓忠与仁的问题，君主是为了王
霸大业，人臣是为了富贵，而王霸之业在于耕战。君不仁，臣不
忠，就可成王霸大业 (《韩非子·六反》)。因此，法家对于那些
无故富贵的氏族贵族和不劳而获的工商技艺之人、文学之士等则
严加摈斥，甚至主张凡不为君用者皆在诛杀范围之内 (《韩非
子·外储说右上》)。

　　概括地讲，法家的治国主张主要有这样几点：第一，维护君
主的绝对统治地位，韩非称："有道之君，不贵其臣，贵之富之，
备 (彼) 将代之。"(《韩非子·扬权》) 又云："世之贤士，而不
为君用，行极贤而不用于君，此非明主之所臣也。亦骥之不可左
右矣，是以诛之。"(《韩非子·外储说右上》) 实际上重君权是法
家的一贯主张，慎到就认为"君立则贤者不尊，民一于君，事断
于法，是国之大道也"。又云："多贤不可以多君，无贤不可以无
君。"(《慎子·逸文》，钱熙祚辑) 商鞅则主张："自卿相将军以

---

① 侯外庐等：《中国思想通史》第一卷，人民出版社 1957 年版，第 589 页。

至大夫庶人，有不从王令，犯国禁，乱上制者，罪死不赦！"（《商君书·赏刑》）因为法是要靠君主来推行的。

第二，在一定程度上承认人们追求财富的合理性，认为人们的社会关系就是一种经济利害关系，因而有为的君主要善于利用它，使其为国而耕战就可成就其王霸大业。韩非云："设民所欲，以求其功，故为爵禄以劝之……君垂爵禄以与臣市，且臣尽死力以与君市。"（《韩非子·难一》）"此谓君不仁，臣不忠，则可以霸王矣。"（《韩非子·六反》）

第三，每个人都必须通过自己的努力，即为国而耕战以求得富贵，而只要民为国家立了功、出了力，国家就要"民力尽而爵随之，功立而赏随之。"（《商君书·错法》）

第四，但是这种个人的努力必须是为国家即君主的王霸大业服务的，否则仍然不能富贵，甚至还要受到惩罚。

第五，以法律来保证耕战与富贵的一致性，严厉打击无故富贵的氏族贵族的特权地位和工商技艺之人、文学之士的"不劳而获"。同时彻底否定儒家的忠孝仁义观念，及其圣贤论。法家的前期代表吴起就主张令贵族开荒，收封君之爵禄，"使封君之子孙三世而收爵禄"（《韩非子·和氏》），"令贵人往实广虚之地，皆甚苦之"（《吕氏春秋·贵卒》）。慎到云："为人君者不多听，据法倚数以观得失……官不私亲，法不遗爱，上下无事，唯法所在。"（《慎子·君人》）韩非子对法则作了更系统的论述："明主使法择人，不自举也，使法量功，不自度也。……为人主，而身察百官，则日不足，力不给。……故舍己能，而因法数、审赏罚……不游意于法之外，不为惠于法之内……一民之轨，莫如法。"（《韩非子·有度》）表现出法家与儒家截然相反的理论主张，即把国家的政治结构、行政运行和社会关系，都纳入到法的客观范畴之内，君主要以法任官，官吏要以法奉职；国家对臣民以法论功行赏、论罪处罚，臣民对国家则尽力效命。彻底否定了儒家"氏所以别贵贱"的等级制度，及其忠孝仁义等道德观念，这其中没有什么礼制的主观和人为因素。希罗多德（公元前484—前425年）曾说："在法律面前人人平等。"[①] 在中国古代的思想学派中，恐怕只有法家达到了这个地步。

　　但是由于中国文明的早熟路径，国家采取了氏族统治的形式，一方面是氏族传统的延续，一方面是土地私有制不居支配地位。商品经济不发达，没有形成一个独立自由的私有者阶级，并在社会生活中占据统治地位，就不能使财富构成一种独立的客体力量。在此条件下，以公平原则为基础的法治就不可能最终实现它的历史使命，即在国家生活中占据统治地位。这一现实不但作为外部条件决定了法家的历史命运，而且从内部决定了其理论构成的先天不足。这主要表现在，首先，法家并不反对氏族统治的总后台君主，相反它还竭力要巩固君主的绝对统治，它所反对的正是那些有碍于王霸大业的氏族贵族；其次，财富在法家那里主要只是一种手段，目的则在于君主的王霸大业，民之富贵仍然要靠君主的"封赏"，而不是自任民力，自由竞争（慎到的"因循"，不过是要君主利用庶民的贪财之心为王霸而耕战），对工商技艺之人的打击就是证明；第三，因此它的法律就不是基于经济的（与西方相对而言），而是政治的，不是以庶民的经济利益为出发点，而是以君主的王霸大业为归宿。

　　因此，法家的变法运动是在氏族统治的内部进行的改良，是以君主为靠山自上而下展开的，而不是作为财产私有阶级的代

<hr/>

　　① ［古希腊］希罗多德：《历史》上册，王以铸译，商务印书馆1959年版，第232页。

表，自下而上展开的（像欧洲中世纪以后的资产阶级利用王权与封建贵族作斗争那样）。实际上它主要是一种"战时政策"，故司马迁称："可以行一时之计，而不可长用。"（《史记·太史公自序》）所以当大一统的封建帝国局面巩固，即氏族统治在新的条件下强化以后，法家也就从历史的前台退到了后台。

第 二 章

诸子及法家产生的社会历史背景

第一节　诸子源起的历史背景

对于先秦诸子的发生，由历史文献来看，一是诸子出于王官说；一是出于时代需要之救世说。后世学人遂以此分为两派，各执一端互不相容。笔者以为两说都有道理，但似皆有未尽之处。历史文献中论述诸子之发生者，主要是，《庄子·天下》、《荀子·非十二子》、《荀子·解蔽》、《史记·太史公自序·司马谈论六家要指》、《淮南子·要略》、《汉书·艺文志》等。

胡适认为："古之论诸子学说者，莫备于此四书（引者按：指《庄子·天下》、《荀子·非十二子》、《论六家要指》、《淮南子·要略》）。"[①] 罗焌认为："自来论诸子学所自出者，以庄子天下篇及班志诸子略为最明确。"[②] 胡适因不同意诸子出于王官，故不提《汉书·艺文志》，在此，先不提诸子与王官的关系，单就《汉书·艺文志》最后一段对诸子的总结而言，笔者以为是可

---

① 胡适：《中国哲学史大纲》，第 354 页。
② 罗焌：《诸子学述》，华东师范大学出版社 2008 年版，第 64 页。

以与《庄子·天下》篇相提并论的，都是对诸子各家之发生的精确之论，因此罗焌的论断笔者是完全赞同的。只是与他的侧重点有所不同，罗先生侧重于诸子各家的具体出处，笔者则看重其历史渊源。罗先生一方面"仍从汉志之说"；另一方面，其对于诸子出于王官则是有所修正的，认为："然谓某家即出于《周礼》某官，未足征信。"但罗先生的着眼处只限于，"诸子之学发源甚远，非专出于周代之官"。① 至于诸子的社会历史的发源，没有更进一步的论述。所以他基本上还是属于认可诸子与王官之有密切关系者一派。对此，笔者倒是完全认同胡适的论断，即诸子与王官无关。在这方面，台湾的王叔岷表述得最为清楚："胡先生根据《淮南子》，以为诸子之学皆起于救世弊，应时而兴。只谈到学术与时代关系之一层。任何学术之产生，渊源、时代两方面都应注意，不能单独相信一方面。《庄子》……即能从渊源、时代两方面去看。而刘歆、班固却只知道从渊源方面看。《淮南子》只知道从时代方面去看，胡先生从之……尚当留意者，《汉书·艺文志》虽说'诸子出于王官'，'出'上都加以'盖'字。盖者，大概之词。可见刘歆、班固并非完全执著于'出于王官'。傅斯年先生对于《汉志》之说，有较通达之解答"，遂引傅斯年《战国子家叙论》二，"论战国诸子除墨子外皆出于职业"章以证之："'故《七略》、《汉志》此说，其辞虽非，其意则似无谓而有谓'……颇符刘、班用'盖'字之微旨，即'诸子大概出于王官'之意。似较胡适之先生完全否定'诸子出于王官'之说为合理。"王叔岷认同其师傅斯年之说，其情无可厚非，然谓诸子出于职业与出于王官，实无本质之区别，王官得非职业乎。傅说以儒家出于教书匠（见《战国子家叙论》）否

---

① 转引自《诸子学述》，第66页。

定出于司徒之官，然并未说明此教书匠由何而来。王叔岷引章学诚《文史通义·原学中》"古人之学，不遗事物，盖亦治教未分，官师合一"，证之为"所谓'官师合一，即学术掌握在贵族手中"。① 此论实与"天子失官，学在四夷"（《左传·昭公十七年》）无多大差别。

要之，关于诸子百家之源起，固当由时代与渊源两途着眼。

由时代而言，"天下大乱，贤圣不明，道德不一"（《庄子·天下》）。当其时"六国诸侯……各自治其境内，守其分地，握其权柄，擅其政令。下无方伯，上无天子，力征争权，胜者为右"（《淮南子·要略》）。原来的一政局面已经不复存在，礼制自然也不能约束各路诸侯了，天下大乱即没有规矩的年代，所谓"力征争权，胜者为右"，故有诸子百家之兴以救世除弊，所谓"今诸侯异政，百家异说……莫不求正而以自为也"（《荀子·解蔽》）。"天下多得一察焉以自好。譬如耳目鼻口，皆有所明，不能相通。犹百家众技也，皆有所长，时有所用。……天下之人各为其所欲焉以自为方。"（《庄子·天下》）就此言之《汉书·艺文志》所论最为周详："诸子……皆起于王道既微，诸侯力政，时君世主，好恶殊方，是以九家之术，蜂出并作，各引一端，崇其所善，以此驰说，取合诸侯。其言虽殊，辟犹水火，相灭亦相生也。……《易》曰：'天下同归而殊涂，一致而百虑。'"由此言之，诸子百家都是治世之不同药方耳。

就诸子的思想渊源而言，持论双方多纠缠于"王官"，其论看似相左，其实质都是着眼于诸子的直接师承渊源。诸子不出于王官，自然以胡适先生所论为是。然诸子之兴必有其渊源，断不能一时而"蜂出并作"。

---

① 　王叔岷：《先秦道法思想讲稿》，第3、4、5页。

笔者以为这个渊源就是"王政"，所谓"官学"实质上即是"官政"，至多是为政之学。亚细亚的古代不可能有什么独立于官政之外的学术，那些氏族贵族所学者，无非是统治和管理国家的知识，即所谓的礼、乐、射、御、书、数（《周礼·地官·保氏》）而已。这由后来几千年的中国学术之发展来看，即可得到证明，所谓《易》、《书》、《诗》、《礼》、《乐》、《春秋》构成了中国几千年学术的核心内容，被称作"经"。至于自然之奥秘、人生之价值、生产之工艺，以及科学技术、社会规律之研究探讨，等等，可谓凤毛麟角。至于个人之自由、权利、生命意义之探讨者，更是绝无仅有。因此，教书匠固不必出自司徒之官，司徒之官也不必转而成教书匠，这之间没有必然的联系。以近代中国历史论之，有倡教育救国者，有倡实业救国者，有倡议会制者，有倡君主立宪者，等等，而其倡导者未必即是教师、实业家、政客、官僚等，所同者不过都是有知识者流而已。所以诸子固非皆出于六官某一支之余绪，然亦断不能与王政脱离干系。一政之时，固然没有独立之学术，然于为政之有关知识亦断不能没有，不过是不那么专业而已。这是由当时的社会存在所决定的，就以周代而言，其社会分工并非如《周礼》所载的那般细致周密，而是后代学者理想化之产物，这已为学界所普遍认可。但自然界任何一个群体，必然有所分工，如蚂蚁者流，况乎人类。就是在原始部落时期，亦有相应的分工，何况已经进入到了国家阶段。如前所述，所谓一政者，不只是"礼乐征伐之天子出"，即政在姬氏一家而已；还指其统治的方式亦较单一，即别之以礼。一政只能适应于天子与诸侯间之血缘关系相去不远、社会关系还不太复杂、阶级矛盾尚不尖锐之时，而随着社会的发展，当这一切都变得显著化以后，各方面的矛盾都激化起来。这时原来的统治者及其统治的方式就无法

继续维持了,① 亦即说各方面的矛盾给统治形式提出了不同的
要求,即要求政治结构的分工越来越细致、专业化。如政治制
度上,要求新的强制机制;经济制度上,要求新的土地制度、
新的财富分配制度;法律制度上,要求新的平等原则;意识形态
上,也相应地要在哲学思想、道德观念等方面有所变革。因此,
所谓的百家争鸣,不过是多政的社会存在,在意识形态上的表
现,即政治实践的理论化而已。"'圣有所生,王有所成,皆原于
一。'⋯⋯百官以此相齿;以事为常,以衣食为主,蕃息畜藏,
老弱孤寡为意,皆有以养,民之理也。古之人其备乎!"《庄子·
天下》篇的这一段,往往不被学人所注意,圣也好,王也好,所
谓"皆原于一","一"者,即社会成员的生存问题,所谓"以衣
食为主"、"皆有以养,民之理也",而"古之人其备乎!"即表示
原来的统治方式足以维系统治的需要了。道家思想因其想找到解
决天下大乱的一个根本的办法②而不得,故视过去之时代为理想
社会。胡适虽然论述的是老子,然对庄子而言也是适用的。不过
在庄子时代社会矛盾可能更加尖锐了,故其理想更多地追求一种
个人的精神解脱。这一方面表明此时的个人意识有了一定的发
展,另一方面也表明前途更加渺茫,故以自然"天放"状态为其
理想之乌托邦。明于此,才能理解《庄子·天下》下面的论述:
"天下大乱,贤圣不明,道德不一。天下多得一察焉以自好。譬
如耳目鼻口,皆有所明,不能相通。犹百家众技也,皆有所长,
时有所用。⋯⋯天下之人各为其所欲焉以自为方⋯⋯道术将为天
下裂。"所谓"古之道术"者,正指一政时的政治,"将为天下

---

① 参见冯友兰《中国哲学史》上册,华东师范大学出版社 2000 年版,第
235 页。

② 胡适:《中国哲学史大纲》,第 45 页。

裂"正指一政的统治方式分工的细致化、专业化的发展方向。诸子百家各主为政之一个方面，加以展开论证，"譬如耳目鼻口"，各有不同的功能，诸子各家学说正是这不同功能的某一方面的代表。所谓"得一察焉以自好"、"各为其所欲焉"、"以自为方"，正表明了诸子之学，莫不是根据个人的社会理想开出的治理天下的政治药方。历史必然要在其发展过程中寻找它的代言人，这是就社会存在的客观决定作用而言的。就人的主观能动性来看，《汉书·艺文志》云：诸子"皆起于王道既微，诸侯力政，时君世主，好恶殊方，是以九家之术蜂出并作，各引一端，崇其所善，以此驰说，取合诸侯"。君主们的政治要求"好恶殊方"，因而诸子们就以为政的某一方面，视君主们的喜好加以游说，借以推销自己的政治理想，典型的例证就是商鞅说秦孝公，《韩非子》更有游说的理论，如《说难》者然，其他各家亦多有，苟用我，则如之何之类的说辞，如孔子"苟有用我者，期月而已可也，三年有成"（《论语·子路》）、墨子"越王将听吾言，用我道，则翟将往"（《墨子·鲁问》）、"王公大人用吾言，国必治"（《慎子·佚文》）云云。古希腊也有修辞学，然而彼们是着眼于语言的艺术，故其能发展而为一门专业的学问。而中国的诸子者流，则以游说为推销自己政治理想的手段，不但不能将其发展成一门独立的语言之学问，相反却对此采取了一种彻底否定的态度，此种矛盾正表明了中国学术自觉于政治附庸地位的先天缺陷。

　　一政之礼制的根本矛盾即在于等级贵贱的固定化，对此，不但在下的民氓们不满意永处下位，就是诸侯们亦不愿意永为天子之臣，特别是当天子失威，而诸侯坐大之时。于是建立新的政治制度以适应社会的发展，就成了春秋战国之际必须解决的历史课题。诸子百家正是为建立新的统治秩序进行着理论上的论证，他们各执大道之一端以说人主，实际上正是对政治制度功能的不同方面进行的探讨。所要解决的根本问题就是，一方面，要确立天子的新的绝对权威，另一方面，在此前提下还要能保证社会成员经过后天的努力能够改变其社会地位。而天子不是每个人都能当的，因此中国人更关心的是个人的实际利益，而这一要求正是建立在天子绝对权威的基础上的，或者说个人的实际利益正是要凭借明君贤相的有效执政能力来保证的。否则，在没有可能建立起基于权利义务相分离的公共权力机构，即民选的共和制国家的历史条件下，对于田连阡陌的豪强及贪官污吏的制约，就只能仰仗国家的强制了。因此，中央集权的专制制度就成为春秋战国及其以后中国人的唯一选择。春秋时期的战争之所以是反动的，就在于它不是基于生产力对生产关系的反抗，天下的统一并非是出于商品经济对全国市场的需求。否则生产关系在各诸侯国内就可以得到改良，就没有必要侵略别的诸侯国。经济如果不能发达到对政治的支配程度，就必然要反过来受政治的支配。后来中国被生产力相对落后的秦国所统一，也证明了这一点。因此笔者不同意有学人所认为的，战争构成了春秋战国之际社会生产力发展的动力①。这由战国时期占统治地位的法家思想中，对工商技艺之人的严厉打击就可得到证明，因为这些人正是生产力发展的基础。不过笔者倒是同意其以下的观点："由战争而催生的军事权力、意识形态权力和经济权力的发展最终均为国家所控制；国家权力的一元独大为儒法国家的形成开辟了道路，并限定了日后两千多年来中国历史发展的方向。"② 由此可以说春秋战国之际的诸侯争霸，一方面由政治制度方面，一方面由意识形态方面，准备了

---

　　① 赵鼎新：《东周战争与儒法国家的诞生》，夏江旗译，华东师范大学出版社2006 年版，第 23 页。

　　② 同上书，第 21—22 页。

专制制度的诞生，而这正是通过诸子争鸣的形式实现的。

第二节　成文法——法家之思想渊源

以往学人在论法或法家时大都喜用《说文解字》对"法"字的解释来论证法律的起源，《说文》云："瀍井刂也。平之如水，从水；廌，所以触不直者去之，从廌去。法，今文省。佱，古文。"胡适解释为："廌，解廌兽也。似牛一角。古者决讼，令触不直者。象形。"以独角兽来判断是非曲直，这或可作为对原始社会时期，人类处理氏族成员间纠纷方式的一种描述，但以这种神话式的传说来解释春秋战国之际的法制之产生，显然是驴唇不对马嘴的。这不但为当今法学界学人所惯用，借以阐述法之产生。而且更有治中国哲学史者用其来证明法家之所由生。胡适就认为："据我个人的意见看来，大概古时有两个法字。一个作'佱'①，从人从正，是模范之法。一个作'瀍'，《说文》云：'平之如水，从水；廌，所以触不直者去之，从廌去'，是刑罚之法。"②像是商量过一般，梁启超亦是这般看法，③陈柱对胡适的上述论述的评价是："其说是也。"④

然而，笔者以为以《说文解字》按造字之说来论证其概念及其所代表的事物之起源，根本没有科学性可言，汉字固然是表意文字，可有此说，然而对西方表音文字来说，又怎样解释其法制之起源呢？况且直的标准又由何而来？索绪尔的语言学，其中一

---

① 原作人，据《胡适文集》改，见第六册，北京大学出版社 1998 年版，第398 页。
② 胡适：《中国哲学史大纲》，第 324 页。
③ 梁启超：《先秦政治思想史》，东方出版社 1996 年版，第 168 页。
④ 陈柱：《诸子概论》，中国书籍出版社 2006 年版，第 115 页。

个重要的原则就是能指与所指之关系是约定俗成的，即无法人为规定的，亦即没有什么道理可讲的。否则就无法解释，春秋战国之际才有的法制，怎么在原始社会时期就有了相应的概念了。因此，还是要由社会历史的发展本身来说明，事实上这些学人也正是由此出发来论述法制的产生的，所谓"平之如水"云云，不过就说说而已。郭沫若就以为法家之产生源于子产之铸刑鼎，即成文法的公布，"社会有了变革，然后才有新的法制产生，有了新的法制产生，然后才有运用这种新法制的法家思想出现。故而法家倾向之滥觞于春秋末年，这件事本身也就足以证明春秋中叶以后，在中国社会史上实有一个划时代的变革"。① 胡适亦持这种看法，不过他分得更细致了，有实行的政治家，有由此而生的法理学家，"管仲、子产、申不害、商君，——都是实行的政治家，不是法理学家，故不该称为'法家'。但申不害与商君同时……他们的政策，都很有成效，故发生一种思想上的影响。有了他们那种用刑罚的政治，方才有学理的'法家'"。② 但是对于法家之法，上述前学似乎都有一个共识，均引《尹文子》之论法为说，认为刑罚之法只是法之一意。《尹文子》论法云："法有四呈：……一曰不变之法，君臣上下是也。二曰齐俗之法，能鄙同异是也。三曰治众之法，庆赏刑罚是也。四曰平准之法，律度权量是也。"（《尹文子·大道上》）对此，胡适称："第三种是刑赏的法律，后人用'法'字单指这第三种。"法家的"意思只是要使用刑赏之法，也要有律度权衡那样的公正无私、明确有效"。③ 梁启超则看出了法家之法的全部内涵："法家所谓法，以此文之

---

① 郭沫若：《十批判书》，东方出版社1996年版，第328页。
② 胡适：《中国哲学史大纲》，第322—323页。
③ 同上书，第327页。

第一二四种为体，而以其第三种为用，是狭义的法"。① 陈柱称：
"第一、第二、第四，三种之法，皆金字之义，皆所谓合于正也。
第三种之法，则瀘字之义，合于正者存之，不合于正者去之也。
此四者皆法家之所谓法也……而后人则止知其为刑罚之义而已。
然法家之要实以刑罚之权为执要。彼盖欲以刑罚合于权衡等无知
之法，以为标准，而明君臣上下之分，使其权常操于君上，而不
下坠者也。"② 梁、陈二人均以四义论法家之法，且都看出法家
以法之第三义为用；胡、陈二人则都认为法家以规矩权衡为人为
之法的客观标准。由此则以陈氏之说为最全面，法家之法实不当
只以刑罚之法论之，胡适先生在上述之论后面，紧接着就又以刑
罚与法之分别为讨论法家之前提之一，而由其在后面所论法家的
思想看来，他实际上也并不作如上观，"法家所主张的，并不是
用刑罚治国。他们所说的'法'，乃是一种客观的标准法……刑
罚不过是执行这种标准法的一种器具。刑罚成了'法'的一部
分"。③ 胡适认为明了了这几个问题，才可以开始讨论法家之法
理学说。由此可以说，法家是以法制为中心包括政治、经济、意
识形态等在内的相对完整的关乎制度建设的思想体系。

　　法家思想就产生于天下大乱的春秋战国之际，思想渊源就是
法律实践及各诸侯国的变法；其直接的思想源头就是成文法的公
布，"公布的成文法既多，法理学说遂渐渐发生"，④ 这是当时的
历史环境所要求的。旧有的礼制已经无法作为社会的价值标准
了，但私有制的发展又不足以冲破氏族统治的束缚。周天子的权
威是失去了，但却没有代之以公共的权力机构，而是采取了政权

　　① 梁启超：《先秦政治思想史》，第169—179页。
　　② 陈柱：《诸子概论》，第116—117页。
　　③ 胡适：《中国哲学史大纲》，第328页。
　　④ 同上书，第329页。

下移的行进路线。

但私有制毕竟是有了相当的发展，政权也已由一家分化为了多家，再加上大量平民的产生，因而原来以礼的规范为主的人治方式是不能照样维持下去了。氏族统治的国家形式与私有制的发展这个矛盾必须解决，政从心出的统治方式只适应于阶级对立不激烈和社会关系不复杂的周王朝初期，而不能适应阶级对立已经日益激烈和社会关系日益复杂的春秋战国了，于是动乱的多政社会迫切需要一个客观的标准来规范社会，成文法的公布就正是一些比较开明的氏族统治者顺应这一趋势的产物，它必然要引起保守的氏族贵族的反对，如：

> 三月，郑人铸刑书。叔向使诒子产书，曰："……昔先王议事以制，不为刑辟，惧民之有争心也。……民知有辟，则不忌于上，并有争心，以征于书，而徼幸以成之，弗可为矣。夏有乱政而作《禹刑》，商有乱政而作《汤刑》，周有乱政而作《九刑》……今吾子相郑国，作封洫，立谤政，制参辟，铸刑书，将以靖民，不亦难乎？……民知争端矣，将弃礼而征于书。锥刀之末，将尽争之。乱狱滋丰，贿赂并行，终子之世，郑其败乎！肸闻之，国将亡，必多制，其此之谓乎！"
>
> 复书曰："若吾子之言，侨不才，不能及子孙，吾以救世也。既不承命，敢忘大惠？"
>
> ——《左传·昭公六年》

> 冬，晋赵鞅、荀寅帅师城汝滨，遂赋晋国一鼓铁，以铸刑鼎，著范宣子所为刑书焉。仲尼曰："晋其亡乎！失其度矣。夫晋国将守唐叔之所受法度，以经纬其民，卿大夫以序

守之。民是以能尊其贵，贵是以能守其业。贵贱不愆，所谓
度也。文公是以作执秩之官，为被庐之法，以为盟主。今弃
是度也，而为刑鼎，民在鼎矣，何以尊贵？贵何业之守？贵
贱无序，何以为国？且夫宣子之刑，夷之蒐也，晋国之乱制
也，若之何以为法？"

——《左传·昭公二十九年》

　　在此，对于成文法的公布之于法家的关系，上述诸位虽然都
提出了科学的论断，然似仍有未尽之处，集中于一点就是，为何
原有的氏族贵族，如叔向、孔子等都要反对铸刑鼎，即公布成文
法，而学人又大多从新旧阶级的历史争斗的理论视野来讨论？这
固然不错，但为何新兴阶级上台以后，仍然趋向于过去他们自己
曾反对过的旧的执政方式。因此笔者以为所谓新旧阶级之争，不
过是统治阶级内部不同的阶层对执政权的争夺；所谓新的统治方
式，如铸刑鼎者然，不过是其在争夺执政权时的一种号召而已，
法家齐之以法的政治理想在其取得执政权以后则从未实行过，而
是反过来作为其统治臣民的专政工具了。新兴阶级也好，旧有阶
级也好，"愚民"是其共同的特征。郭沫若认为："叔向站在保守
的立场，想维持旧日的礼制而反对新政，认为刑辟之设是'争
端'的开始，其实这正是倒因为果。事实上是旧的礼制已经失掉
了统治作用，世间有了新的'争端'，故不得不用新的法令来加
以防范……这新的'争端'……便是春秋中叶以还，财产的私有
逐渐发展，私有权的侵犯也逐渐发展，为保障私有权的神圣，便
不得不有适合于新时代的法令之产生。"所谓"倒因为果"云云，
实乃的确之论。然所谓"私有权的神圣"则未必，这由郭老紧接
着的论述中就可以看出其矛盾之处，他举《舆人诵》"孰杀子产，
吾其与之"为例，认为"这表明在初期对于私有财产加以新的编

制的时候，大家感觉着不自由"。① 但这新的"编制"是怎样的情形呢，既是私有财产，何需国家来"编制"，国家之所以能"编制"者，正在于财产，如土地是国有的，而且这种由国家对个人财产的"编制"绝非是中国历史上的最终形式。因此《舆人诵》的前后截然相反的态度，似乎表明了憎之与诵之的不是同一类人，憎之者可能是被子产"编制"，即坑了的那一类人；而诵之者则可能是"编制"的既得利益者。而所谓"编制"亦不过是承认现状而已，并未达到古典的古代那样的法权形式的程度。至于"争端"的解释各大家似都言犹未尽，郭沫若的解释是民与民之争，即个人的经济纠纷；胡适的解释是："春秋时的人不明'成文公布法'的功用，以为刑律是愈秘愈妙，不该把来宣告国人。这是古代专制政体的遗毒。"② 侯外庐的看法则更进了一步，他认为叔向等人之所以反对铸鼎就在于其破坏了礼的上下之别，他引《左传正义》以明之，过去是"临事而议罪……自令常怀怖惧"。③

在此，所谓"争端"不仅仅是民与民争，这种争端是自古以往就有的，叔向等人反对的不在此，而在于如何对待和处理民的这种争端的方法上，孔子的话是最好的注脚："民可使由之，不可使知之"（《论语·泰伯》）。实际上"民知有辟，则不忌于上，并有争心，以征于书……民知争端矣，将弃礼而征于书。锥刀之末，将尽争之"（《左传·昭公六年》）。古人的解释已经很清楚了，注云："权移于法，故民不畏上。正义曰……刑不可知威不可测，则民畏上也。今制法以定之，勒鼎以示之，民知在上不

---

① 以上为郭沫若《十批判书》，第 326—327 页。
② 胡适：《中国哲学史大纲》，第 328 页。
③ 侯外庐等：《中国思想通史》第一册，第 590 页。

敢越法以罪己，又不能曲法以施恩，则权柄移于法，故民皆不畏上。"① 所谓"锥刀之末"意指以锥刀雕刻铸器之模具上的文字，引申为刑法之字句（引者按：原注释"锥刀末"为"喻小事"，非是）②，法律既已公布，则民就可以以此为据来为自己的利益与当权者理论了，此正孔子所担心的"民在鼎矣，何以尊贵？贵何业之守？贵贱无序，何以为国？"（《左传·昭公二十九年》）法在鼎就有了评理的标准，统治者就不能政由己出了。之所以"民知争端矣，将弃礼而征于书。锥刀之末，将尽争之"（《左传·昭公六年》），就因为礼的规范之解释权本来在君不在民，现在法在鼎矣，即是权向民的下移，当权者自然要反对了。邓析之所以被杀就正在于他教民据刑鼎而"咬文嚼字"。对此，并非"春秋时的人不明'成文公布法'的功用"③，而是太明白了，在下者献衣裤而学讼，在上者则要竭力反对，一切焦点集中于法在民还是法在君的分界。因此，民在礼还是民在鼎，并非是上下要平等，上下永远是无法平等的，鼎的意义在于在上者不能随心所欲地施威于在下者，从而使在下者有可能据鼎多少维护一下自己的权利而已。

要之，所谓"争端"的实质不是民与民争，而是民与君争。

具体的法律实践，必然产生相应的法制思想，理论来源于实践，实践也需要理论的指导。成文法的公布及其具体的法律实践对法家思想的影响主要表现在两个方面，其一，就是要以客观的价值标准来规范社会，反对政由心出的人治主义的统治方式；其二，就是反对氏族贵族的特权地位，而要齐之以法的标准，法家

① 《春秋左传正义》卷四十三，《十三经注疏》下册，中华书局1980年版，第2044页。
② 杨伯峻：《春秋左传注》第四册，中华书局1990年版，第1276页。
③ 胡适：《中国哲学史大纲》，第328页。

虽然也强调贵贱之分，但这是可以改变的，氏族贵族不必生而贵之，平民百姓也不必生而贱之，一切以法为准绳，有功于国者即可升而贵之，反之，则降而贱之。但是法家也吸取了法律实践中的一些经验教训，这就是对私家解律的严格禁止，正由于中国历史的特殊性，使得法家也没有达到西方那样的法权程度，因而对于法律实践中百姓据法争讼的行为，法家同样是反对的，邓析倘若处在韩非时代，也必将被杀无疑，法家将法律的解释权收归国家所有，主张"以吏为师"（《韩非子·五蠹》），私人不得增损一字，否则罪死不赦。因而法家思想正是在总结了以往法律实践经验的基础上逐步发展起来的。

当时的历史环境也决定了法家思想的产生，处于诸侯力征的时代，各国君主的首要任务就是如何富国强兵，并进而称霸天下，法家就是在这种现实条件下应运而生的，即迫于战争的现实需要。因而法家政治理论的中心内容就是奖励耕战；目的正在于富国强兵，同时强调加强君权。

这也是由先秦诸子的论学形式所决定了的。诸子之学不是以私人论著的形式产生的，而是以对君主的劝说，即后世的上书形式产生的，因而它有很强的现实针对性。另外，法家由于是晚出的学派，因而它能对以往的学说进行一番批判鉴别。儒家学说在法家看来是根本无济于事的，墨家学说主张"非攻"，道家则强调无为而治，等等，这些学说都不能具体解决现实的战争问题。而要结束混乱局面，就要加强君权；要富国强兵，就要奖励耕战，这一切都不能单凭主观的道德说教，而必须施以客观标准的强制。私有制的发展为法家上述思想的产生提供了重要的物质基础，奖励耕战就要给以物质的保证，故法家承认人们追求私有财富的自私自利之心的合理性，认为人与人之间的关系就是一种经济利害关系，英明的君主就要利用人们的这种自私自利之心，从而使其为国而耕战，在此私有财产只是君主用来实现其王霸天下的目的的一种手段，而并非如有的学人所称的那样是为了"保障私有权的神圣"①。在中国财产的私有权从未神圣过，神圣的只是国家的统治权，这是由氏族统治的国家形式所决定了的。法家学说作为实用法学的一种理论形态，是坚决反对自由的私有经济的，主张"利出一孔"（《商君书·靳令》），即个人的富贵只有因耕战而获赏赐这一条合法的出路，除此以外都是受打击的对象，如对文学言谈之士和工商技艺之人的打击。

　　总而言之，法家思想是在私有制有所发展、自然血亲的氏族制开始解体的历史条件下，适应战争年代的现实需要，在对法律实践进行理论总结的基础上形成的。社会政治的现实需要构成了它的社会历史来源，成文法的公布及其具体的法律实践则构成了它的思想来源，而其他诸子学说则构成了它的理论来源。

---

　　①　郭沫若：《十批判书》，第327页。

第三章

法家思想的历史演变及其理论特征

如前所述，法家思想经历了一个由实用法学向法哲学演变的发展过程。所谓实用法学，就是以法治国的具体措施和政策；所谓法哲学，就是以法制为中心的完整的国家学说。以上是由社会历史背景及实用法学的发展过程讨论法家之渊源的，可以说是法家思想起源的外部规律之研究，下面的讨论则是法家思想渊源的内部研究。

司马谈在其《论六家要指》中论诸子百家之异同时称："易大传：'天下一致而百虑，同归而殊涂。'夫阴阳、儒、墨、名、法、道德，此务为治者也，直所从言之异路，有省不省耳。"据此而论，法家学派之各家亦可谓是"同归而殊涂"。其说云："法家严而少恩，然其正君臣上下之分……不别亲疏，不殊贵贱，一断于法……若尊主卑臣，明分职不得相逾越，虽百家弗能改也"；《汉书·艺文志》称之："法家者流……信赏必罚，以辅礼制。……此其所长也。及刻者为之，则无教化，去仁爱，专任刑法而欲以致治"；刘劭《人物志·流业篇》称之："有法家，立宪垂制……建法立制，强国富人（兵），是谓法家，管仲、商鞅是也。"《旧唐书·经籍志上》称之："法家，以纪刑法典制。"

概而言之，法家学派的核心思想就是张公去私强化国家权力，以客观之制度建设代替人治主义之主观随意性，此谓之"同归"；而在具体的实践上则各家有所侧重，此谓之"殊途"。

分而论之，商鞅为政以法，其侧重于国家之强权，即法律制度的建设；申子为政以术，其侧重于尊主卑臣，术者，即君主对臣下的控制策略；慎到为政以势，其侧重于人的自我本性之规律，谓之"因任"，势即是客观之趋势。以上只是法家政治学说之一方面，但法家学说尚有经济、社会、文化、哲学等方面之内容，此则由韩非总其成。在此，需要说明的是，以下各节，不过略述法家内部传承先后之关系，着眼处在于各家之异，其目的在于清理出法家思想发展的一个大致线索。至于法家思想之总论，笔者拟在另著《法家思想之理论体系及其现代价值》中详论，故各家之说没有展开论述，也没有韩非之学的论述。

第一节　李悝

（公元前 455—前 395 年）[①]

一　李悝与李克

《史记》与《汉书》及其文献皆有李悝与李克之记载，前学多视为同一人，郭沫若认为，李克"说者多以为即是李悝的异名，我看是很正确的"。[②] 章太炎、钱穆、陈柱、侯外庐等人皆持此说。[③] 此说，笔者亦自当从之。先立此说者，因以下所列之

---

① 诸子生卒年，如无特殊说明，皆用《先秦诸子系年》所考。
② 郭沫若：《十批判书》，第 333 页。
③ 见《检论·原法》，《章太炎全集》第三卷，上海人民出版社 1984 年版，第 435 页；《先秦诸子系年·魏文侯礼贤考》；《诸子概论》，第 123 页；《中国思想通史》第一卷，第 591 页。

文献或称之李克，或称之李悝，实指一人，即李悝者也。

二 历史文献及其为政之传略

钱穆考证，李悝生卒为公元前455—前395年，学人均以为当魏文侯时人。《史记》无传，《汉书·艺文志》有"《李子》三十二篇"，列为法家之首，注云："名悝，相魏文侯，富国强兵"，又有《李克》七篇，归入儒家。可惜这《李子》、《李克》均已不存，我们今天只能从别的典籍中看到他关于刑律和尽地力的一些大概。所能见其行略之文献者，有以下诸篇：

1.《韩非子》：

《内储说上》、《外储说左上》（李悝）、《外储说左下》。

2.《吕氏春秋》：

《离俗览·适威》、《离俗览·举难》（李克）。

3.《史记》：

《平准书》、《魏世家》、《孟荀列传》（李悝）、《孙子吴起列传》、《货殖列传》。

4.《淮南子》：

《道应训》、《泰族训》。

5.《新序·杂事第四》。

6.《汉书》：

《艺文志》、《食货志》（李悝）。

7.《晋书·刑法志》（李悝）。

8.《唐律疏议》（里悝）。

以上所列文献显示出这样几个信息：

其一，李悝，或名李克，与魏文侯同时，为其重要之大臣，甚至可能为相，颇受魏文侯倚重，且很有政绩。对军事也有所参与，是个有所作为的政治家。另有《吕氏春秋·离俗览·适威》、《淮南子·道应训》等，都有魏武侯问李克以吴亡的原因之记载，且语句几乎完全相同。对此，连钱穆也只是发一声感叹："则克殆继相两君者耶？"（《诸子系年·魏文侯礼贤考》李克章）我辈也只有存疑了。其中称李悝者之文献有《韩非子·内储说上》、《外储说左上》；《史记·孟荀列传》；《汉书·食货志》、《艺文志》（儒家类《李克》七篇。法家类《李子》三十二篇。是李悝、李克各一，皆相魏文侯）；《晋书·刑法志》、《唐律疏议》；其余诸篇皆称李克。因此，在没有新的资料证明并为学界所接受的情况下，姑且视其为一个人。

其二，李悝乃当时一位颇有作为之政治家，《汉书·艺文志》儒家类："《李克》七篇。子夏弟子，为魏文侯相。"法家类："《李子》三十二篇。名悝，相魏文侯，富国强兵。"由此似可认为，李悝之思想行为，既有儒家的内容，又有法家的内容，当然法家的成分更多一些。他不但是一位理论家，还是一位实干的政治家；不但在政治、经济上颇有能力，在军事上也有一定的作为。《韩非子·内储说上》云："李悝为魏文侯上地之守，而欲人之善射也，乃下令曰：'人之有狐疑之讼者，令之射的，中之者

胜，不中者负。'令下而人皆疾习射，日夜不休。及与秦人战，
大败之，以人之善射也。"这虽不一定可靠，然将练兵与决狱相
联系，亦可见李悝以法治国的一个侧面。钱穆考辨李克称"教射
胜秦，因传兵书，是亦悝克一人之证也"（《先秦诸子系年·魏文
侯礼贤考》）。实际上法家之法者，有很大一部分内容就是直接由
兵家治兵之道而来（详见下文，兵家与法家一章）。这也是可以
理解的，一个人的思想固非绝对单一成分，由他为魏文侯举相一
事来看，就不是后来法家如韩非者的家数了，何则，他主张选
贤，而韩非则在于制度的完善。魏文侯准备立相，只有两个人
选，其一是他的兄弟，其一是他的大臣，问之李克，"克对曰：
'君若置相，则问乐商与王孙苟端庸贤？'文侯曰：'善。'以王孙
苟端为不肖，翟黄进之；乐商为贤，季成进之，故相季成。"
（《新序·杂事第四》类似之记载还有《吕氏春秋·离俗览·举
难》、《史记·魏世家》）这是以果求因，由所荐之人的贤与否来
判断推荐者的贤否，举人以能进贤与否为判断之标准，正是儒家
之家数。而其对吴起之推荐则又透露出法家的本色，吴起来投，
魏文侯问之李克，"'吴起何如人哉？'李克曰：'起贪而好色，然
用兵司马穰苴不能过也。'于是魏文侯以为将，击秦，拔五城"
（《史记·孙子吴起列传》）。"贪而好色"乃品德不好，而其用兵
则司马穰苴这著名之兵家也不能超过他，故举以为将，遂拔
五城。

　　其三，就是李悝之最为后人称道的经济方面的功绩，即为魏
文侯"尽地力"之说了，《史记·平准书》"魏用李克，尽地力，
为强君"。《史记·孟荀列传》"魏有李悝，尽地力之教"。《史
记·货殖列传》"当魏文侯时，李克务尽地力"。其说最详者为
《汉书·食货志》："籴甚贵伤民，甚贱伤农。民伤则离散，农伤
则国贫，故甚贵与甚贱，其伤一也。善为国者，使民毋伤而农益

劝……是故善平籴者，必谨观岁有上、中、下孰……使民适足，贾平则止。小饥则发小孰之所敛、中饥则发中孰之所敛、大饥则发大孰之所敛而粜之。故虽遇饥馑、水旱，籴不贵而民不散，取有余以补不足也。行之魏国，国以富强。"

当时社会的贫富差距加大，所谓"天下争于战国，贵诈力而贱仁义，先富有而后推让。故庶人之富者或累巨万，而贫者或不厌糟糠"（《史记·平准书》）。而这种差别的具体表现就是农和民的矛盾，实际上亦即农业与工商业的矛盾。因此有谷价贵则伤民，贱则伤农之论。工商业者可能掌握着大量的财富，但国家却并不因此而富有，所谓"农伤则国贫"，可见农业才是国家财富的基本保证。不单如此，农民还是国家长治久安的社会基础，因为农民是固定于土地之上的，而工商业者则不然，他们可以随时迁移，所谓"民伤则离散"，没有国民统治者统治谁去，这也是后来国家实行强本抑末政策的历史根源。"民伤则离散，农伤则国贫，故甚贵与甚贱，其伤一也。"其伤一也，有两种解释：一是说，或农、或民总要伤其一；二是说，不管伤农，还是伤民，对国家而言，都是一种伤害。由下面的意思看，以后者为是。由此才有国家平抑物价的政策，即一种"平籴之法"，具体讲就是国家在丰收时将农民多余的粮食以平价收购上来，歉收时再以平价卖给居民，平籴即是平价，这样就不至于"籴甚贵伤民，甚贱伤农"。李悝认为"善为国者，使民无伤而农益劝"，在这里民指农以外的百姓，即居住在城里的人，农则指农民。然伤农与伤民都不行，"民伤则离散，农伤则国贫，故甚贵与甚贱，其伤一也"，即都是不利于国家的。李悝是以平定粮价来保护农业的，是一种和平时的经济政策，故它能行之后世，郭沫若就认为"中国以后的均输、常平仓等的办法，事实上就是导源于这儿的"。① 它不像后来商鞅、韩非那样积极奖励耕战，但同样起到了促进农业发展的作用，故"行之魏国，国以富强"。在此，尤当注意者，在于"国以富强"，而非民以富强。

这种由国家实行的平抑物价的政策，正是亚细亚的古代之必然结果，它表明了中国的经济是一种国家专制的经济，这与古典的古代自由的市场经济是截然不同的。学人只看到其惠民的一面，却没有看到由此而来的制民的一面。既要国家管理民众的生活，民众就得让渡出自己的权利。中国历史上国家的赈灾、救济这种仁政的背后，则是专制的实质。古典的古代则没有这种国家的救济，而是个人的善举，由此西方有感恩的传统，中国则没有，因为民众视此为国家之当然。因此，中国古代的民本思想及仁政理念恰恰构成了专制主义的渊薮。

其四，李悝彪炳史策的另一功绩就是法典的制定，即著《法经》。《晋书·刑法志》称："魏明帝改士庶罚金之令……是时承用秦汉旧律，其文起自魏文侯师李悝。悝撰次诸国法，著《法经》。以为王者之政，莫急于盗贼，故其律始于《盗贼》。盗贼须劾捕，故著《网捕》二篇。其轻狡、越城、博戏、借假不廉、淫侈逾制以为《杂律》一篇，又以《具律》具其加减。是故所著六篇而已，然皆罪名之制也。商君受之以相秦。"《唐律疏议·名例第一》称："周衰刑重，战国异制，魏文侯师于里悝，集诸国刑典，造《法经》六篇：一、《盗法》；二、《贼法》；三、《囚法》；四、《捕法》；五、《杂法》；六、《具法》。商鞅传授，改法为律。汉相萧何，更加悝所造《户》、《兴》、《厩》三篇，谓《九章之律》。"

由以上的记载来看，所谓《法经》当是法典一类，即具体的

---

① 郭沫若：《十批判书》，第333页。

法律条文，所谓"集诸国刑典"是也，学人据此认为，秦汉以后的中国法律实出于此，均以李悝之《法经》为滥觞。① 但是学人多以此为保护私有财产立说，似乎过于狭隘，不论是刑还是法，作为国家的专政工具，在中国它都首先是对统治秩序的维护，而非私有财产。至于盗和贼，亦并非只是针对个人财产及人身的侵害，对公家未尝就不侵害了。实际上《法经》虽名为法，其实是"集诸国刑典"而作的刑律，而刑是自古就有的。因此以李悝之作《法经》来证明当时私有制之确立是本末倒置的，并非是财富私有者阶级发展到产生了阶级意识的阶段，以致自觉到通过制定法律来保护自己的利益了。笔者以为是恰恰相反，因天下大乱，原有的礼制无法维持统治秩序了，出现了大量的私肥于公的现象，因此才要制定法律予以约束，法的制定是统治权的体现，除非是财富私有者的显族取得了统治权，否则法律就不会以保护私有财产为出发点，而是以打击盗、贼的行为为首要之义。秦汉以后之法既然是以《法经》为滥觞，而彼时之法多有限制、打击富商之规定，由此也似乎可以表明《法经》之本意首先在于对统治秩序的维护，对个人的私有财富的保护，从未达到法权上的高度。所谓私有财富的法权形式，并不单指财富私有者个体之间的相互侵犯，更重要的则在于公权，即国家对个体私有财富的神圣不可侵犯的保证。所以认为《法经》的产生正是私有者阶级发展了的表现②之说，似乎有点简单化了。侯外庐引"淫侈逾制以为《杂律》一篇"为证："而其杂法中包含'淫侈逾制'项目，可见'尽地力'的结果，已有不少暴发户了。"③ 但这些暴发户正是法

---

①　侯外庐等：《中国思想通史》第一卷，第 593 页。

②　郭沫若：《十批判书》，第 328—329 页；侯外庐等：《中国思想通史》第一卷，第 593 页。

③　侯外庐等：《中国思想通史》第一卷，第 593 页。

律打击的对象，私有权既是受保护的，何来"淫佚逾制"的罪名，"制"即是等级规定，而这个规定不是以财富为标准的，相反是以官职之高低、爵禄之贵贱为标准的。如果联系有汉以降对那些富商大户的严厉打击，如不准商人衣丝、乘车（《史记·高祖本纪》），算缗令、告缗令的颁布（《史记·平准书》）实施，以及盐铁官营，等等，这些都表明国家对包括私有经济在内的整个经济的绝对控制。至于其直接的继承者法家对工商技艺阶层的打击，就正是对保护私有财产说的一个历史反驳。

三　李悝的影响

以往学人大都以李悝作为法家的始祖①，这是非常有道理的。从现有的资料来看李悝正是个实用法学家，其所著《法经》和"尽地力之教"，都正是后来法家的家数。

李悝的《法经》是在对春秋战国之际各国成文法进行总结的基础上写成的，即"集诸国刑典"，是对当时法律实践的经验总结，故它不但代表了先秦时期的法律，而且奠定了秦汉以后中国法律的基础，最少至唐代，其法律条文都是在他的《法经》基础上的增损。李悝的《法经》被商鞅所继承并在秦国进行了具体的实践，这是实用法学与法家渊源关系的最好证明。虽然《法经》作为实用法学，它的对象只是罪犯，或者民事纠纷，而不是国家的政治生活。但法律条文的客观形式，及其一视同仁的公平原则，必然对法家的国家学说产生直接的影响，秦国因商鞅变法而富强，李悝的《法经》正是商鞅带到秦国去的，因而商鞅在秦国变法时，肯定在实践的过程中参照了《法经》的某些内容，尽管

---

① 郭沫若：《十批判书》，第 328 页；侯外庐等：《中国思想通史》第一卷，第593 页。

我们今天不知道《法经》的内容，因而无法了解商鞅到底在那些方面继承了李悝，但由商鞅的变法实践及其《商君书》所记的内容来看，李悝对法家的影响主要表现重农与重法两个方面。钱穆在其《诸子系年·商鞅考》中指出："起之为治，大仿李克。鞅入秦相孝公，考其行事，则李克吴起之遗教为多……今按重农政，李悝吴起商君一也……重法律，亦李悝吴起商君一也……重兵事，又李悝吴起商鞅三人所同也。"（着重点为原文所有，下同）是李悝对于法家之影响，不止商鞅一人。

（一）尽地力，贵农

李悝的主张是通过国家经济调控的手段来中和物价，以达到贵不伤民、贱不伤农的发展农业、繁荣经济的政治目的。其实行的方式是温和的，经济式的，然而仍然要由国家来实施。商鞅"受之以相秦"（《晋书·刑法志》）的并不只是《法经》，对李悝的尽地力之教，肯定也有所吸收借鉴，钱穆就认为，商鞅的"开阡陌封疆，此李克尽地力之教也"（《先秦诸子系年·商鞅考》）。法家接受的正是国家对经济的控制这一方面，而对于其通过平抑物价的手段，则进行了改造，即奖励耕战。一方面以国家法制的形式，发展农业和军事经济，对农民和战斗之士实施奖励，并以法制来保证；另一方面对那些非耕战之士者阶层，如工商技艺之人、文学言谈之士则以法制实施严厉的限制和打击。

（二）《法经》，定法

即法律的条文化和制度化，由《唐律疏议》的叙述来看，《法经》的主要内容就是对犯罪及适用于刑罚的名目的规定，"名因罪立，事由犯生，命名即刑应，比例即事表，故以《名例》为首篇"。《唐律》以《名例》为篇首，正说明了罪与刑之名目确定对法律实施的重要性。罪名不清，无以定罪；刑名不白，无以量刑。因此笔者以为《刑法志》所记者,尤以后段为关键:"一章之中或事过数十,事类虽同,轻重乖异。而通条连句,上下相蒙,虽大体异篇,实相采入。《盗律》有贼伤之例,《贼律》有盗章之文,《兴律》有上狱之法,《厩律》有逮捕之事,若此之比,错糅无常。后人生意,各为章句。叔孙宣、郭令卿、马融、郑玄诸儒章句十有余家……言数益繁,览者益难。天子于是下诏,但用郑氏章句,不得杂用余家。"一方面,是罪与刑的统一,同类型的罪只能有一个罪名,一条刑法只能适用于一类罪名,不能相混,即要达到罪名与刑名的统一;另一方面,对法律条文的解释,也要统一,不能有多种解释,而这种解释必须要由国家来实行。这种从具体的法律实践中总结出来的经验,对法家思想产生了极大的影响,对此,下文将详细讨论,在此,则举其大概。

第一,法律条文一旦制定,就不能随意更改,"有敢剟定法令,损益一字以上,罪死不赦"(《商君书·定分》)。法家之所以非言谈之士者,其意固在于此。对此,学人或以为其与法家变法的主张相背,故怀疑其文非韩非所著,《韩非子》固不必由韩非一人独著,但以此立论,实不足据。变法者,是针对以往之旧政的改革,守法不变者,一方面是指法律不能朝令夕改;另一方面是指具体的法律条文之字句言词不能随意改动,即对政由心出的执法随意性的否定。因此,变法与守法根本不矛盾,而是一个问题的两个方面,概括地讲就是变旧法而守新法。

第二,法律条文的制定一定要清楚明白,使没有很高文化的人也能一看就懂。商鞅云:"故夫知(智)者而后能知之,不可以为法,民不尽知(智)。贤者而后知之,不可以为法,民不尽贤。故圣人为法,必使之明白易知,名正,愚知遍能知之。"(《商君书·定分》)韩非亦云:"书约而弟子辩,法省而民讼简,是以圣人之书必著论,明主之法必详事。"(《韩非子·八说》)

第三，法律条文一定要让普通民众都充分了解，而其前提则是执法者自己对法律条文的了然于胸。更重要的是法家认为执法者有义务对民众所问之法律条文进行详细的解释，并且要以书面形式藏之于府库。否则民众犯法，就不单是犯法者个人的事，当初被问及的执法者也要以民众被问之刑名定罪。

第四，法的解释权在国家。所谓"以吏为师"向来多遭学人诟病，认为它是钳制民众思想的行为。如果一切思想文化都要以吏为师，固是钳制思想之举。但如果单从对法律条文的解释这方面来看，则无可厚非，法律的解释权，本来就是在国家，所谓律师之辩护，也不过是就法律条文"咬文嚼字"而已。而这正是法家对法律实践经验的总结吸收，包括对邓析讼狱的经验借鉴。

第二节　吴起
（公元前 440—前 381 年）

一　文献及传略

吴起是战国时代以兵家而名于后世的大政治家，其历史作为不仅仅在于用兵方面，不过因其生当诸侯争霸的战国时代，军事才能为世所重而已。《史记》有本传，《汉书·艺文志·兵书略》称：

> 《吴起》四十八篇。有《列传》。……右兵权谋十三家，二百五十九篇。……权谋者，以正守国，以奇用兵，先计而后战，兼形势，包阴阳，用技巧者也。

列于此类者，还有《吴孙子》、《齐孙子》、《公孙鞅》，由流传于后世的《孙子兵法》来看，所谓权谋者，似乎也不仅仅只是排兵布阵的具体战法而已，所谓"以正守国，以奇用兵"是也。公叔痤所称之"吴起余教"（《魏策一·公叔痤为魏将章》），即魏之武卒，据郭沫若考订，为我国实行征兵制的元祖①。既是兵制，也必然要涉及政制，这就不只是一个带兵打仗的将军所能胜任的了，其中非有相当之政治才能不能为之制度。对此，钱穆就曾为吴起报过不平（《商鞅考》详见下），这是我们讨论吴起行事先要明确的。

有关吴起的历史文献主要有以下诸篇：

1. 《战国策》：

> 《秦策三·蔡泽见逐于赵》、《魏策一·魏武侯与诸大夫浮于西河》、《魏策一·公叔痤为魏将》。

2. 《荀子·尧问》。

3. 《韩非子》：

> 《难言》、《和氏》、《奸劫弑臣》、《说林上》、《内储说上》、《外储说左上》、《外储说右上》、《问田》、《五蠹》。

4. 《史记》：

> 《魏世家》、《孙子吴起列传》、《范雎蔡泽列传》、《儒林列传》。

5. 《汉书·艺文志·兵书略》。

---

① 郭沫若：《述吴起》，《青铜时代》，中国人民大学出版社 2005 年版，第159 页。

6.《吕氏春秋》：

《仲春纪·当染》、《仲冬纪·长见》、《孝行览·义赏》、《审分览·执一》、《离俗览·上德》、《恃君览·骄恣》、《开春论·贵卒》、《似顺论·慎小》。

7.《淮南子》：

《主术训》、《道应训》、《泰族训》。

8.《说苑》：

《臣术》、《建本》、《贵德》、《复恩》、《指武》。

9.《盐铁论》：

《非鞅》、《毁学》、《周秦》。

关于吴起的生卒年，学界认为其卒年是确定的，郭沫若、侯外庐和钱穆诸位皆断定为公元前 381 年[①]，盖因楚悼王之死年为一定，吴起与之同时。但关于生年就说法不一了，在此，采《先秦诸子系年》所考之公元前 440 年之说。

司马迁为吴起立传，然学人认为其中颇多错误，上述诸位已

_____

①　参见郭沫若《述吴起》，载《青铜时代》，中国人民大学出版社 2005 年版，第 152 页；侯外庐等：《中国思想通史》第一卷，第 594 页；钱穆：《诸子生卒年世约数》，载《先秦诸子系年》，商务印书馆 2001 年版，第 694 页。

有所论。故此本书所述盖以诸位意见一致者为是。《史记·孙子吴起列传》称：吴起，卫国人，善用兵，曾学于曾子，事鲁君，为将攻齐，大破之。

司马迁之吴起列传，可能皆由以上所述之篇章及今未知之篇章总括而成，故其中多有不相统一之处。大体而言，以下行略似乎是可信的。

吴起，卫国人，曾师事子夏、曾子（申）学儒者之业（《史记·孙子吴起列传》，《儒林列传》，《吕氏春秋卷二·仲春纪·当染》），先仕于鲁，为将攻齐，大破之。后君疑之，遂去之魏；在魏事文武两君，为西河守，与军与政颇有建树，后遭奸人王错（《吕氏春秋卷十一·仲冬纪·长见》、《卷十七·审分览·执一》、《卷二十·恃君览·观表》）所害，遂去之楚；事楚悼王，未几因变法损害了公族的既得利益，遭肢解酷刑而亡。

吴起以兵家名于后世，韩非《五蠹》篇称："境内皆言兵，藏孙、吴之书者家有之。"《史记本传》称："世俗所称师旅，皆道孙子十三篇，吴起兵法，世多有。"可见其在当时之普及，可惜其书已失传。今传《吴子》为后人伪托不足信（《述吴起》、《十批判书·前期法家的批判》吴起篇）。然而吴起并非只是一名善于带兵打仗的将军，在政治、经济及法制建设方面亦颇多建树；不单在施政的实践上，在理论建设上也很有自己的思想。所谓受儒者之业，以今天而言即为知识分子，修齐治平虽是后世汉儒的说辞，然而富国强兵则是当时每一个士子的抱负。今天我们所能看到的吴起之作为，也多以治国为主，用兵方面，因其《吴起兵法》的失传不得而知。所知者，也只限于与士兵同甘共苦、爱兵如子的一方面，如《史记本传》有"起之为将，与士卒最下者同衣食。卧不设席，行不骑乘，亲裹赢粮，与士卒分劳苦"。至于为士兵吮伤之事（《韩非子·外储说左上》、《史记·孙子吴起列传》、《说苑·复恩》），不过小说家言而已（《述吴起》）。在吴起而言，治国与用兵是相统一的，治国必有制度，用兵亦必有法规、计谋。战争是要以经济做基础的，因而富国就成为用兵的首要任务。吴起在魏国经略西河，历经文武两代，名显于世。对此，学人多以为是确实的。

二　吴起变法之内容

《吕氏春秋·审分览·执一》记吴起与商文争相事（《史记·孙子吴起列传》作"田文"），吴起所列的三条功劳为，其一，"治四境之内，成训教，变习俗，使君臣有义，父子有序，子与我孰贤？"其二，"今日置质为臣，其主安重；今日释玺辞官，其主安轻。子与我孰贤？"其三，为"士马成列，马与人敌，人在马前，援枹一鼓，使三军之士乐死若生，子与我孰贤？"类似于此者，尚有《史记·吴起列传》所记：其一，"将三军，使士卒乐死，敌国不敢谋"；其二，"治百官，亲万民，实府库"；其三，"守西河而秦兵不敢东乡，韩赵宾从，子孰与起？"此两篇，或有文学家言之嫌，郭沫若认为其仿《史记·魏世家》翟璜与魏成子争相事（《述吴起》），而钱穆先生则更以为《魏世家》卜相一事为吴起之徒所为（《先秦诸子系年·魏文侯礼贤考》），但所记吴起事迹则是有所本的。《吕氏春秋·审分览·执一》之第一条，为政，所谓"君臣有义，父子有序"云云，正乃儒者之本色当行；第二条，为法，尊主卑臣，实为由儒而法之过渡；第三条，才是军事，"足见吴起自己也并不以兵家自甘"。[①] 然治军之重点并非在于"士马成列"，史重要的则在于士卒乐死若生，这一条，是《史记本传》与《吕氏春秋·审分览·执一》所记相同者。在

---

① 郭沫若：《十批判书》，第335页。

此，有军法的森严，更有赏罚的政策鼓励的因素，后者可能还更重要一些。军法只能使士卒不得不赴死地，但乐死者，必有相应之奖励政策在，所谓"重赏之下，必有勇夫"。《史记本传》之第二条，亦为施政，不过"治百官，亲万民，实府库"，就不一定是儒者的家法了，其中必然有变法的成分，对此下面再论。接着看吴起的"儒家"面目，《荀子·尧问》载："魏武侯谋事而当，群臣莫能逮，退朝而有喜色。"吴起以"楚庄王谋事而当，群臣莫能逮，退朝有忧色"为说，奉劝魏武侯，治国不能靠个人的小聪明，而应依赖众臣的贤明。相反"王谋事而当，群臣莫能逮"正是法家"术"之本义。

此篇另有《新序·杂事一》所记，《吕氏春秋·恃君览·骄恣》记吴起为李悝，郭沫若认为，是吕氏的门人记错了。三占从二，当为吴起；① 《荀子》在前，也更可靠些。② 学人多以此为儒者之言论，但笔者以为可能倒是法家思想的成分更多一些。法家重在整个统治制度的完善，而不恃统治者个人的贤能与否。在上者自己谋事而当，在下者却无所发现，是上下无别也，所以对于武侯的这点小聪明，吴起当然是要反对的。又《战国策·魏策一·魏武侯与诸大夫浮于西河》：魏武侯与诸大夫论山河之险，以为此足以固国，王钟善之，吴起则否之："河山之险，信不足保也，伯王之业不从此也。"并举三苗、夏桀、殷纣之单凭河山之险，而为政不善，终以亡国为例，奉劝魏武侯治国当以政务为念。

王钟即王错，吴起遭王错所谗，其所得罪于错者，即此一事，故《史记本传》去魏一说，盖误（《先秦诸子系年·吴起去魏相楚考》）。《说苑·贵德》和《史记本传》与此相似，不过明

---

① 郭沫若：《十批判书》第332页。
② 郭沫若：《述吴起》，《青铜时代》，第169页。

言"在德不在险"。然《战国策·魏策一·魏武侯与诸大夫浮于西河》似乎说得更确切，为政之治乱，不在地理环境之险固与否，重在为政者为政之善与不善尔。至于怎样避免为政不善，吴起在此没有明言。倒是《本传》透露出一点信息："吴起说武侯以形势不如德，然行之于楚，以刻暴少恩亡其躯。悲夫！"在此，德者，就是政，而非儒家之伦理道德之德。行之于楚，正是吴起推行的一套变法运动，刻暴少恩，也正是历史上诸家对法家的评价，太史公云"严而少恩"、班固曰"残害至亲，伤恩薄厚"。

在此，所谓"君心必仁、君身必正"（《说苑·建本》）云云，固然是儒家的套数，然而"大夫不兼官，执民柄者不在一族，可谓不权势矣"（《说苑·建本》），则颇有后来法家之气象了。各司其职，各负其责，权分于下，而专于上，此正是法家循名责实的御臣之术。吴起虽以用兵而名于世，然而将军亡于阵前之规律，对吴起却不适用。吴起死于政，而非兵。由此也可见吴起变法之历史意义远在其用兵之上，历史自己会选择其该记忆的内容，《吴子兵法》不存，而他的变法内容却散见于其他文献。要以言之，吴起之为政与用兵可谓相得益彰，将兵之法的具体实践，适足以用之于为政，当时执政者多善于用兵，军政固易合二为一，钱穆认为由重农政、重法律、重兵事三者而言，李悝、吴起、商鞅其实一也，然前二者独不称吴起，后一者独不称李悝、商鞅："后人视起仅为一善用兵者，而独不及李克商鞅。其误盖始于《史记孙吴列传》，以起与孙武孙膑并列。不知兵家亦有《李子》《公孙鞅》，当时从政者率主兵，乃时代使然，岂得徒以兵家目之。"（《先秦诸子系年·商鞅考》，重点号为原文固有——引者按）郭沫若谓吴起之兵法，"应该只是法的一个分枝"。[①] 可见，

---

① 　郭沫若：《前期法家的批判》，《十批判书》，第333页。

吴起不仅仅只是一个军事家，而同时更是一个伟大的政治家，这一观念乃学人共识。不过，笔者以为吴起更多的是由兵而入政，兵法之实践为其施政提供了重要的参考，所谓令行禁止正是用兵之基本要求，此亦为儒家如荀子等所认同，"顺命为上，有功次之；令不进而进，犹令不退而退也，其罪惟均"（《荀子·议兵》）。尽管其议兵满篇"仁义为本"的迂腐之论，但只这一句就揭示了用兵的本质，这也正是后来法家的基本思想。所谓兵法不只是法的一个分支，实在是吴起法（政）之所由出的基础。治兵与治国其法一也，这也正是兵家与法家具有内在的必然渊源之根据，实在说来"法家不但和政治有'直接'的关系，也和军事有'直接'的关系"①。所以司马迁将其与二孙列为一传，使其以兵家名世，原也不错。李悝、吴起、商鞅虽则皆亦兵亦政，然李悝、商鞅以尽地力《法经》、《商君书》名世，而吴起固以《吴起兵法》名世，其书虽不传，然在当时却是"世多有"之。而由各自的实际功绩来看，吴起之政因悼王早死，固不如李悝与商鞅之收效显著。然而法家后来的变法理论，吴起都已经在实践着了。具体来看，吴起为政主要表现在以下几个方面。

（一）精兵简政，废公族疏远者

《史记·孙子吴起列传》：吴起相楚，"明法审令，捐不急之官，废公族疏远者，以抚养战斗之士。"《韩非子·和氏》："不如使封君之子孙三世而收爵禄，裁减百吏之禄秩，损不急之枝官，以奉选练之士。"明法审令，即是确立以法为中心之规章制度，改革过去为世袭贵族把持之旧政，为损无用之官吏以抚养战斗之士，确立制度的保证。"废公族疏远者"，"使封君之子孙三世而收爵禄"即是要逐步废除贵族的世卿世禄制度，而以功论赏、

---

① 郑良树：《诸子著作年代考》，北京图书馆出版社 2001 年版，第 84 页。

选官。

（二）尊主卑臣，使私不得害公

《韩非子·和氏》："吴起教悼王以楚国之俗曰：大臣太重，封君太众。若此则上逼主而下虐民，此贫国弱兵之道也。"《秦策三·蔡泽见逐于赵》："吴起事悼王，使私不害公，谗不蔽忠，言不取苟合，行不取苟容，行义不顾毁誉，然为伯主强国不辞祸凶。"严厉限制权重之大臣，以及削减封君之数量，其目的正在于强化君主的权力。

（三）务尽地力，往实广虚之地

《吕氏春秋·开春论·贵卒》："吴起谓荆王曰：荆所有余者地也，所不足者民也。今君王以所不足益所有余，臣不得而为也。于是令贵人往实广虚之地，皆甚苦之。"将那些无用的官吏、封君迁出都城，让其到边远之地开荒种地，此正是一举两得，一方面达到开荒增收之目的；另一方面也达到了精兵简政之目的，从而使新政得以顺利地实施。

（四）设立制度，信赏罚以立威

吴起之设立制度，因文献不足，除以上所列外，不得而知其详细内容。但其立信于民，倒是被传得神乎其神，几近小说家言，一是"偾表"（《吕氏春秋·似顺论·慎小》）；一是"倚车辕"（《韩非子·内储说上》），此举自然是收到了相当的成效。由前者，"自是之后，民信吴起之赏罚。赏罚信乎民，何事而不成，岂独兵乎？"由后者，"人争趋之，于是攻亭，一朝而拔之"。更有甚者，吴起因使妻织布而不合尺幅，竟出其妻（《韩非子·外储说右上》）。

（五）统一思想，驰言谈纵横者

任何一项政策的推行都必须有一个中心的思想为支撑，变法就更是要有其核心思想了。旧政的中心即是世卿、世禄制，吴起变法必然要打破这一旧制，而新政之成效却未见可否。因此不单是那些受到打击之封君、大臣，就是普通民众对新法也必然有不同的看法。因此要想使新法得以推行，就得统一思想，由此"要在彊兵，破驰说之言从横者"（《史记·孙子吴起列传》）。"使驰说之士无所开其口"（《秦策三·蔡泽见逐于赵》）。就成为吴起变法的一个重要内容。

　　以上所述，或不尽为信史，特别是偾表立信及因令之不行而出妻、为求官而杀妻等之举，郭沫若以为乃小说家言。小说家言者无非夸张其事，然而必有所本，如吴起之好名求官之心迫切，故有杀妻而仕之传言，杀妻似不可能，然求官之迫切则不假；再有，所谓偾表、倚车辕以取信于民之事，偾表、倚车辕可能不必有，然必有取信于民之措施者。

三　吴起变法之影响

　　由以上所述来看，吴起与法家之集大成者韩非的主张是一致的，不过没有那么详尽周密而已，这也正是实践的法家与理论的法家的区别。钱穆认为："李克著《法经》，吴起偾表徙车辕以立信，皆以儒家而尚法。盖礼坏则法立。"（《先秦诸子系年·魏文侯礼贤考》）在此，"礼坏则法立"正表明了新的社会关系之逐步确立，新的社会关系必以新的统治方式来规范。这也正是吴起者流由儒而法的历史根源，甚而可以说，法家之代表人物莫不有儒者之血缘，前者如李悝、吴起，后者如商鞅、韩非等。这新的社会关系就是显族的兴起，其实质就是要在法律上承认后天的努力之对个人命运的改变的合法性。因为人不尽为生而贵之者，贫贱者亦要有富贵之可能。因此，对世卿世禄制度的反对，就成了法家最基本的理想诉求。因此，吴起打击氏族贵族，要收其子孙的爵禄，并要将他们发配到无人的广虚之地，使其开荒，可谓一举两得，既打击了他们的特权又发展了农业生产。钱穆认为"其徙贵人垦荒，殆秉李克尽地力之教"（《先秦诸子系年·吴起去魏相楚考》）。当时的世袭贵族们"上逼主而下虐民"（《韩非子·和氏》），要解决这个矛盾，一种解决办法是，使其往广虚之地开荒；另一种办法则是"使封君之子孙三世而收爵禄"。在此正表现出侯外庐所称的，新旧纠葛，旧的拖住了新的这一春秋战国的历史特征。一方面，所谓"废公族疏远者"、"三世而收爵禄"，正是顺应因血缘关系的逐渐疏远，而使氏族单位向地域单位转化的历史趋势；但另一方面，所废者不过公族之疏远者，公族之亲近者仍然是统治的基础，同时新兴之显族也还是氏族贵族。氏族制的统治主体，还不能从根本上被由富而贵的显族所取代；氏族制的统治方式，也就自然不能被公共的权力机构所取代。所谓"人惟求旧，器非求旧，惟新"（《商书·盘庚上》），统治者还是氏族贵族，统治的方式则有所变更。不变则有可能被其他诸侯吞并，因此变法图强就成为当时各国君主们必做的功课。而要富国强兵，就要精兵简政，即"损不急之枝官，以奉选练之士"。同时还要"明法审令"、"破驰说之言纵横者"，即排斥言谈之士。要做到这一切就得取信于民，故有倚车辕之举，此举又有归于商鞅者（《史记·商君列传》）。但不论谁真谁假，取信于民则是法家的固有之意。

要之，尊主卑臣，富国强兵，打击氏族贵族，申明法度，排斥言谈之士，等等，在吴起这里是都在实行中的了，可惜悼王死得早，吴起的变法在楚国没有取得商鞅那样的成效，却落得相同的结果。对此，钱穆就颇为吴起抱不平："鞅之为政，宗室贵戚怨之，不获其死，亦类吴起。人尽夸道鞅政，顾不知皆受之于李吴。"（《先秦诸子系年·商鞅考》）

第三节　商鞅

（公元前 390—前 338 年）

一　文献及传略

商鞅，《史记》有列传；《汉书·艺文志·诸子略》法家类有《商君》二十九篇。《兵书略》兵权谋家有《公孙鞅》二十七篇。《公孙鞅》不传，《商君书》今有二十六，亡其二，实存二十四篇。比起吴起来，商鞅的行略要清楚得多，其《史记本传》所记与其他典籍所载颇为相近，现举其要以列于下：

1.《史记》：

> 《秦本纪》、《始皇本纪》、《赵世家》、《魏世家》、《商君列传》、《范睢蔡泽列传》、《李斯列传》。

2.《汉书》：

> 《食货志上》、《地理志》、《艺文志》、《贾谊传》。

3.《荀子·议兵》。

4.《韩非子》：

> 《难言》、《和氏》、《奸劫弑臣》、《内储说上七术》、《定法》。

5.《战国策》：

《秦策一·卫鞅亡魏入秦》、《秦策三·蔡泽见逐于赵》、《齐策五·苏秦说齐闵王》、《魏策一·魏公叔痤病》。

6.《吕氏春秋·仲冬纪·长见》。

7.《淮南子》：

《览冥训》、《缪称训》、《泰族训》、《要略》。

8.《盐铁论》：

《非鞅》、《论儒》、《毁学》、《遵道》、《国疾》、《取下》、《刑德》、《申韩》。

9.《新书》：

《过秦上》、《时变》。

侯外庐以为，《商君书》不传，现存者都是后世法家假托的记载①，但如前所述，先秦诸子多不自著书，其书固非一人、一时所著，而多为其门人弟子于其身后累积而成。因而对今之《商君书》，仍以商君之一派行略及言论汇集视之。

《史记·商君列传》云："商君者，卫之诸庶孽公子也。名鞅，姓公孙氏，其祖本姬姓也。鞅少好刑名之学，事魏相公叔痤，为中庶子……"公叔痤知鞅贤，临终嘱魏惠王，或以国托之，不然则杀之，魏惠王以为其悖矣，遂不复杀鞅。鞅闻秦孝公

_____

① 侯外庐等：《中国思想通史》第一册，第595页。

求贤，遂西入秦，时在孝公元年，即公元前361年。鞅相秦二十多年，坚持变法，严厉打击氏族贵族，由于刑太子傅，特别是变法损害了氏族贵族即"当途之人"（《韩非子·孤愤》）的既得利益，孝公死后，被氏族贵族车裂并遭夷族之祸。吴起是以兵家而兼法家的，商鞅则相反，是以法家身份而兼兵家的，故他不但能变法施政，还能将兵，掳魏公子卬，迫魏惠王徙都大梁，遂使秦以富强，然由于开罪于氏族贵族终致被杀。

商鞅入秦，说孝公以帝、王之道，未中，复说以强国之术，孝公大悦，"语数日不厌"，曰："久远，吾不能待。且贤君者，各及其身显名天下，安能待数十百年以成帝王乎？"由此可见，法家之术重在解决现实的政治矛盾，是现实政治迫切需要的，即在短时间内富国强兵。而儒家的帝、王之道却要以德来安近怀远，此固非一日之功，况且在诸侯力征的战争年代也断难实现。因而汉朝的叔孙通称儒家是"难与进取，可与守成"（《汉书·叔孙通传》）。所以深知儒家帝主之道的商鞅在秦国却是以法家的面目施政的，这是时代的要求。"治世不一道，便国不法古。"（《商君书·更法》）这种进化的历史观，是商鞅变法的基本出发点，因而一入秦国就为此与保守派的代表甘龙、杜挚等人展开了论争，幸而孝公称"善"，使商鞅得逞其志。

二　商鞅变法之内容

商鞅变法之内容，概而言之，即以法为中心的新的国家制度的建设，包括政治、经济、文化、社会价值观等各个方面。富国强兵固是各诸侯国之共同目标，然而在如何达成此目标上，唯商鞅之变法与历史的发展相适应。郭沫若先生认为："秦王政后来之所以能够统一中国，是由于商鞅变法的后果，甚至于我们要说秦、汉以后的中国的政治舞台是由商鞅开的幕，都是不感觉怎么夸诞的。"① 这个序幕正是大一统的中央集权制之国家政体的开始确立。

商鞅变法有这样几个方面：

（一）政治方面

强化国家权力，张公抑私，以王霸天下，这是法家一切思想行动的出发点及其归宿。法家所有的思想观念都是以此为中心而展开的。因此，学人所谓商鞅变法就是为了保护私有财产所有权之说，多是囿于马克思关于人类社会五种形态及阶级斗争理论立说，而忽视法家对真正的财富私有者阶级，如工商技艺之人的严厉打击。"塞私门之请而遂公家之劳，禁游宦之民而显耕战之士。"（《韩非子·和氏》）在此，富贵不过是诱饵，王霸天下、尊主卑臣才是目的。

1. 什伍相坐

"令民为什伍，而相牧司连坐。"（《史记·商君列传》）这不只是法律上的一人犯法多人受罚的连坐制，其目的不仅在于打击犯罪，更重要的则在于国家对臣民的直接控制。将全国民众完全纳入国家的控制范围，这是国家王霸大业实现的基本保证。因为不论是耕也好，战也好，其主体都是民。而这些民氓过去基本上是归各诸侯、卿、大夫们统治的，即家奴。"无家可归"的自由民，是绝对的少数，且是战国后期的事了，他们是随着诸侯、卿、大夫们与国君势力的此消彼长而游离出来的那一部分无产、无业者。商鞅的以上举措其实质就是国家与诸侯、卿、大夫争夺对国民的统治权，也就是要将全体国民都编入户籍。汉时的编户齐民可能就肇端于此。"不告奸者腰斩，告奸者与斩敌首同赏，匿奸者与降敌同罚。"（《史记·商君列传》）告奸，向谁告呢，当

---

① 　郭沫若：《前期法家的批判·商鞅》，《十批判书》，第337页。

然是国家的有司,即今所谓的有关机构了。"索隐,牧司,谓相纠发也。"此一义,此外尚有一义,即治民之有司。"一曰牧,以地得民。二曰长,以贵得民……惟正月之吉……乃施典于邦国,而建其牧"(《周礼·天官冢宰》);"大司马之职……建牧立监,以维邦国"(《周礼·夏官司马》)"九州之长,入天子之国,曰牧"(《礼记·曲礼》)。牧者,放牛者也,后世有州牧,是治民与牧牛羊者同。此牧之言治者也。司者,有司也,"凡奚隶聚而出入者,则司牧之,戮其犯禁者"(《周礼·秋官司寇》);"司徒"疏:"凡言司者,总其领也"(《礼记·曲礼》);《晋书·李重传》:"汉革其弊,斟酌周秦,并建侯守,亦使分土有定,而牧司必各举贤,贡士任之乡议";《晋书·地理志下》:"自中原乱离,遗黎南渡,并侨置牧司在广陵"。是牧司固有治民之机构义,商鞅不过将其建设成国家的强制机构。所谓"告奸者与斩敌首同赏,匿奸者与降敌同罚"。就是为了打击隐匿民氓,从而逃避对国家承担应尽义务的诸侯、卿、大夫。商鞅此法就是要将那些隐匿于领主封邑的家奴们,转化为国家的臣民。这不但是耕战的人力保证,也是平赋税的基本保证。

2. 奖励耕战,利出一孔

商鞅将国家的一切行为都纳入到了王霸天下的大业之内,"有军功者,各以率受上爵,为私斗者,各以轻重被刑大小。……宗室非有军功论,不得为属籍。明尊卑爵秩等级,各以差次。名田宅臣妾衣服,以家次。有功者显荣,无功者虽富无所芬华"(《史记·商君列传》);"内务耕稼,外劝战死之赏罚"(《史记·秦本纪》);"塞私门之请而遂公家之劳,禁游宦之民而显耕战之士。"(《韩非子·和氏》)。一切与耕战无关之业都在打击之列,"事末利及怠而贫者,举以为收孥"(《史记·商君列传》)。吴起使贵人往实广虚之地,虽是受李悝尽地力之教的影响,但似乎仅限于开荒之一方面，废公族疏远者，也有其局限性，重要的在于没有鼓动起普通民众的参与。作为后继者，商鞅的改革则是整个社会结构的重新组合，重新划定社会的等级结构，所谓"明尊卑爵秩等级，各以差次。名田宅臣妾衣服，以家次"（《史记·商君列传》），尊卑爵秩等级，这是政治上的差别，田宅臣妾衣服，这是经济上的差别。有粮的出粮，有力的出力，如此则有功，有功则显荣；否则，一方面，对于氏族贵族而言，"非有军功论，不得为属籍"（《史记·商君列传》），这虽然还没有从根本上彻底否定其生而富贵的特权，但却给予了极大地限制；另一方面，对于非农战者，从经济和政治两方面都实行了严格的限制，经济方面，"事末利及怠而贫者，举以为收孥"。政治方面，"无功者虽富无所芬华"。耕战，成了整个社会唯一的富贵之路，此即商鞅所谓"利出一孔"者（《商君书·弱民》）。

3. 废封建，置郡县

这是强化君权、建设大一统之国家的必然之举，从而为结束各封君在其境内各自为政、以致政出多门的混乱局面提供制度上的保证。实际上就是将地方上的统治权收归国家所有。春秋时期已有县、郡的设置，战国时期，县的设置已较广泛。商鞅此时将其更加扩大到全国，并且作为一种国家制度给以强力推行。"集小都乡邑聚为县，置令、丞，凡三十一县"（《秦本纪》作四十一县，《六国年表》作"三十县"），设有县令、县丞等地方官吏（《史记·商君列传》），还设有县尉（《商君书·境内》）。县令是一县之长，县丞掌管民政，县尉掌管军事。郡县制虽然在商鞅以前就有所设置，也不限于秦国。但却是商鞅将其逐步扩大到了整个秦国，从而由两方面保证了中央集权制政体的实现。一方面是由俸禄制代替了食邑制，从而开始形成了仰国家鼻息的庞大的官僚阶层；另一方面是由国家直接派出的郡守、县令代替了封君各自为政的统治形式。要而言之，正是郡县制构成了统治中国几千年的中央集权制专制政体的统治基础，从而永远地断绝了地方自治的可能，也断绝了由此而来的公共权力机构的可能，如古典的古代那样的城邦共和制。中国私有制的发展不足以产生地方自治的物质基础和阶级力量，儒家的"故远人不服，则修文德以来之。既来之，则安之"（《论语·季氏》）的王道，就必然要被以力使之服的"霸道"所代替。

（二）经济方面

1. 坏井田，开阡陌

坏井田，似乎没有多少歧义，在此且不论井田制之存在与否以及实际存在状态是怎样的，但对以往分封制时期的土地现状之破坏则是肯定的，否则就不会引起那些贵族们的反对，以致要将吴起、商鞅者流肢解而后快了。问题在于对这个开阡陌之开的理解，以往有三种观点，一是以朱熹之打开，即决裂旧有之田界说（《文献通考》卷一《田赋一》引朱子"开阡陌辩"）；一是以开拓新田界说[1]；三则是这二者的结合，即破除旧的，开拓新的田界。实际上这三者是一个意思，破旧必然要立新，如杨宽主"开拓"，即第二种观点，然而在具体地论述过程中，他又表述为，"具体地讲，'开阡陌封疆'，就是废除井田制，把原来'百步为亩'的'阡陌'和每一顷田的'封疆'统统破除，开拓为二百四十步为一亩，重新设置'阡陌'和'封疆'"。[2] 这就又归入第三种观点了。而以文献本身来看，自然以朱熹之说为是，所谓"坏井田"、"决裂阡陌"正指对旧的井田之类的田界的破坏，破了旧

---

① 　参见徐喜辰《"开阡陌"辨析》，载《吉林大学社会科学学报》1986 年第 2 期，第 83 页。

② 　杨宽：《战国史》，上海人民出版社 1998 年版，第 205 页。

的必然要立新的。然而反对者之反对的，却正在于对旧的，即既得利益的损害。否则，如果新建的不损害既有者的利益，他自不必反对的。

在此的关键问题是，阡陌打开以后的土地所有制的问题，首先，商鞅者流的主观上是否就是为了保护土地私有制；其次，阡陌开了以后，土地私有是否就实际上形成了。这是两个问题，以往学人对此不分，单纯地就土地私有与否争论不休。郭沫若和杨宽均认为，商鞅开阡陌就是为了保护土地私有制①。而笔者以为，恰恰相反，商鞅开阡陌封疆的目的，正在于重新强化土地的国家所有权，以便对其重新进行分配。过去是"普天之下，莫非王土"（《诗·小雅·北山》），而到了春秋战国之际，则成了"封略之内，何非君土"（《左传·昭公七年》）。实际上也并非完全是君土了，而是为各级封君，如卿、大夫，甚至陪臣们将王土、君土据为私有了。这样一来，一方面是不利于国家的王霸大业的实现，如国家军队的建设等；另一方面也无法保证国家对臣民奖励的实施，所谓富贵，所谓官爵，最终都要落到物质利益的实处，在此，土地是唯一的保证。国家不掌握土地，拿什么组织军队、进行战争；又拿什么赏赐臣民。再者，如果说法家主观上是出于保护个体的私有财产，那如何解释它对既有的财富私有者，如工商技艺者流的严厉打击呢？因此，私有财富只是经济手段，君主王霸天下的大业才是最终的政治目的。对此，商鞅自己就说得很清楚："故为国任地者……兵出，粮给而财有余；兵休，民作而畜长足。此所谓任地待役之律也。……夫治国者，能尽地力而致民死者，名与利交至。"（《商君书·算地》）所谓"任地待役"就是国家将土地分于民众，以获得粮食与劳役，从而进行争

---

① 郭沫若：《十批判书》，第340页；杨宽：《战国史》，第205页。

霸天下的战争。这已由1975年出土的《睡虎地秦墓竹简》所证明，其中《田律三》有如下记载：负责农业的官吏要将下雨、受雨之田亩数、土地播种、农作物受水旱虫风等灾害及作物之长势等情况于八月底前报上来。由此可以看出，农业绝非农民个人的事，相反它是国家的主要事务，否则如果土地完全是私人所有，国家凭什么来干涉农民的生产。《田律九》还记载了受田之农民应交纳的农作物的数量，"入顷刍稿，以其受田之数，无垦（垦）不垦（垦），顷入刍三石、稿二石"。每顷交刍三石、稿二石，刍不论是干草还是青草，够一束者都收，刍与稿可以相互折算。①由此可知，"土地的所有权完全属于国家，强行授给农民耕种的目的是为榨取实物租赋"。②郑良树亦持相似之见："土地既允许私有及买卖，则政府如何扩大自己的土地，以充实授田制度下的农耕地呢？而且，土地既然开放为私有，允许私人发展起来，那不是跟商鞅裁抑工商的政策冲突吗？显然的，这两者颇难妥协。"接着郑良树对《汉书·食货志》中董仲舒之"民得买卖"之说表示怀疑，认为此说"是值得商榷的"。③笔者以为李（李埏，武建国）、郑（良树）之说实为不刊之论。学人研究中国问题，当有一前提必先明之，即几千年来中国统治者之所有作为莫不以强化其统治权为先决，所谓"民本"云云，其实质则为以治民为本。然而，"民得买卖"亦未必不可能，这就是上面所说的主观与客观的差异。就商鞅之主观而言，断不会以民之私产为念，而必是以国家对土地、人民之统治为唯一之目的。但就客观而言，

---

① 译文据《睡虎地秦墓竹简》，文物出版社1990年版。"相输度"，不应译为"运来称量"，粮草入库前，都要过秤的，这是不言自明的。

② 李埏、武建国：《中国古代土地国有制史》，云南人民出版社1991年版，第61页。

③ 参见郑良树《商鞅评传》，南京大学出版社1998年版，第137页。

战争总有结束的时候，王霸天下的大业完成以后怎么办，国家的土地不能永远不断地分配下去。那些以农战而获得的土地，久而久之就为使用者所实际占有，当其时或不愿经营者，或无力经营，或经营不善者，这时还不得买卖么？因而所谓"民得买卖"不过是秦汉之后世学者，以当时之现实，即"富者田连阡陌，贫者无立锥之地"（《汉书·食货志》）来推其源头至商鞅，而并非商鞅"坏井田，开阡陌"（《汉书·食货志》）之初衷即为国民保有私有土地。

2. 平赋税

"令民为什伍，而相牧司连坐。……民有二男以上不分异者，倍其赋。……为田开阡陌封疆，而赋税平。平斗桶权衡丈尺。"（《史记·商君列传》）"为田开阡陌。……十四年，初为赋。"（《史记·秦本纪》）"夫商君为孝公平权衡，正度量，调轻重，决裂阡陌，教民耕战。"（《秦策三》）由这些文献来看，商鞅变法对国家赋税的征收分为以下四个方面。

其一，统计全国人口，将全国人口按什伍之制给以编制，使国家掌握了对全体国人的控制权，由此避免了一些封君大户对其所属之民氓的隐瞒，从而逃避对国家承担的赋税和劳役。或者原先是按各级封君之食邑级别向国君提供物质和劳役的供给，但同级别的卿、大夫们的土地及民氓的数量可能不尽一致，由此必然造成赋税不平的局面。再或者因卿、大夫们徒有其名，已经不能保证对国家的供给了。因此，要想增加赋税的收入，就必须对全国人口进行全面的掌控，即《商君书·境内》所说的"四境之内，丈夫女子皆有名于上，生者著，死者削"。

其二，重新划分家庭的结构，打破大家族群聚的大户制，而设立以一夫一妇为一家的小户制，并以此为基础分配土地，也由此而征收赋税和征调劳役。

　　其三，将全国的土地重新进行分配，一夫受田一百亩，并按此征收赋税，按户征调劳役或出兵役。同时一妇亦得给国家提供一定数量的纺织品。所谓"僇力本业，耕织致粟帛多者复其身"。粟固然是农夫所生产，而帛则为农妇所提供，并且致粟帛多者，还能免除徭役或兵役。在此，所谓"复"者，过去学人囿于奴隶社会与封建社会之分，多以为"就是解放奴籍"，即由奴隶变成自由民①。实则不然，文献之义甚明："今多爵而久复，是释秦之所以强，而为三晋之所以弱也……今王发明惠，诸侯之士来归义者，今使复之三世，无知军事。……今利其田宅，复之三世。"（《商君书·徕民》）"诸侯子在关中者，复之十二岁，其归者半之……民以饥饿自卖为人奴婢者，皆免为庶人。……故大夫以上，赐爵各一级。其七大夫以上，皆令食邑；非七大夫以下，皆复其身及户，勿事。……诸县坚守不降反寇者，复租赋三岁。……入蜀、汉定三秦者，皆世世复。"（《汉书·高帝纪下》）"举民孝悌力田者复其身。"（《汉书·惠帝纪》）"夏四月，赦天下，赐民长子爵一级。复七国宗室前绝属者。"（《汉书·武帝纪》）"为博士官置弟子五十人，复其身。"（《汉书·儒林列传》）由此可见，所谓"复"者，皆免除租、赋、税及徭役（以上着重点为引者所加）。

　　以上说的是以地而税，商鞅之法尚有以人而税者。杨宽以为，秦孝公十四年秦"初为赋"，"这是按户按人口征收的军赋，就是云梦出土《秦律》所说的'户赋'，也称'口赋'。"② 在此，且不论此赋是否军赋（如果以传统训诂，以汉字之字形来断义，赋本身即为军赋，从贝，从武。贝者，钱也；武者，军也。然笔

---

　　① 郭沫若：《十批判书》，第342页。
　　② 杨宽：《战国史》，第209页。

者对此训诂之法颇感怀疑），但肯定是以土地赋税之外，另行征收的。对此，不必引杜佑、马端临"舍地而税人"之说以证之。单就法家自家之说就已明言。"令民为什伍，而相牧司连坐……民有二男以上不分异者，倍其赋。……事末利及怠而贫者，举以为收孥。"（《史记·商君列传》）"四境之内，丈夫女子皆有名于上，生者著，死者削。"（《商君书·境内》）商鞅之法就是为了务尽地力，开阡陌，而赋税平，这是按地而征，不论垦不垦刍稿都得交（《睡虎地秦墓竹简·田律》）。《睡虎地秦墓竹简·法律答问》又有匿户之罪："何为匿户……匿户弗徭、使，弗令出户赋之谓也。"[1] 由此可见，商鞅之法对人、户控制得如此之严除了务尽地力之外，也包含有务尽人力的因素在内。而对那些并不固守于土地的游食之民又当如何呢，法家鼓励农战，因而最反对不事生产之人，如文学、言谈之士；工商、技艺之人，落到实处就是这些人仍然要交赋税，这些人所交之赋税很可能即为人口税，即口赋[2]。商鞅说得很清楚："禄厚而税多，食口众者，败农者也；则以其食口之数，赋而重使之，则辟淫游惰之民无所于食。无所于食则必农，农则草必垦矣。"（《商君书·垦令》）类似的思想在法家著作里比比皆是，此举其一例而已。因此，商鞅是既征地税，亦征人税的，否则地多人少的大户岂不是沾光了，所以"舍地而税人"之说或不可信。

---

① 译文为引者据校正之义录之，见《睡虎地秦墓竹简·法律答问第一六五条》释文注释部分，文物出版社1990年版，第132页。

② 杨宽：《战国史》，第209页。杨宽先生引《汉书·晁错传》，晁错上文帝书之"今秦之发卒也……死事之后，不得一算之复"。即认为秦时已有算赋之制——引者按：此说不足为据，晁错之言秦制，如今日学人之论古人也，自当以今语言之，如公民权利者云云，固不当古人即有此说。

3. 重农抑商

对于前者，商鞅云："事末利及怠而贫者，举以为收孥。"这是视商人为末，农者为本，但以此说，似商者尚可存在，不过怠而贫者才"举以为收孥"。如果事末利及怠而贫者为两类人，则是商鞅从根本上就主张消灭商人。由以下所引来看，似乎抑商更有可能。"使商无得籴，农无得粜。农无得粜，则窳惰之农勉疾。商无得籴，则多岁不加乐；多岁不加乐，则饥岁无裕利；无裕利则商怯，商怯则欲农。窳惰之农勉疾，商欲农，则草必垦矣。"（《商君书·垦令》）这不但是商人要取缔了，连整个商品经济都要从根本上否定了，即禁止买卖之交易活动。民间的买卖交易固不可能完全取缔，然而在此也看出商鞅对商人者流的深恶痛绝之态度了。

（三）生活习俗方面，父子别居、男女有别

以上由政治及经济方面，讨论了商鞅分户别居的小家庭制，要以言之就是要改变"庶人在很大程度上不是国家的臣民，而是特定贵族的臣属"的局面，[1] 从而将每个臣民都纳入国家控制的范围之内。此正是氏族单位向地域单位的转变，是与历史的前进趋势相一致的。因为"一个古代社会的单位是'家族'，而一个现代社会的单位是'个人'"（着重点为原文所有）。[2] 商鞅虽不是以个人为单位，但小家庭毕竟比大家族前进了一步，这是国家政治的必然要求。而就风俗习惯来看，也必然要有所变革，孟德斯鸠在论述中国的法律与风俗时称："中国……的立法者们把法律、风俗和礼仪混淆在一起……他们的风俗代表他们的法律，而

---

[1]　许倬云：《中国古代社会史论》，第130页。
[2]　[英]梅因：《古代法》，沈景一译，商务印书馆1959年版，第72页。

他们的礼仪代表他们的风俗。"① 因此变法就必然要易俗。那么就风俗习惯而言，那些受家族长及父母们的各种道德伦理之约束之丁壮们如何能为国效命，如，"父母在，不远游，游必有方。"(《论语·里仁》)"为人子者……不登高，不临深，不苟訾，不苟笑……孝子不服闇，不登危，惧辱亲也，父母存，不许友以死，不有私财。"(《礼记·曲礼》)这虽是儒家们的理论，但其来源则为社会之现实。这种文质彬彬的君子，爵禄不能劝，刑法不能威，是法家所不需要的。故"古有伯夷、叔齐者，武王让以天下而弗受，二人饿死首阳之陵；若此臣者，不畏重诛，不利重赏，不可以罚禁也，不可以赏使也。此之谓无益之臣也，吾所少而去也，而世主之所多而求也"(《韩非子·奸劫弑臣》)。"有民如此，先古圣王皆不能臣，当今之世，将安用之？"(《韩非子·说疑》)商鞅之法就是要通过爵禄之赏，劝民乐于死战，因而儒家之圣人，在法家看来则是无用之人。

移风易俗的另一面，则在于男女之别，郑良树甚至认为这是更重要的一面。② 商鞅曾自称："始秦戎翟之教，父子无别，同室而居。今我更制其教，而为其男女之别，大筑冀阙，营如鲁卫矣。"(《史记·商君列传》)秦人本起于西部边陲，戎狄之乡，又兼并了周围一些戎狄部落，因而国内戎狄之习就很深厚。而戎狄之风，父子同室而居，男女无别，特别是男女关系异常混乱，子、孙、侄可以取后母、后祖母、后叔母。商鞅因此要以中原文化对其进行改造，一方面固然是为了强化统治③，移风易俗就是要将其纳入国家的统治秩序中来；另一方面也是出于王霸天下的

---

① ［法］孟德斯鸠：《论法的精神》上册，张雁深译，商务印书馆1961年版，第312页。
② 侯外庐：《中国古代社会史论》，第158页。
③ 杨宽：《战国史》，第210页。

现实需要，因为一个道德落后的民族是无法实现统一天下的宏图大志的。

（四）文化价值观方面，统一度量衡、统一思想

"夫商君为孝公平权衡，正度量，调轻重。"（《战国策·秦策三》）既然要实现"平赋税"，那么"平权衡，正度量，调轻重"，即统一度量衡就是必须的保障了。其意义还不在经济上，在政治上它也是一统天下的基础，此举从根本上杜绝了"以家量贷，而以公量收之"（《左传·昭公三年》）的贵族行私惠以与国争民的可能，并为统一国民的思想提供了物质基础。秦国统一天下后，又经过"车同轨，书同文，行同伦"（《礼记·中庸》）的改造，从而更加强化了大一统的中央集权制，并统治了中国几千年。在此，"行同伦"正是其政策的落脚处。

韩非称："商君教秦孝公以连什伍，设告坐之过，燔诗书而明法令，塞私门之请而遂公家之劳，禁游宦之民而显耕战之士。"（《韩非子·和氏》）"燔诗书"，"不知究竟是不是事实"。① 但"利出一孔"，使民"勇于公战，怯于私斗"（《史记·商君列传》），去私而立公，将全体国人的思想都统一到为国耕战的轨道上来，则是事实，即所谓"塞私门之请而遂公家之劳，禁游宦之民而显耕战之士"（《韩非子·和氏》）。商鞅虽没有如韩非那样明言"以吏为师"（《韩非子·五蠹》），但其一民、一刑、一赏、一言之说，却是类似的，"守十者乱，守壹者治。法已定矣，而好用六虱者亡。……六虱：曰礼乐，曰诗书，曰修善，曰孝弟，曰诚信，曰贞廉，曰仁义，曰非兵，曰羞战。国有十二者，上无使农战，必贫至削……利出一空者，其国无敌；利出二空者，国半利；利出十空者，其国不守"（《商君书·靳令》）。所谓心往一处

---

① 郭沫若：《十批判书》，第 338 页。

想，劲往一处使，以耕战为之的榖。

综上所述，商鞅变法首先表现在他改革了生产方式和社会制度，为田开阡陌封疆，平赋税，改都邑为县，置令、丞等国家官吏，并给以禄秩，而不再是食邑了，很有些由地域单位代替氏族组织形式的意味。开阡陌封疆，即是要打破以往氏族贵族所占有的封地食邑的疆界，而将其重新收归国有，从而用来赏赐给有功之士。而改都邑为县，并置政府官吏，以俸禄代替食邑，都表现出国家政治制度的趋于形成，表明了国家对政治生活控制的强化，即由混乱的多政向新的中央集权的一政的渐进。而强令父子别居，兄弟分家，一则是为了国家征调徭役的便利，二则在客观上也拆散了聚族而居的家族关系，这样就使百姓成了国家的臣民，而不再是"间接的氏族的成员"了。[①]而平赋税，不论是以人还是以田，既是平，则必然要打击氏族贵族的固有特权，再加上国家对权衡尺寸的统一（此即后来始皇统一度量衡的滥觞）这都表明了国家对经济生活的控制。这种国家制度的建设，实是商鞅变法的更重大的意义所在，其旨在打破氏族关系的外壳，而代之以地域单位的国家形式。

其次，这种生产方式和社会制度的变革必然要求强制手段的保证，因而商鞅就主张，严刑峻法；统一法律标准；"自卿相将军以至大夫庶人，有不从王令，犯国禁乱上制者，罪死不赦"（《商君书·赏刑》）。在这里，王权正如恩格斯所称"在混乱中代表着秩序"[②]。加强王权正是出于打击氏族贵族的政治需要。

---

①　恩格斯：《自然辩证法》，神州国光社版，第 279 页。转引自侯外庐《中国古代社会史论》，第 27 页。

②　恩格斯：《论封建制度的瓦解和民族国家的产生》，《马克思恩格斯全集》第 21 卷，人民出版社 1965 年版，第 453 页。

三　商鞅变法之影响

商鞅变法表现了他试图冲破氏族贵族的统治方式，而代之以政治国家的统治方式。但由于中国历史的特殊性，他所依靠的不是普遍的以财富私有为基础的国民阶级，而是氏族贵族的总代表——君主，即他要打击的对象。因而他的变法就只能采取自上而下的方式。要想打破氏族贵族的统治，而没有新的阶级力量的支持是根本不可能的。相反，商鞅的变法还不断打击着他本应依赖的工商技艺之人，即财富私有阶级，故秦孝公一死，他就不免被车裂。这正是法家历史悲剧的根源所在，可惜韩非也看不到这一点，而将商鞅的失败归之于不懂用权术。中国的历史特殊性就决定了变法运动不可能进行到底，因为它本身就是维新的，而不是革命的方式，就是懂得用术的韩非倘若掌权变法，仍然免不了被杀，他之被陷就是很好的证明。可见作为个人小计谋的权术是解决不了国家的大问题的，关键还在于法，即制度的建立。

但商鞅的变法实践则对韩非产生了极大的影响，《韩非子》一书中就有许多论述到商鞅的篇章，《定法》篇称："今申不害言术，而公孙鞅为法。术者，因任而授官，循名而责实。操生杀之柄，课群臣之能者也。此人主之所执也。法者，宪令著于官府，刑罚必于民心，赏存乎慎法，而罚加乎奸令者也。此臣之所师也。君无术则蔽于上，臣无法则乱于下，此不可一无，皆帝王之具也……公孙鞅之治秦也，设告相坐而责其实，什伍而同其罪，赏厚而信，刑重而必，是以其民用力劳而不休，逐敌危而不却，故其国富而兵强。然而无术以知奸，则以其富强也资人臣而矣……商君之法曰：'斩一首者爵一级，欲为官者为五十石之官；斩二首者爵二级，欲为官者为百石之官。'官爵之迁与斩首之功相称也。今有法曰：斩首者令为医匠，则屋不成而病不已。夫匠者，手巧也；而医者，齐药也；而以斩首之功为之，则不当其能。今治官者，智能也；今斩首者，勇力之所加也。以勇力之所加、而治智能之官，是以斩首之功为医匠也。二子之于法术皆未尽善也。"在此，韩非对商鞅的变法政策一方面给予了肯定，并且继承了下来；另一方面也提出了批评，其一是反对其单纯以军功任官的政策，治理国家不是只有"勇力"就能胜任的，而是要凭"智能"，即《韩非子》里多处提到的各尽其能各司其职。用今天的话说就是要用专业人才来治理国家，对此以往学人多有忽略，以为法家就只知道杀罚，这是只看到了法家否定旧制度的一面，却没有看到其建设新制度的一面。其二自然是对其不懂得用术的否定了，即以申不害的术治思想来改造、补充商鞅的法制建设。认为明君不但要以法治国，而且要以术治臣。在此，术并非只是阴谋诡计，而是任用、考察及管理贤能的组织策略。韩非的法制目的，就正是继承了商鞅"以刑去刑"的严刑思想，"公孙鞅曰：'行刑，重其轻者；轻者不至，重者不来，是谓以刑去刑'。"（《韩非子·内储说上·七术》）而韩非则明确地论述了法制的目的，"且夫重刑者，非为罪人也……是以上设重刑者而奸尽止，奸尽止，则上莫伤于民也"（《韩非子·六反》）。韩非在此对商鞅的以刑去刑思想给予了进一步的引申发挥。

　　要之，在商鞅那里只是变法的实际政策，到韩非这里则进行了理论的论证，商鞅等人的变法实践为韩非的法哲学提供了理论素材。

第四节　申不害

（公元前 400—前 337 年）

一　文献及传略

申不害，与商鞅同时，迟商鞅一年死。《史记·老庄申韩列传》称："申不害者，京人也。故郑之贱臣，学术以干韩昭侯，昭侯用为相。内修政教，外应诸侯，十五年，终申子之身，国治兵强，无侵韩者。申子之学，本于黄、老，而主刑名；著书二篇，号曰申子……申子、韩子皆著书，传于后世，学者多有。……太史公曰：……申子卑卑，施之于名实。……皆原于道德之意，而老子深远矣。"张守节正义云："阮孝绪《七略》云《申子》三卷也。"

《汉书·艺文志》称："《申子》六篇。名不害，京人，相韩昭侯，终其身诸侯不敢侵韩。"

《隋书·经籍志》称："梁有《申子》三卷，韩相申不害撰，亡。"

《旧唐书·经籍志》、《新唐书·艺文志》均有："《申子》三卷，申不害撰"的记载。

可惜都已失传，今天只能看到一些断章残篇，以及别的典籍中记载的一些事略，比较完整的就只有《群书治要》卷三十六所引的《大体》篇。此外尚有以下一些文献记载了申子的一些片断：

1. 《史记》：

《韩世家》、《李斯列传》。

2.《汉书·刑法志》。

3.《荀子·解蔽》。

4.《韩非子》：

《二柄》、《韩非子·内储说上》、《韩非子·内储说下》、《外储说左上》、《外储说右上》、《难三》、《定法》。

5.《战国策》：

《韩策一·魏之围邯郸》、《韩策三·谓郑王》。

6.《吕氏春秋·审分览·任数》。

7.《淮南子》：

《齐俗训》、《泰族训》、《要略》。

8.《论衡·效力》。

9.《艺文类聚》：

《天部上·天》、《人部三·言语》、《人部四·圣》、《刑法部》。

10.《太平御览》：

《天部二·天部下》、《地部二·地部下》、《人事部·言语》、《人事部三十一·言语》、《人事部四十二·叙圣》、《人事部四十三·叙贤》、《人事部七十三·慈爱》、《治道部五·

治政三》、《刑法部四·律令下》、《职官部十九·黄门侍郎》、《人事部九十一·权谋下》（另见《韩策三》）、《刑法部一·叙刑上》。

11.《意林卷二》有《申子》三卷。

由以上所列之文献来看，申不害是郑国京人，《史记·索隐》按：别录云"京，今河南京县是也"。《史记·正义》引括地志云："京县故城在郑州荥阳县东南二十里，郑之京邑也。"据钱穆《史记地名考》：京，在今河南成皋（旧荥阳）县东南①，是申子为今之河南人氏。其出身低贱，少时学黄老而尤长于刑名法术之学，所谓"本于黄老而主刑名"。《索隐》按："术即刑名之法术也。"《太平御览·刑法部一·叙刑上》亦云："申不害、韩非好刑名法术之学。"由此表明，申不害少时所学与一般的法家并无多大差别，由他后来的作为看，也不尽为"权术"之一面。否则如无真才实学，单凭权术固然能取悦于韩昭侯，然要达到"终申子之身，国治兵强，无侵韩者"，恐怕就不是那么容易的了。"索隐王劭按：纪年云'韩昭侯之世，兵寇屡交'，异乎此言矣。"这与前说并不矛盾，相反却证明了申不害为政之能力，所谓"兵寇屡交"正说明战事不断，"无侵韩者"实指无割地赔城之事发生。战国之际，一个国家完全没有战事发生倒是不可想象的，申不害虽不能为韩国开拓疆土，但是能做到终其身"无侵韩者"，也算一位有作为的政治家了。蒋伯潜云："韩为四战之国，而又积弱，十五年不被侵，已难能可贵矣。"然其对《索隐》所说的"兵寇屡交"的解释："乃申不害未相韩时之情形欤？"② 似有未尽

---

① 钱穆：《史记地名考》，商务印书馆 2001 年版，第 720 页。
② 蒋伯潜：《诸子通考》，浙江古籍出版社 1985 年版，第 234 页。

之处。

另据《史记·韩世家》："昭侯……八年，申不害相韩，脩术行道，国内以治，诸侯不来侵伐……十一年，昭侯如秦。二十二年，申不害死。"是申子相韩前后为十五年，然据钱穆考证，因昭侯元年误后四年（钱注：详考辨第七十一），因而申子相韩前后当得十九年（《先秦诸子系年·申不害考》）。

申子由郑之贱臣而为相，其从政之路正是战国时代士之阶层政治出路的典型，《史记·老庄申韩列传》称："申子卑卑，施之于名实。"钱穆以为"其言是矣"，"与往者商鞅吴起变法图强之事绝不类"（《先秦诸子系年·申不害考》）。其说或是，然尚有可论者。商鞅乃卫之贵族，"其祖本姬姓也"，尽管后来变法进行得是轰轰烈烈，直至以身殉国。然当其未遇之时，仍不得不在一宦者，如景监者流的面前低下他那高贵的头颅，以致二百年后的司马迁还有"商鞅因景监见，赵良寒心"之恨（《报任安书》）。并且商鞅在游说孝公之时，仍然先试以王道、帝道，最后才以霸道使孝公动容。这实在是中国文人显身扬名的唯一出路，即从政之历史命运使然，就连后来成为圣人的孔夫子也急于推销自己而不可得。这与古典的古代知识分子所具有的独立地位不同，他们可以以自己的学识而获得社会的尊重，为自己赢得不朽的名声。明白于此，就会明白中国几千年来之达官贵人莫不有其卑贱的一面。故申子之求仕也不见得有多么"卑卑"了，不过比别人更富于心计罢了。如《韩策一》所载：魏围邯郸，韩王问计于申不害，他不是自己直接回答韩王所问，哪怕是试探性的，而是让别人先说，然后微视王之所悦"以言于王"，由此使"王大说之"。其心计可见一斑。但这对于欲求仕以显名的士人，特别是出身卑微的下层士人而言，实乃不得不然之举，自无可厚非。

二　申子之学

申不害固然以术名世，但这并非其全部之思想内容。以往学人对申子似乎有两方面的误解：

其一，即视其术治思想为阴谋诡计之别称，由此视申不害为一大阴谋家，对其持完全否定的态度，如梁任公、郭沫若之看申子，大有深恶痛绝之感①。然而亦有截然相反之论者，王叔岷就认为："申子论法行法皆不失其正，此所以异于商鞅、韩非也。"又云："以商、申之残酷并称，盖不伦矣。……言刑罚峭峻之惨烈，以商、韩并称，是也。"②此说又似过之。

其二，即视申子之学为单一之权术家，而否认其法家之身份。笔者以为此二说皆有失公允，所谓"术"者，绝非阴谋权术之别称，不过是具体的执政方法，或者乃为政之策略耳，以今日的说法即所谓的工作方法而已。而且其所指的对象为各级官吏，其目的即为了防止这些官吏上蔽主而下虐民，法家的专制对象在官而不在民。③而申子之学固不能以术概之，尽管他以术名世。实际上申子之学是既重势又重法的，如，李斯就曾引申子之说，"有天下而不恣睢，命之曰以天下为桎梏"，以反对君主不能行督责之道，"专以天下自適也，而徒务苦形劳神，以身徇百姓，则是黔首之役，非畜天下者也，何足贵哉！"（《史记·李斯列传》）"恣睢"，《索隐》云："恣睢犹放纵也。谓肆情纵恣也。"《正义》云："言有天下不能自纵恣督责，乃劳身于天下若尧、禹，即以

---

① 参见梁启超《先秦政治思想史》，第 174 页；郭沫若：《十批判书》，第 349 页。

② 王叔岷：《先秦道法思想讲稿》，第 202、204 页。

③ 参见黄坚《思想门——先秦诸子解读》，中国长安出版社 2007 年版，第 137 页。

天下为桎梏于身也。"这表明申子亦有与韩非相近之主张，即治理国家不能单凭君主个人的亲躬力行，而要凭完善的规章制度，君主的职责只在于"督责"，如此，则君主自可以"放纵"，在此，放纵并非是纵情于声色，而是寄治乱于制度罢了，此正是上无为而下有为的法家家法。这在《吕氏春秋·审分览·任数》里有更进一步的发挥，"韩昭釐侯视所以祠庙之牲，其豕小，昭釐侯令官更之。官以是豕来也，昭釐侯曰：'是非向者之豕邪？'官无以对。命吏罪之。"有人问，君何以识之，原来昭釐侯在此猪的耳朵上做了记号，对此，申子是反对的，以为："何以知其聋？以其耳之聪也；何以知其盲？以其目之明也；何以知其狂？以其言之当也。故曰：'去听无以闻则聪，去视无以见则明，去智无以知则公。去三者不任则治，三者任则乱'"。三者，耳、目、心智之谓也，治理国家单凭个人的感官及心智是无济于事的。紧接着的一段话，实是对申子之意的引申和发挥："以此言耳目心智之不足恃也……古之王者，其所为少，其所因多。因者，君术也；为者，臣道也。为则扰矣，因则静矣。因冬为寒，因夏为暑，君奚事哉？故曰：'君道无知无为，而贤于有知有为，则得之矣'。"（《吕氏春秋·审分览·任数》）在此，"因"作为"君术"虽不是由申子直接提出来的，但却是由申子"三者任则乱"发展而来。司马谈在论道家时称："其术以因循为用"（《论六家要指》）；在论法家时往往称其：主刑名而"归本于黄老"（《史记·老庄申韩列传》），表明法家的因循之论正是由道家而来。对此，《慎子》在《因循》篇中作了更系统的阐述，但《吕氏春秋》在论述因循之说时，却是引用的申子之论。可见因循并非慎子一人之论，而是法家的基本家法，尽管慎子论述的更详细一些。在此，因即是利用客观规律，所谓"因冬为寒，因夏为暑"，并非在冬天制造寒冷、在夏天制造暑热，而是指在冬天做那些应在寒冷时做的事，棉袄是冬天穿的，扇子是夏天摇的。以往学人视术为君人南面之术，认为即是君主制御臣下的一些伎俩，多有贬义，几与阴谋诡计相类，并以申子为其核心人物。由此来看其说是不太全面的，君主制御臣下，自然是要有一定的办法的，但在申子看来，光凭君主个人的一些小聪明是不行的，还要根据客观规律，利用相应的规章制度才能达到国家的大治。

依上所述，申子之学虽有术的成分，但亦有势和法的成分，甚至比术的成分还多一些。而其之所以被认为是重术一派之法家，似乎是其论势与法的部分也是以术的形式显现的。申子之学的中心就是君主对臣下的控制，而对民的控制也包含在其中。治臣者以术，治民者以法、以势，但因其都是在上者对在下者的统治，故给人以重术的印象。所谓术与法者，按韩非的解释就是："术者，因任而授官，循名而责实，操杀生之柄，课群臣之能者也，此人主之所执也。法者，宪令着于官府，刑罚必于民心，赏存乎慎法，而罚加乎奸令者也，此臣之所师也。君无术则弊于上，臣无法则乱于下，此不可一无，皆帝王之具也。"（《韩非子·定法》）由此可以看出，君治臣者，以术，臣治民者，以法。臣之行法，正是以君之行术来保证的；而这两者都不能以君主的个人之智来实施，而是必须以相应的制度来保证，此即是势。申子是反对君主单凭个人的小聪明来实行对臣下的统治的，因而申不害主张君主要假装糊涂、装聋作哑，从而隐藏个人的好恶和行事之意图，由此使臣下不能通过窥视君主的意图而行私，其目的正是要臣下秉公执法而不敢心存侥幸。这可能正是申不害之被人诟病为阴谋家的原因吧。但实际上此正为法家所谓"圣人不亲细民，明主不躬小事"（《韩非子·外储说右下》）思想的具体运用。因而梁任公"术治主义者，亦人治主

义之一种也"① 的观点，似乎有欠周详。陈柱先生就认为："梁
启超《先秦政治思想史》论法家，以术家为专尚秘密则误矣。"②
诚然也，斯论。具体来看，申子之学的内容包含以下几个方面。

（一）专君御臣

加强君主的绝对权力而制御臣下，这是法家思想的核心，也
是其论政的首要出发点及根本目的，申子自然不例外，如《大
体》篇起首就说："夫一妇擅夫，众妇皆乱。一臣专君，群臣皆
蔽。故妒妻不难破家也，乱臣不难破国也。是以明君使其臣，并
进辐辏，莫得专君。"（《群书治要》卷三十六）整部《大体》篇
都是以此展开的。君主制御臣下要"并进辐辏，莫得专君。"就
是要以君主为中心，车轮之条辐是要围绕着君主这个车毂转的，
而不能是相反的，条辐不能辐辏于车毂，国家这个车轮就不能
转动。在此，君主的权力是否能够得到顺利的行使、是否具有
绝对的权威，是关乎国家兴亡的大事。至于城高池险则根本无
济于事，"今人君之所以高为城郭，而谨门闾之闭者，为寇戎
盗贼之至也。今夫弑君而取国者，非必逾城郭之险，而犯门闾
之闭也。蔽君之明，塞君之听，夺之政而专其令，有其民而取
其国矣"（《大体》）。城池并非都是由外部攻破的，被臣下所专
即"夺之政而专其令"更可怕，所谓"祸起萧墙"是也，法家
的全部努力都在于要避免这种悲剧的发生，但这单凭君主个人
的一己之明是根本无法实现的，因而必须有一套完整的规章制
度才行。

（二）上下有别的无为而治

君主对国家的统治其根本在于"行督责之道"，而不是事必

---

① 梁启超：《先秦政治思想史》，第 175 页。
② 陈柱：《诸子概论》，中国书籍出版社 2006 年版，第 119 页。

亲躬的勤政行为。否则拘泥于个人的才智以治理国家，实乃"以天下为桎梏于身也"（《史记·李斯列传》）。道家一贯反对人为的规章制度对人身的束缚，反对圣贤的忠孝仁义的伦理道德对人心的约束，主张归于自然的天放。但由于缺乏具体的实行办法，因而其无为而无不为的无为之治，就只能是一种政治的乌托邦而已。但申子（包括慎到）却以上无为而下有为的理论解决了这个矛盾。"明君如身，臣如手；君若号，臣如响；君设其本，臣操其末；君治其要，臣行其详；君操其柄，臣事其常……有道者，不为五官之事，而为治主，君知其道也，官人知其事也。十言十当，百为百当者，人臣之事，非君人之道也。"（《大体》）"故曰君道无知无为，而贤于有知有为，则得之矣。"（《吕氏春秋·审分览·任数》）也就是说君主只负责总的治国大政，而具体的实施则由臣下负责。简而言之，道家的无为而治的思想是经过黄学的中介实现的，这其中，法家的申子、慎到上承黄老而下启韩非，从而最终实现了道家提出的无为而治的治国理想。

（三）顺应客观趋势以否定个人之智

这种上无为而下有为的治国理想如何达成呢？这就是道家因循思想的具体运用，在申子这里即是"因"的观念："镜设精无为，而美恶自备；衡设平无为，而轻重自得。凡因之道，身与公无事，无事而天下自极也。"（《大体》）因，即根据、凭借、利用；镜、衡，即客观之标准。所谓"因冬为寒，因夏为暑"（《吕氏春秋·审分览·任数》），就是根据或利用冬天的寒冷、根据或利用夏天的暑热，以从事于应该在寒冷或暑热之时所做之事。为人君者，自不必挨个去评判人之美丑，也不必亲自去掂量物体之轻重，给一面镜子、一杆秤，则美丑、轻重自得。具体到对臣下的督察，不必也不可能亲自挨个的去考察其为政的好坏，而是制定出官吏应尽的职责、定好评判的标准以及不达标准的处罚规定，则人君之治臣就自然清静而不困扰了，即《大体》篇之"凡因之道，身与公无事，无事而天下自极也"。御臣之术自然是需要人，但不能仅凭借君主人个人之智，而是要依赖于相应的规章制度，术需法和势而行。

（四）循名责实的御臣之术

所谓装聋作哑隐藏自己的意图不使臣下知之，不过是为了避免臣下窥视上之意图而行私，但其目的则在于"行督责之道"。然而又怎样来"行督责之道"呢？这就是循名责实的策略。如《大体篇》所云："为人君者，操契以责其名。名者，天地之纲，圣人之符。张天地之纲，用圣人之符，则万物之情，无所逃之矣。……名自正也，事自定也。是以有道者，自名而正之，随事而定之也……昔者尧之治天下也以名，其名正，则天下治。桀之治天下也亦以名，其名倚而天下乱。是以圣人贵名之正也。"而，所谓君之本、要、柄，就是君主所设之治国法规；臣之末、详、常，就是对这些法规的具体运用。前者为体，后者为用。所谓"天地之纲"、"圣人之符"者，就是执政的根据，即治国之大法，法规既定，则臣下就不能上蔽主而下虐民以行其私了。只要"为人君者，操契以责其名"，则"名自正也，事自定也"，国家就自然得以大治。

（五）法之公正性、统一性及客观性

所谓循名责实、所谓规矩权衡、所谓客观标准，其实质就是相应的法律及为政之规章制度，"《申子》曰：'君必有明法正义，若悬权衡以称轻重，所以一群臣。'又曰：'尧之治也，盖明法察令而已。圣君任法而不任智，任数而不任说。黄帝之治天下，置法而不变，使民安乐其法也'"（《太平御览·刑法部四·律令下》）。"申、商以法强秦、韩也。"（《盐铁论·申韩》）"申子曰：

'法者见功而与赏，因能而受官。'"（《韩非子·外储说左上》）由此可以看出，申子论政，并非单只以术，法正是人君御臣以术的具体内容和保证，否则以何进行督责，所谓"因"者，即法也。所谓"明法正义"、"规矩权衡"、"一群臣"。概而言之，即法的公正性、客观性和统一性。分而言之："明"，其一是法要明布于天下，即要公布出来，使天下之人都能了解；其二是法之条文要明确、清楚。"正义"：正者，端正也，所以有"政者，正也"（《论语·颜渊》）之说。"义者宜也"（《礼记·中庸》）之论，即要合乎人情、世故；规矩权衡，即是法的客观性，在此，它只是一个比喻，以规矩权衡的标准性来比喻法的客观性，如以此视法家为商品经济之理论代表，是过于拘泥于字面的意义了。"一"者，即统一、一致，一既是动词，又是名词。由动词而言，就是要将群臣都纳入法的规范以内；由名词而言，法只有一个标准，中国古语谓之"王子犯法与庶民同罪"，古典的古代谓之，法律面前人人平等。不过法在申子这里没有具体展开（文献所限），或者说法是以术的形式表现的，因而后人只看到其行术的一面。

三　申不害之影响

申不害与慎到都是由道而法的重要过渡环节，申不害的术，慎到的势，都对韩非产生了很大的影响，韩非作为法家的集大成者，对他们的批判继承是其重要的组成部分。《韩非子·定法》篇云："今申不害言术，而公孙鞅为法。术者，因任而授官，循名而责实，操杀生之柄，课群臣之能者也，此人主之所执也。法者，宪令著于官府，刑罚必于民心，赏存乎慎法，而罚加乎奸令者也，此臣之所师也。"韩非不但概括了商鞅与申子的思想特征，而且对法与术的区别进行了更为精确的理论概括。并且结合韩国当时的历史背景，对申不害的施政方式进行了分析。

申不害当时所处的环境即是"晋之故法未息，而韩之新法又生；先君之令未收，而后君之令又下"。申不害的失误即在于"不擅其法，不一其宪令则奸多。故利在故法，前令则道之，利在新法，后令则道之，利在故新相反，前后相悖"。其结果就是"虽十使昭侯用术，而奸臣犹有所谲其辞矣……法不勤饰于官之患也"。韩非认为申不害的主要不足在于，君主对臣下的控制只停留在具体的权术运用上，而没有一套行之有效的根本法规使其不得为非。事实上申子是意识到了这一点的，如他对昭侯在祭祀时嫌猪太小让换一头，而臣下仍以原来的那头来搪塞因而获罪一事（《吕氏春秋·审分览·任数》），就持反对的态度。认为人君固不能以己之耳目视听天下，所谓"耳目心智之不足恃也"。于是他提出了"因"，即顺应客观规律以为治的思想。对这个"因"，他也提出了具体的措施，就是：御臣之法度，"主要是指任用、监督、考核臣下的方法"[①]，即他对韩王所讲的"法者见功而与赏，因能而受官"（《韩非子·外储说左上》）。所谓申不害好权术，不过是后人对其为政的概括，在申子本人则少见其论"术"者，而是对法的重视，如"君必有明法正义，若悬权衡以称轻重，所以一群臣也。又曰：尧之治也，盖明法察令而已。圣君任法而不任智，任数而不任说"（《太平御览·刑法部四·律令下》）。"故吴子以法治楚、魏，申、商以法强秦、韩也。"（《盐铁论·申韩》）在此，申子之行法是与吴起、商鞅同列的。且其行法也是取得了一定成效的，起码对韩昭侯是起了一定影响的，如《韩非子·二柄》所载：韩昭侯醉而寝，典冠者加之衣，昭侯醒，悦，问之，答曰，典冠。"君因兼罪典衣，杀典冠。其罪典衣，

---

① 杨宽：《战国史》，第197页。

以为失其事也,其罪典冠,以为越其职也。"(王先慎注曰:"乾道本,杀作与。意林与作杀是也,今据改。下文越官则死,不当则罪,是其证。"引者按,王说恐非,一者,"兼罪典衣与典冠",文通义顺,两者一同论罪是也,而罪与杀,不当用兼字。兼字是并列关系,而罪,杀则是递进关系;二者,下文固然有"越官则死"句,但其为另一段文意,不当相连。而紧接上句则明言,"其罪典冠,以为越其职也"。如按王说,此当为"其杀典冠";三者,以人情论,典冠亦不当杀之,罪之足矣。此或后世之恶法家者,故意改之,以抒其愤耳。)

此篇可能经过韩非的加工,固不必为申子之本来面貌,所谓"不得越官而有功,不得陈言而不当。越官则死,不当则罪",正是韩非之本色。不过由此也可以看出,韩昭侯所受申子为法的影响,其不受申子(仕从兄以官)所请,亦可证之。

然其为人处世多以心计也是事实,如前述他行说韩王时,以赵卓、韩晁为先,然后"微视王之所说,以言于王",受大成午之托以说韩王,遂收"两赵"、"两韩"之利以及既劝韩王以法,又请仕从兄以官(《战国策·韩策一》,《韩非子·内储说上》、《内储说下》、《外储说左上》),等等。因而,"托万乘之劲韩,七十(顾广圻曰七十有误,或当作十七)年而不至于霸王者",固不必均为申子之过,其中自有昭侯及整个国情之因素。但申子没有处理好新法与旧令之关系,没有将循名责实以法给以制度化,也是其相韩十七年而不能霸王的原因之一。此亦可能与申子之世故有关,所谓新法旧令本自相矛盾耳,在此,或以新法,或以旧令,当齐一划之,而申子可能正利用了这一矛盾,以利计之左右为说,在上者法既不一,则臣下亦可左右为说。按韩非之主张应有统一之法来规范,法既定就不能以实际利益来左右,这也与现代法律之以程序公正为先相类似,因而对韩昭侯之罪典衣而杀典冠，韩非是非常赞赏的，笔者甚至以为这正是韩非的意思，否则果能如此，韩王何愁不能王霸天下。按韩非的理想，臣下的言、事、功必须统一，言大于功固罪，然而功大于言亦罪，何则，"不当名也，害甚于有大功"（《韩非子·二柄》）。名实相符这是法家最重要的思想，也是于今最有意义之思想。或过或不及都有罪，都得罚，因此韩非对申子的"治不逾官"是赞成的，"谓之守职也可"；但对其"虽知弗言"则持反对之态度，认为"是谓过也"，因为"人主以一国目视，故视莫明焉；以一国耳听，故听莫聪焉。今知而弗言，则人主尚安假借矣?"申子的不足之处正在于没有将循名责实的政策以法的形式固定下来。就韩非而言，言不能越职，但也不能明明是职责所在，却因为怕担责任而不言，不准乱言，亦不得不言，要以言之，即说你该说的。后之文人及今之学人均看不到这一点，或以为昭侯罪典衣可也，杀（罪）典冠则过矣，实则典冠之功，正典衣失责之过也。典冠之功出之偶然，典衣之过则为必然，典冠之罪正在于以偶然之功掩必然之过，赏典冠是将政寄之于偶然之善也。必然之过既绝，则不需偶然之功。此举的另一层意思即在于杜绝臣下结成朋党以蔽君而行私，臣下相互掩饰其过，则官必不治，官不治则上蔽主而下虐民，害莫大焉。因此法家理想的为官之政就是官吏各司其职、各尽其责。

　　韩非正是吸取了申不害的教训，对其循名责实的君人之术，以法为中心进行了一番改造，从而形成一种客观的必然之势（此正是他对慎到的势治论的继承），因而韩非敢夸口，"故明主者，不恃其不我叛也，恃吾不可叛也，不恃其不我欺也，恃吾不可欺也"（《韩非子·外储说左下》）。治理国家而单凭个人的小权术是根本靠不住的。

第五节　慎到

（公元前 350—前 275 年）

一　文献及传略

因慎子不曾为某一诸侯之相、佐，只不过战国之一处士，故其传略较申子更为简略，以下所列为其行略及学说之大概篇目：

1.《史记》：

《田仲完世家》、《孟子荀卿列传》。

2.《汉书·艺文志》。

3.《战国策·楚策二》。

4.《庄子·天下》。

5.《孟子·告子章句下》。

6.《荀子》：

《非十二子》、《天论》、《解蔽》。

7.《韩非子·难势》。

8.《吕氏春秋·审分览·慎势》。

9.《淮南子·道应训》。

10.《盐铁论·论儒》。

11.《群书治要》卷三十七。

12.《艺文类聚》：（有条目 8，今择其要列于下）

《人部一》、《人部六》、《刑法部》。

13.《意林卷二》。

14.《旧唐书卷一百四·列传第五十》。

15.《新唐书·艺文志》。

16.《太平御览》（有条目34，今择其要列于下）：

《皇王部一》、《居处部十二》、《职官部六十四》、《兵部七十九》、《人事部七》、《人事部四十二》、《人事部七十》、《人事部七十一》、《礼仪部二》、《礼仪部三十》、《治道部十四》、《刑法部四》、《舟部一》、《资产部十》、《兽部十九》、《鳞介部五》、《虫豸部四》。

17.《意林卷二》有慎子十二卷。

以下为记载慎子行略之文献：

《史记·田仲完世家》、《史记·孟荀列传》、《吕氏春秋·审分览·慎势》、《汉书·艺文志》、《盐铁论·论儒》。

慎到之行年虽多有难定之处，但由以上文献所记来看，似乎也能表示个大概：慎到，赵人，尝为齐宣王时之稷下先生，学黄老道德之术，并以此为其理论基础，著书立说论天下治乱之事"以干世主"（《史记·孟荀列传》），虽列为上大夫，然为"不治而议论"（《史记·田仲完世家》）之学者，固不能与申、商作为王侯相佐之实际执政者相提并论。因而其行略亦多不如那些相佐们的清楚，就慎子其人来看，一是先申韩的问题，二是《孟子》、《楚策二》所记之为鲁将及为楚太子傅的问题；就其书来看，《史记》、《汉书》皆言有四十一二篇，今传五篇而已。

（一）先申韩，申韩称之

据《先秦诸子系年》考证，其生卒年为公元前350—前275年（《诸子生卒年世约数》），据此当晚于申子（公元前400—前337年，据《先秦诸子系年》），然《吕氏春秋·审分览·慎势》高诱注及《汉书·艺文志》班固自注皆言：先申韩，申韩称之。对此，梁启超、侯外庐都没有提，而著有《慎懋赏本"慎子"辨伪》的慎子学权威罗根泽，在其另一篇考辨慎子身世的名著《慎懋赏"慎子传"疏证》中也认为："慎到生年亦不可考，然知为齐宣王时人。"① 王叔岷亦称："慎到固与庄子同时盖略年长耳。然其生卒年亦不敢确定也。"② 明确持否定态度的是胡适和钱穆。胡适称："《汉书》云：'慎子先申韩，申韩称之。'此言甚谬。慎子在申子后。"③ 但可惜无具体之论证。钱穆在其《慎到考》中明言："按《盐铁论》，慎子以湣王末年亡去，则慎子辈行犹较孟子稍后，岂得先申子？"但郭沫若对此则有不同看法，他指出，近时学者以《盐铁论·论儒篇》，齐湣王末年，慎到亡去为证，以其时慎到尚存，固当后于申子。但"亡去"二字，既可作逃亡解，亦可作去世解。又据班固之说："是应该以后解为妥当的。"据此，则齐湣王时，慎到固已去世。由此则"其说殆可信。慎到既与孟子同时，则当然能为申不害所称引"。④ 总的来看，否定者与肯定者的理由都不充分，均为推测之言。钱说的立论基础是老子后出说，"其实慎到为稷下学士，尚在前，老聃韩非道德刑名之说自在后。汉人误认老子在孔子前，遂若慎到学老子，而韩非采慎到。"（《慎到考》）此说固自矛盾，既认慎到为稷下学士，

---

① 罗根泽：《诸子考索》，人民出版社1958年版，第525页。
② 王叔岷：《先秦道法思想讲稿》，第178页。
③ 胡适：《中国哲学史大纲》卷上，第303页。
④ 以上见郭沫若《十批判书》，第350页。

又认老子后出，是慎到之学与黄老无关，而稷下之学固以黄老为主，此则为学界所认同。再则，主刑名而本黄老，非韩非一人耳，申子亦然，韩非固在其后，但问题的关键是慎子与申子谁在先的问题，按钱说，这个问题仍然不明。按郭说，也有类似的问题，就以其说，亡去当死去解，但死于齐湣王什么时候，在湣王立以前死，也是亡去，在其在位时死去，亦是亡去，固难定之。而就今日所见之慎子与申子之学来看，似乎也看不出谁称谁了，如韩非之称申、慎、商之确然者。再者，文献所谓先申韩者，亦非司马迁、班固所记，而为后人之注疏，亦不明其所本，因此只有存疑了。

（二）《孟子·告子下》、《楚策二》慎子为鲁将及楚太子傅事

此二说不见于其他典籍，按治史之惯例而言即为孤证。就慎子为鲁将一事言之，除郭沫若外，今之学人多采焦循之说，以为固不足信。而实际上焦说亦不过推测之言。其文云："慎子曰：'此则滑厘所不识也'。"赵注："滑厘，慎子名"。此由何来，不得而知。然焦循则据此推演开去："厘与来通。《诗·周颂·思文》，贻我来牟，《汉书·刘向传》作，'饴我厘麰'是也。《尔雅·释诂》云：到，至也。《礼记·乐记》云：物至知之，注云：至，来也。到与来为义同。然则慎子名滑厘，其字为到，与墨子之徒禽滑厘同名。或以为慎子即禽滑厘，或以为慎子师事禽滑厘，称其师滑厘不识，皆非是。"（《孟子正义·告子下》）钱穆称："今按焦说是也。"（《先秦诸子系年·慎到考》）而按焦说，是《孟子》所记之慎子，应称作慎滑厘，即"申韩称之"之慎到，与另一禽滑厘非一人。是钱穆认为，"鲁欲使慎子为将军"，乃实有之事。不过一战胜齐，"孟子特假为之说耳，非必鲁将慎子，必以伐齐取南阳为帜志也"（《先秦诸子系年·慎到考》）。郭沫若亦认为"其说殆可信"。在此，且不论鲁确拟议慎子为将否，

单就焦循之推导过程而言，是先假定此慎滑厘即为彼慎到，故有厘与来通，到与至通，至与来通，故厘与到通之说，即厘→来；到→至；至→来；厘→到。笔者一直以为此正中国训诂学之牵强附会处，所举各典籍之间有何必然关系，"贻我釐麰"，或可读作"饴我来牟"，但与到又有何关系。《尔雅·释诂》释到为至，但至却并非"到"一字之义，《尔雅·释诂》云："迄、臻、极、到、赴、来、吊、艐、格、戾、怀、摧、詹，至也。"以此而言，慎滑厘亦可称之为，慎滑来、滑到、滑吊、滑格，等等，云其为到者，是先假定此滑厘即慎到，故心向往之的缘故。否则"贻我釐麰"既可读作"饴我来牟"，何不干脆读作慎滑来呢。退一步看，就算厘可以训为到，那也应是慎滑到，为何在此又不用到了，仍称作滑厘，而却以到为其字，说什么慎滑厘为名，字"到"云云。法家者流于军事自有一番研究，前有吴起、商鞅为证，故此，慎子或亦曾被鲁议立为将，然当别有所据，单以字面解之，恐不足据。

至于慎子曾为楚太子师傅一事，罗根泽先生认为："《国策》此段似有问题……即可信从，其所谓慎子亦非慎到。梁玉绳《汉书人表考》曰：'《战国策》有慎子，为襄王傅；鲁亦有慎子，见孟子；此与庄惠并列，则非此人也。'良然。"[1]钱穆亦持否定态度，不过所据之理论根据则以慎懋赏之《慎子》所引，慎氏的《慎子》其书既伪，其中所记之事自然亦伪，此也未必。因《战国策》所谓慎子为楚太子傅，并非慎氏自己所伪造，不过引以为己说之根据耳。不能因慎懋赏的伪《慎子》引用了《战国策》的内容，就连《战国策》本身也否定了。钱穆之说如下：慎子为楚太子傅"今亦见慎氏书。按怀王入秦为周赧王十六年，其时齐湣

王之二年也。岂慎子遂以其时为楚襄傅乎？校其年代尚无不合，惟慎氏书显系钞撮伪造，不足据。《史记正义》云：'慎子，战国时处士'，亦不以为楚王傅"（《先秦诸子系年·慎到考》）。值得一提的是郑良树，引钱说的前半段，"校其年代尚无不合"，认为钱氏"有顷襄王师傅慎子即慎到的倾向"。[①]　而没有看到后句"不足据"，看来是对钱说的误读了。王叔岷对钱说持赞同的态度，"盖是，故《史记》不载"。[②]　由此看来，对于慎到当楚顷襄王为太子时曾为其师傅一事，学人持否定之态度者居多。

要以言之，天下重名重姓者何其多也，自古依然。因此，非待有确实之证据，固不必非要讨论出个所以然来，存疑可也。

（三）《慎子》其书

据《史记·孟荀列传》，《正义》云："《慎子》十卷"，著十二论；《集解》徐广曰："刘向所定，有四十一篇"；《汉书·艺文志》为《慎子》四十二篇，《吕氏春秋》高诱旧注也为四十一篇，清毕沅据《汉书·艺文志》改为四十二篇。其中称十二论者，可能是以内容而言；称十卷、四十一或四十二篇者，可能以书之结构而论。然究其实，今已不可考。《隋书·经籍志》有"《慎子》十卷"；两唐书《经籍志》有"《慎子》十卷，慎到撰，滕辅注。"《宋史·艺文志》有"《慎子》一卷，慎到撰"。是至宋时，《慎子》已所存无几了。

今所见之《慎子》只有五篇，且不全，其通行者，为清钱熙祚辑存的《守山阁丛书》本《慎子》七篇，即今《诸子集成》所用之版本。钱氏以《群书治要》为主，"更据唐宋类书所引，随文补正"，不但增补了《知忠》、《君臣》两篇，而且对原有之五

①　郑良树：《商鞅评传》，第 183 页。
②　王叔岷：《先秦道法思想讲稿》，第 175 页。

篇也多所订正，并且保留并增加了一些佚文附于其后，"虽不能复还旧观，而古人所引，搜罗略备矣"（《慎子跋》）。罗根泽称其"书虽非伪，而断简残编，亦非秦汉旧观"。① 但"这是慎到目前所能看到比较可靠的著作了"。② 也是今天我们所能见到的最好的版本了。

二　慎到之学

主刑名而归本于黄老，这是司马迁对慎到之学术思想最确当的概括了。今学人多以为，慎到是由道而法的过渡人物，这已成学界之共识。"他的思想具有道法两方面，但其法家思想却是由道家的天道观导出的"③。本黄老，即道家之影响；主刑名，即法家之转化。

（一）道家之影响

1. 齐万物之天道观

《庄子·天下》："彭蒙田骈慎到……齐万物以为首，曰：'天能覆之而不能载之，地能载之而不能覆之，大道能包之而不能辩之，知万物皆有所可，有所不可，故曰选则不遍，教则不至，道则无遗者矣。'"

天地虽大，仍然有其偏颇，万物也固有其自身之能为，亦有其所不能为，此即万物之本质。有所选择则有所不选者，即不遍；有所教化，则有教化不到之处，如忠孝仁义，有施予者，有受于者，人都愿意接受别人对己施予的忠孝仁义，但却不愿意对

---

① 罗根泽：《诸子考索》，第 511 页。

② 郑良树：《商鞅评传》，第 181 页。

③ 侯外庐等：《中国思想通史》第一卷，人民出版社 1957 年版，第 601 页；另参见罗根泽《诸子考索》，第 523 页；胡适：《中国哲学史大纲》卷上，第 306—307 页；王叔岷：《先秦道法思想讲稿》，第 177 页。

的一种共识，各家所异者不过在于怎样解决这个矛盾的方法上，儒家要分等级以礼，"先王恶其乱也，故制礼义以分之，使有贫富贵贱之等，足以相兼临者，是养天下之本也"（《荀子·王制》）。法家则要齐之法，不论贵贱只要为国耕战就可富贵。要使民不争已不可能，要使民退回到不争的那个时代也不可能了。唯一可行的就是顺应民之好富贵而恶贫贱的本性，使之为国而耕战。

人的贪婪本性即是天道，而所谓"因则大，化则细"，就是因人之自为的本性，化而为具体的为国耕战之法规制度；将王霸天下的大业，化而为个人富贵的唯一途径。《慎子·民杂》云："民杂处而各有所能，所能者不同，此民之情也。大君者，太上也，兼畜下者也。下之所能不同，而皆上之用也。是以大君因民之能为资，尽包而畜之，无能去取焉。是故不设一方以求于人，故所求者无不足也。"人之本性固然好富贵而恶贫贱，但每个人的所能不同，求富贵之途径各异，对富贵的理解也不同。国家不可能具体照顾到各个人的不同要求，也不可能具体服务于个人的富贵之业，而只能制定一套总的制度，在为国耕战的"大"前提下，去实现个人的不同富贵要求。因则大，大者，成功多；化则细，细者，功小而不胜其劳。如，他要栽树，你要种草，故多以为扰。因此，因则大，其实质是化细为大，所谓利出一孔、政出一途者。

因此，法家不但不抵制民之趋富贵之竞争心，反而竭力鼓励。倒是那些不争富贵的圣贤隐士是法家所不取者，所谓"不受禄者不臣，禄不厚者，不与人难。人不得其所以自为也，则上不取用焉"（《慎子·因循》）。只有将君主的王霸大业落实于个人追求富贵之贪欲本性，才可以使民视其为个人之事，而非外在于己之强制，"故用人之自为，不用人之为我，则莫不可得而用矣"。

于是秦国之民皆"勇于公战，怯于私斗"（《史记·商君列传》），秦国后来之所以能统一天下，这是其中一个重要保证。

3. 上下有别之无为而治

《慎子·民杂》云："君臣之道，臣事事而君无事，君逸乐而臣任劳，臣尽智力以善其事，而君无与焉。仰成而已，故事无不治，治之正道然也。"（以下未标出处者，皆出于此）这是直接由天道及因循以为用之说发展而来，"大道能包之而不能辩之。知万物皆有所可，有所不可"（《庄子·天下》）。有所可，故为君，有所不可，故不能为臣。故圣明的君主应该因民之自为之心，设制度以为必然之势，使臣下"准上而比于下"（《慎子·威德》）。否则"人君自任，而务为善以先下，则是代下负任蒙劳也，臣反逸矣"。不但如此，由于人君处于具体的事务之中，因此也不能全面掌握大局，相反"有过，则臣反责君，逆乱之道也"。

"君之智，未必最贤于众也，以未最贤而欲以善尽被下，则不赡矣。"这正是社会分工越来越细的现实对统治形式的要求，"百工之事，固不可耕且为也"（《孟子·滕文公上》），何况治天下然。社会分工越来越细，必然要求统治的形式也越来越趋于专业化，就以国家制度的设立而论，也不是君主自己想当然就可以的。国君只要责成有关部门及各级官吏各负其责就行了。

退一步看"若使君之智最贤"，也不胜其劳，《史记·秦始皇本纪》云："天下之事无大小皆决于上，上至以衡石量书，日夜有呈，不中程不得休息。"后人多以此为秦早亡之原因而罪法家，此诚误法家也。秦始皇之所为正是法家所一贯反对的，法家的理想之治正是在上者以制度成必治之势而无所事事。"是以人君自任而躬事，则臣不事事，是君臣易位也。谓之倒逆，倒逆则乱矣。人君苟任臣而勿自躬，则臣皆事事矣。是君臣之顺，治乱之分，不可不察也。"韩非后来进一步发展了慎子的这种势治理论：

"是以圣人不亲细民，明主不躬小事……故国者，君之车也；势者，君之马也。无术以御之，身虽劳，犹不免乱；有术以御之，身处佚乐之地，又致帝王之功也。"（《韩非子·外储说右下》）

4. 反对个人私智及忠孝的道德教化

以上所论上下有别的无为而治，是对国君的个人私智的否定。而在下者又如何施政呢？仍然不能凭个人之私智，而是必须以法为制度，形成一种客观之标准。《慎子·威德》称："今也国无常道，官无常法，是以国家日缪。教虽成，官不足，官不足则道理匮，道理匮则慕贤智，慕贤智则国家之政要，在一人之心矣。"在此，"常道、常法"即是法规制度；"教"者，即所谓的忠孝之类为官施政的道德教化；"官不足"者，非官的数量不足也，而是道德教化不足以约束这些官吏也，或曰这些官吏均达不到为官之道的要求；"道理匮者"，即民安居乐业的社会之治难以达成者；由此故"慕贤智"，贤智者，即今日所谓觉悟高有才干者；这些贤能之智在何处体现呢？"则国家之政要，在一人之心矣。"而何以"以一人之心"呢？这就是法制的确立，"法虽不善，犹愈于无法，所以一人心也"（《慎子·威德》）。慎子之法制学说在下面再论。在此，先看其对忠孝之说的反对，《慎子·知忠》："然则孝子不生慈父之家，而忠臣不生圣君之下。故明主之使其臣也，忠不得过职，而职不得过官……官正以敬其业、和顺以事其上，如此，则至治已。亡国之君，非一人之罪也，治国之君，非一人之力也。将治乱，在乎贤使任职而不在于忠也……治乱安危，存亡荣辱之施，非一人之力也。"

老子云："六亲不和，有孝慈；国家昏乱，有忠臣。"（《老子·第十八章》）慎子对忠孝的反对，正是对此说的引申，所谓忠孝，不过是相对于不忠孝者而言的，而实际上正是由于众多不忠孝之人的存在，才显示出忠孝的可贵，或曰，乱世显忠臣，败家显孝子。故忠孝的产生环境非乱世即败家，忠孝的作用既无用于救世，也无益于兴家，不过徒显个人之名罢了。在此，慎子对忠孝的反对实际上也是对个人私智的否定，所谓"亡国之君，非一人之罪也，治国之君，非一人之力也"。天下的治乱，都不是几个忠孝之人所能影响的。所以在慎子看来，只要官吏都能奉公守法，尽职尽责，国家就自然可以达到大治了。

不但如此，慎子还对忠进一步进行了界定："治国之中，显君之臣，非独能尽忠也。治国之人忠不偏于其君"（《慎子·知忠》）。忠并非只是对君主个人而言，无原则地满足君主个人的意愿，即"诛赏予夺从君心出"（《慎子·君人》），而是更含有对法律制度的忠诚，"故明主之使其臣也，忠不得过职，而职不得过官……将治乱，在乎贤使任职而不在于忠也"（《慎子·知忠》）。这后一个忠即指对君主个人而言，如后来汉武时之杜周，"专以人主意指为狱"，且振振有词："三尺安出哉？前主所是著为律，后主所是疏为令，当时为是，何古之法乎！"（《史记·酷吏列传》）后人亦将此罪过算到法家头上。法家强化君权不假，然而其本质却试图以制度的确立对君主的行为给以约束，所谓"忠不得过职，而职不得过官"，就是对政由心出的一种限制，在此，职官即是制度所规定的职责范围。因此，忠的实质，用今天的话讲就是忠于职守。这个思想在今日之中国也未必能为人所信守，由此亦更见慎子及法家思想之价值。

5. 立君为民之国家观

古往今来之文人学士每以刻薄寡恩论法家，究其实，即在于法家强化君权的专制思想。但实际上法家的专制对象之重点在官而不在民，因为就对民的统治而言，先秦诸子皆然，不独法家。但在如何对待官吏上，儒家则寄希望于其忠孝仁义的道德自律，根本没有可操作性；法家则试图以法齐之，这就有了操作的可能。其差别在于，儒家只知治民；而法家是官与民齐而治之。儒家视君如父，视民如子，而由于父子关系的自然之别，则民的被统治之地位永不得改变。而在法家这里君主实际上即国家，对君主权力的强化实际上是对国家权力的强化，无论君、官、民，概齐之以法。法固为君所立，然既立之后，虽君亦必守之，至于实际上能否做到是另一回事，在中国历史上可能也只有法家在理论上提出了立法与行政的分别（详见下，慎子论法）。其出发点正在于法家对人治主义的反对，而对客观标准之法的向往。慎子认为："古者，立天子而贵之者，非以利一人也。曰，天下无一贵，则理无由通，通理以为天下也。故立天子以为天下，非立天下以为天子也；立国君以为国，非立国以为君也；立官长以为官，非立官以为长也。法虽不善，犹愈于无法，所以一人心也"（《慎子·威德》）。天道无形，必由人来化而行之，而人乃群而聚之，必有领头者，否则"天下无一贵，则理无由通"，理者，道行于万物之本质及规律（见《韩非子·扬权》、《解老》之论"理"）。因而天下必有天子，国必有君，官必有长。在此，官者，行政部门及其职能也，长者，部门之负责人也。在此官与长之论述尤为重要，所谓天子、国君者，固非一般人所能想见。对一般国民而言，也只能在官这一层面一争短长了。所谓"立官长以为官，非立官以为长也"这一思想，实在是对官本位的一种反动，即使今天看来也不失为一种先进的思想，可惜被后来几千年之封建官僚制度消解得无影无踪了。

所谓国家职能，无非政治上的统治与经济上的调节而已，对政治职能的强调是诸子的共性，法家不过直接予以强调而没有饰以父子温情的面纱而已。然而明确提出立天子以为民、立君以为国的侧重经济调节职能的国家观念，则是别家所少有的。在此天子、国君及官长的主体地位均被消解了，而被客体化为国家及行政的代表而已。由此也就彻底否定了人治主义的政治形式，而代之以法的客观形式。官作为一种行政职能机构，也就决定了它对长官意志的否定。官的职能在于"理"民，理者，顺民之性以为治也。而不是满足官长私欲的工具，由此，官长对官的职能的执行就只能施之以法。因而国君、官长，被国家、官府取代，最终落实于客观之法。"法虽不善，犹愈于无法，所以一人心也。"（《慎子·威德》）这实在是千古不二之真理。

（二）法家之转化

1. 法之客观化

胡适在论述慎子的这一思想时称："中国法治主义的第一个目的只要免去专制的人治'诛赏予夺从君心出'的种种祸害，此处慎到虽只为君主着想，其实是为臣民着想，不过他不敢明说罢了。"① 这实在是深得慎子思想核心的不刊之论。何以不敢"明说"？这正是由中国文明的"早熟"性所决定的，奴隶制国家一开始就没有经过小私有制的充分发展过程，因而就没有发达的以财富私有为基础的国民阶级，而是由家族直接进入到了国家。以财富私有为基础的国民阶级，即侯外庐所称之为"显族"者，是到了春秋战国之际才在氏族统治的框架内，渐次发展起来的，其阶级力量是先天不足的，由此也就不可能具有自己的阶级意识，即对本阶级的经济利益、社会地位、历史使命的感觉、意识。卢卡奇指出："阶级意识……是变成为意识的对阶级历史地位的感觉。"② 也就是说国民阶级的发展还不足以提出明确的旨在维护本阶级利益的革命主张，即把自己阶级的代表推到最高统治者地

---

① 胡适：《中国哲学史大纲》卷上，第307页。
② ［匈］卢卡奇：《历史与阶级意识》，杜章智等译，商务印书馆1992年版，第133页。

位的观念，如前述古罗马城邦的市民与贵族所进行的斗争。在此情况下就只能依靠君主，即国家来间接地实现其理想。因此法家对君主实即国家权力，即法的强化，也暗含着对其个人权力给以约束的思想观念，其目的正在于对政由心出的人治主义的反对。正是因此，法家才以规矩权衡的客观量化来形容法的公正平等，否则以手揣定轻重、以目测定短长必然无公正、平等可言，由此，立公去私就成了法家基本的思想。这方面的论述，在慎子那里是很多的，如《慎子·佚文》（《意林》《御览》卷四百二十九）、《慎子·威德》、《慎子·君人》、《慎子·君臣》、《太平御览·刑法部四·律令下》、《艺文类聚·刑法部·刑法》等文献所载。

　　具体而言有这样几个方面：

　　其一，立法与执法的分别，立法之权在君，即"以道变法者，君长也"。道即老庄之天道，以道变法，即根据道居万物之上，至公无私，又便施恩泽于万物而不言的特性而设立法制。法既立，官吏就得严格以法行事，"以死守法者，有司也"。（以上《艺文类聚·刑法部·刑法》）由此可见，法之难行，其阻力却是来自于上者，执法者损害的是氏族贵族的既得利益，且执法者所能依靠的不是受益的国民，而是国君的支持，一旦支持的国君去世，则他们不免要以身循法，如吴起、商鞅者然。按慎子的意思，君主最好不要亲自执法，所谓"大君任法而弗躬，则事断于法矣。法之所加，各以其分，蒙其赏罚而无望于君也，是以怨不生而上下和矣"（《慎子·君人》）。任法者，就是由既定之法制机构去处理有关法律的事务，弗躬，即不要亲自过问、干涉。这是非常难得的思想，表明了法家对人治主义的坚决反对。

　　其二，就是国君也要一断于法，而不能只以个人的好恶为政，更不能行私，法既定之后，就连国君自己都要遵守，否则

"君舍法，而以心裁轻重，则同功殊赏、同罪殊罚矣，怨之所由生也"（《慎子·君人》）。孔子以君君臣臣、父父子子为教，对君的要求就是如父对子般的仁爱之心，这是典型的政由心出，但以什么保证此仁爱之心的公正呢？孔子要分之以礼，所谓爱有差等。在上者永远在上，处下者亦永远处下。相比起来，法家齐之以法而有实际的等级贵贱之分，就要合理得多，在法面前，贫贱者亦可升而为富贵者，所谓一断于法，颇有法律面前人人平等的意思。"民一于君，事断于法，是国之大道也"（《太平御览·刑法部四·律令下》）。君固然有至高无上的权威，但却不能滥用这个权威，而必须事断于法，依法行政。

其三，立公去私。"法之功莫大使私不行，君之功莫大使民不争，今立法而行私，是私与法争，其乱甚于无法……故有道之国，法立则私义不行，君立则贤者不尊"（《太平御览·刑法部四·律令下》），但"民杂处而各有所能，所能者不同，此民之情也"（《慎子·民杂》）。因此不争是不可能的，为君之道在于怎样解决其争端，从而达到不争的大治社会。解决的办法就是设立能照顾到国民普遍需求的政治制度。去私，一方面在于限制和打击执法者以权谋私；另一方面也在于国民不同的具体需求，任何制度都不可能满足每一个社会成员的每一个具体需求，而只能取其共同的需求一面。"法虽不善，犹愈于无法，所以一人心也……故著龟，所以立公识也；权衡，所以立公正也；书契，所以立公信也；度量，所以立公审也；法制礼籍，所以立公义也。凡立公，所以弃私也。"（《慎子·威德》）在此，几乎包括了政治制度的各个方面，公识者，社会普遍之价值观；公正者，法律制度；公信，经济上之契约；公审者，商业上之计量；公义者，社会之普遍的伦理道德规范。在这里，所谓立公之公都是具体的制度，而非儒家天下为公之抽象概念。

而立公去私是以制度的客观化为保证的，人心是靠不住的，所以慎子在此特别强调规矩权衡的客观标准作用，"有权衡者，不可欺以轻重；有尺寸者，不可差以长短；有法度者，不可巧以诈伪。"（《慎子·佚文》、《意林》《御览》卷四百二十九）《庄子·天下》说慎子："夫无知之物，无建己之患，无用知之累，动静不离于理，是以终身无誉。故曰：'至于若无知之物而已，无用贤圣，夫块不失道。'豪桀相与笑之曰：'慎到之道，非生人之行而至死人之理，适得怪焉。'"话虽刻薄，却也道出了慎子的基本思想特征。慎子去私，就是要约束个人的利己之小聪明，所谓"死人之理"也可以看作是对利己之小聪明的否定。荀子说慎子"蔽于法而不知贤"（《荀子·解蔽》）又说慎子"上则取听于上，下则取从于俗，终日言成文典"（《荀子·非十二子》），此正慎到之学的价值所在，慎子固专注于法律制度的建设，"文典"者，法典也，亦客观之标准的成文法。荀子论政以为"有治人，无治法"（《荀子·君道》），无非是担心执法者出于其私而枉法，但以什么保证执法者即为治人呢？荀子的诘难可能在慎到之时固已有之，所以慎到反驳道："法虽不善，犹愈于无法"，所谓两害相衡取其轻，法总比"诛赏予夺，从君心出"要好。

2. 使人自为

上所言慎到之因循，使民自为，而不为君，如此民"则莫不可得而用矣"（《慎子·因循》）。而自为的动力即在于对利的追求，因此慎子认为求利乃民之本性，无可厚非，其说云："匠人成棺，不憎人死，利之所在，忘其丑也。……家富则疏族聚，家贫则兄弟离，非不相爱，利不足相容也。"（《慎子·逸文》）在此，无所谓道德上的好与坏，利使之然也。其最著名的就是众人逐兔之说："今一兔走，百人逐之，非一兔足为百人分也，由未定。由未定，尧且屈力，而况众人乎？积兔满市，行者不顾，非不欲兔也，分已定矣。分已定，人虽鄙不争。故治天下及国，在乎定分而已矣"（《吕氏春秋·审分览·慎势》）。可见，民之争于利固不必怕，只要有相应的制度以确定各自的应得之份，则社会自然大治。所谓定分，一是确定其等级名分，这是就社会地位而言；一是确定其应得财富之所属，及取得财富之途径，这是就经济利益而言。而定分的标准即客观之法律制度。在此，法并不明确判定兔之所归，而只需明言，逐之者得之，则民自会趋之若鹜也，这正是使民自为，"则莫不可得而用矣"的实例。

3. 势论

"势"，在慎子这里固有权势的一方面，但也有客观趋势的一面。一般学人只看到前者，而往往忽视了后者。"故腾蛇游雾，飞龙乘云，云罢雾霁，与蚯蚓同，则失其所乘也。故贤而屈于不肖者，权轻也，不肖而服于贤者，位尊也。尧为匹夫，不能使其邻家，至南面而王，则令行禁止。由此观之，贤不足以服不肖，而势位足以屈贤矣。故无名而断者，权重也，弩弱而矰高者，乘于风也，身不肖而令行者，得助于众也。"（《慎子·威德》）此说亦见于《韩非子·难势》，文字稍异，意思一样。这里的势，固为权势，但权势实际上包含着两层意思，一是可以执政之权利；一是能够执政的权力。因而所谓权势并不限于君主个人执政的权力，而是包含着一切能保证君主"令行禁止"的政治制度在内，权力是以制度保证的，并非只凭其处于高位就能达到"令行禁止"的程度。周天子位尊以王天下，然而却屡次被人问鼎。君主的个人权力，不过其个人意志的法律认可而已，能不能得到执行，则更要凭其制度来保证。因此即是就权势而言，它的重点亦在于后者的势，即制度的保证，而不在于权力本身。权力者，行使权利之力量也。因此，对慎到的势，不应只着重于君主执政的个人权力这一方面，更要看到其背后制度的保证这一方面。

　　然而，慎到之势，尚有非权势的一面："河之下龙门，其流驶如竹箭，驷马追弗能及。"（《太平御览·地部五》）"离朱之明，察毫末于百步之外，尺水不能见浅深，非目不足，其势难睹也。"（《太平御览·人事部七》）"公输子巧用材也，不能以檀为瑟"（《太平御览·乐部十四》）。"燕鼎之重乎千钧，乘于吴舟则可以济。所托者，浮道也。"（《太平御览·舟部一》）

　　以上之势，固非权势之势，而是事物之本质、发展趋势及其客观规律，如公输子虽巧，不能以檀为瑟，檀木虽为木之贵者，然而却不能为琴瑟，因为琴瑟之材非梧桐之木不能为，此势即为本质之意；再如河之下龙门、离朱之明不能见尺水之深、千钧之鼎得舟则浮（《韩非子·功名》："千钧得船则浮，锱铢失船则沉，非千钧轻而锱铢重也，有势之与无势也。"）等等。这些都与君主的权势无关，如果要用一个概念来表述的话，那就是趋势，即事物发展的趋势。在此慎子是说得非常清楚的："亡国之君，非一人之罪也。治国之君，非一人之力也。……故廊庙之材，盖非一木之枝也。粹白之裘，盖非一狐之皮也，治乱安危，存亡荣辱之施，非一人之力也。"（《慎子·知忠》）

　　可见天下之治乱、国家之兴亡，是由众多因素所构成的，以及这些因素形成的发展趋势所决定的，而非君主一个人所能决定，固然君主在这其中有起着重要作用。处桀之世，虽尧不能治；处尧之世，虽桀不能乱，势使之然也，固非某个明君或一两个忠臣所能改变。慎到的这一思想后来就被韩非所继承并发扬光大。郭沫若认为"韩非才正是一位极端的势治派"，[1] 不过他是由反面看韩非的权势思想的，以为韩非的目的就是要设立一套统

---

[1]　郭沫若：《十批判书》，第375页。

治的制度使中庸之才亦能统治天下。[①] 不过郭沫若也因此正道出了韩非思想的核心部分。实际上这正是慎到、韩非等法家思想的可贵部分，其本意就在于客观的政治制度的建立，而不依赖于君主的个人之智，郭沫若以为韩非将人都当作坏蛋，但是，"民法的产生就是因为人们用新的方法、用不同的方式去做坏事"。[②] 恩格斯亦指出："贪婪乃是文明从它的第一日起以至今日的动力。"[③]"正是人的……贪欲和权势欲成了历史发展的杠杆。"[④] 而先秦诸子各家也都认为，正是为了防止天下之民因贪欲而起的争斗才制定了礼法。事实上法家（韩非）设想的制度主要还是针对"中人"的，孔子和盗跖者流毕竟是少数，孔子以仁义说天下，追随者不过七十人，而真正能奉行的也就孔子一人而已（《韩非子·五蠹》）。因此，依赖人的道德意识是根本无法实现天下大治的理想的。专制不仅仅是法家的专利，先秦诸子哪家不在提倡，差别只在于如何实行而已。就是被侯外庐称作具有国民阶级自觉的平等意识的墨家，[⑤] 却是专制主义思想的理论渊薮。郭沫若就以为："韩非个人在思想上的成就，最重要的似乎就在于把老子的形而上观，接上了墨子的政治独裁的这一点。"[⑥] 然而郭沫若只不过不喜权术者流，如申韩，但对真正的法家，如商鞅、慎到者，其论是非常精确的："纯粹法家以富国强兵为目标，他们所采取的是国家本位，而不必一定是王家本位。他们的抑制私门是

① 郭沫若：《十批判书》，第 371 页。

② ［法］孟德斯鸠：《论法的精神》上册，张雁深译，商务印书馆 1961 年版，第 287 页。

③ 恩格斯：《家庭、私有制和国家的起源》，人民出版社 1954 年版，第 170 页。

④ 恩格斯：《路德维希·费尔巴哈和德国古典哲学的终结》，《马克思恩格斯选集》第四卷，人民出版社 1972 年版，第 233 页。

⑤ 侯外庐等：《中国思想通史》第一卷，第 197 页。

⑥ 郭沫若：《十批判书》，第 366 页。

想把分散的力量集中为一体以谋全国的富强，人民虽然受着严刑的压迫以为国家服役，但不必一定为一人一姓服役，因而人民的利益也并未全被抹杀，人民的大部分确实是从旧时代的奴隶地位解放了。商君正是这种法家成功的代表"，而慎到也是这种"纯正的法家"。① 笔者以为这是对法家最公允的评价，也是对中国历史的最科学的论断。可惜的是他不能将这个看法用于整个法家。如果全面地看，韩非固然有郭沫若不喜欢的主张权术的一面，实际上其思想核心还是对慎到的势治理论的继承和发展。

要而言之，慎到的善于势的理论，既有权势的一面（其中也含有客观的制度的一面），更有客观之趋势的一面，而这后一方面才是势治理论的核心。

三　慎到之影响

作为由道而法的主要过渡者，慎子的思想主要就是法、势、因任自然的无为而治。他以规矩权衡将道改造成法，以法克服了道的抽象的自然法则性，而以权衡赋予法以客观性。主张君主要以客观标准的法顺应百姓的自然之性来治理国家，而反对"诛赏予夺从君心出"的主观之治，即人治主义的统治方式。所谓"有权衡者，不可欺以轻重；有尺寸者，不可差以长短；有法度者，不可巧以诈伪"，就被韩非多次引用："故审得失有法度之制者加以群臣之上，则主不可欺以诈伪；审得失有权衡之称者以听远事，则主不可欺以天下之轻重。"（《韩非子·有度》）在慎到这里，规矩权衡即法的客观性还只是限于经验现象的表述，而到韩非那里则进行了哲学高度的论证（《韩非了·主道》、《韩非了·解老》）。他的势的理论对韩非的影响尤其重要，在慎子这里势的权

①　郭沫若：《十批判书》，第 344、351 页。

势与客观之趋势似乎还没有统一起来，他虽然认识到了天下的治乱固非一人之力，也提出了对忠孝的否定，以及忠臣对国家兴亡毫无意义。但是在如何形成这个客观的政治制度之势上，并没有具体展开（可能是因其《十二论》不全于世之故吧），韩非在此基础上则将其发展成了一种以法为标准，以循名责实为手段的人为之势，即客观的规章制度，从而使官吏上不能蔽主、下不能欺民。

综上所述，法家的演变经历了一个由实用法学家到实践的法家，再到理论的法家，即法哲学的发展过程，亦即经历了一个由实践到理论的发展过程。实用法学家李悝的《法经》和尽地力的农业政策；实践的法家吴起的立信、尽地力、否定氏族贵族的特权及精兵简政等思想；商鞅的法；申不害的术和慎到的势等都给了韩非以理论材料的准备。韩非法哲学的基本内容，在这些前期法家的实践中都已出现并在实际施行中了，韩非正是在对这些实践经验进行理论总结的基础上，进行了系统的论证，从而形成了他的法哲学。

富国强兵和尊主卑臣，这是法家学派的中心思想和共同倾向，但在前期法家的变法实践中，因为要解决实际的政治问题，因而富国强兵的成分多，而发展到韩非这里则是强化国家的权力更多一些。

这正是由多政向一政转化的历史条件所决定的，氏族统治既然不能被突破而代之以公共的权力机构，那么为了结束混乱的局面就只有强化国家的中央集权了。

第六节　法家之理论特征

一　自然天道观的理论基础

《史记》在评论法家人物时都说他们"归本于黄老"，可见法家与道家的关系是非常密切的。在道家以前，中国古代的天纯粹是"有意识的人格神"，[①]故其天道含有很大的宗教成分。道家则将其发展成了一种哲学的本体存在，扬弃了其中的宗教成分，而将其还原为宇宙的最初本源，即纯粹是自然的天。它不但独立于人的意志之外，而且整个世界都臣服在它的脚下，它产生世界万物，世界万物都是它的具体化的产物，但却没有什么产生它。法家的理论基础正是由此而来的。法家认为在人类社会之上还有一个独立的存在并由它主宰着，因而人类社会的一切行为都要以它为准则，而不能由人的主观意志出发。《韩非子》就说得很清楚："道者，万物之始，是非之纪也。是以明君守始以知万物之源，治纪以知善败之端。"（《韩非子·主道》）"道者，万物之所然也，万理之所稽也。理者成物之文也，道者万物之所以成也……万物各异理而道尽稽万物之理。"（《韩非子·解老》）"古之牧天下者……因道全法……以道为舍……治之至也。"（《大体》）世界万物是无限的杂多，而道则是一，一生万物，万物体现着一。以此为基础，法家以独立于人的主观意志之外的法，作为治理社会的客观标准，法即是一，人类社会的各种行为是无限的杂多。人心各异理，而道，即法则"尽稽"万人之理，即用一个客观的统一标准来规范社会。"故欲成方圆而随其规矩，则万事之功形矣。而万物莫不有规矩……圣人尽随于万物之规矩……则事无不事，功无不功。"（《韩非子·解老》）法即是道在人类社会的体现，一个规矩可以划出无数个方圆来，法即是人类社会的规矩，圣人执规矩就"尽稽万物之理"。

由此可见，法家以客观标准的法来治理社会，以防止政由心出的政治偶然性的思想，正是由道家的自然天道观发展而来的。

---

① 梁启超：《先秦政治思想史》，东方出版社1996年版，第23页。

道的以一御多的客观性，构成了法家以法的客观性治理纷乱复杂的人类社会的法制思想的理论基础。同时道还有事物的规律性的含义，所谓"万物莫不有规矩"，这里的规矩即含有规律的意义，"圣人尽随于万物之规矩"，就是顺应事物的自身规律。法家治国是特别强调顺应人性而治的，对富贵的追求即是人的主要本性之一，因而圣人治国就要顺应和利用人的这种自私自利之心，使其为国而耕战。

要之，法家将道家的天道改造成了人类社会的法，自然法则变成了社会法则，并以此为中心形成了它的理论体系，即对自然天道观的逐步引申。

二 法制的公平原则和统一标准

这是直接由道家的自然天道观发展而来的。道既然是客观的独立的，作为它在人类社会的体现的法，也应是客观的独立的，而不应随人的意志而随意改动。法家由此出发强调法制的公平原则和统一标准，奖励耕战是法家思想的重要内容，而这就必须具有一个统一的和公平的法制标准。法家是坚决反对政由心出的偶然之治的，慎子说"君舍法而以心裁轻重，则同功殊赏，同罪殊罚矣，怨之所由生也"。因为人心是无止境的，没有一个统一的标准，就难免使"受赏者虽当，望多无穷，受罚者虽当，望轻无已"（《慎子·君人》）。这就自然会产生混乱，因而要"官不私亲，法不遗爱，上下无事，唯法所在"（《慎子·君臣》）。商鞅则坚决主张壹赏壹刑，即赏罚都要有一个统一的标准，"夫释权衡而断轻重废尺寸而意长短，虽察，商贾不用，为其不必也"（《商君书·修权》），因而要"夫民力尽而爵随之，功立而赏随之"（《商君书·错法》），"壹刑者，刑无等级，自卿相将军以至大夫庶人，有不从王令，犯国禁，乱上制者，罪死不赦"（《商君书·

赏刑》)。韩非也说"刑过不避大臣，赏善不移匹夫"(《韩非子·有度》)。"释法术而任心治，尧不能正一国，去规矩而妄意度，奚仲不能成一轮"(《韩非子·用人》)。法制标准既经制定就不能随意改动，它的客观性就决定了它的公平原则，既然要奖励耕战，就得以功而赏，以过而罚，对谁都一样。法与人的社会行为，正如权衡尺寸与轻重长短的关系一样。轻重长短是任意的，但一经权衡尺寸的称量则莫不相等，人的社会行为尽管是随机的，但要以法来齐，则莫不划一，即"明主使其群臣，不游意于法之外，不为惠于法之内"(《韩非子·有度》)，法成了赏功罚过的唯一尺度。

所谓"范天下之不一，而归于一"(《说文解字》)。司马迁称法家"不别亲疏，不殊贵贱，一断于法，亲亲尊尊之恩绝矣"(《史记·太史公自序》)。这正是指法的公平原则和统一标准而言的。

三　人性论中的重利主义特征

法家的人性论不空谈性恶性善的问题，而是由社会生活的实际出发来看待人的本质特性，它以为人是生而自私自利的，人与人之间就是一种经济利害关系。在义利关系问题上，它同儒家的重义轻利相反，是侧重利的一边的，商鞅就曾明言："吾所谓利者，义之本也。"(《商君书·开塞》)因而，卖棺者欲人死，卖车者盼人富贵，并非前者性恶，后者性善，利使之然也(《韩非子·备内》)。人间之爱心，莫过于父母之爱子女了，然而生男则相贺，生女则杀之，这同样是"虑其后便，计之长利也。故父母之于子也，犹用计算之心以相待也，而况无父子之泽乎?"(《韩非子·六反》)故而君主与臣民就更是一种利害关系了，君主利在王霸大业，臣民利在富贵，"且臣尽死力以与君市，君垂爵禄以与臣市，君臣之际，非父子之亲也，计数之所出也"（《韩非子·难一》）。这里不存在什么忠不忠，仁不仁的问题，既然都是一种利害关系，故君不仁，臣不忠却正可成就王霸大业（《韩非子·外储说右下》）。英明的君主就要利用臣民的自私自利之心，使其为国而耕战，即以爵禄奖励耕战。

四 客观的势治主义对人治主义的否定

正由于人与人之间都是一种经济利害关系，因而法家就坚决反对儒家的那套人治主义的治国方式，即以忠孝仁义的道德说教使人向善及依靠个别的圣贤之智。在法家看来人都是自私自利的，而要使其从主观上克制它而利人是根本不可能的。商鞅就曾明言："仁者，能仁于人，而不能使人仁。义者，能爱于人，而不能使人爱。是以知仁义之不足以治天下也……圣王者，不贵义而贵法，法必明，令必行，则已矣。"（《商君书·画策》）韩非则云：孔子以仁义教天下，所服役者只有其七十列徒，而真正能奉行的普天之下也只有孔子自己而已，所以治国"不乘必胜之势，而务行仁义，则可以王，是求人主之必及仲尼，而以世之凡民皆如列徒，此必不得之数也"（《韩非子·五蠹》）。因而法家论政就重在政治制度的完善，而不在主观的道德向善上，即"不恃人之为吾善也，而用其不得为非也。"（《韩非子·显学》）由此，法家论政就要形成一种客观之势，使国家秩序能够以法制得到规范。在法家看来对国家的治理，在于对中人即普通大众的规范。圣贤不用治理也不会危害社会，恶人也只是少数，对此的打击也很容易，而关键则在于将广大的一般民众都纳入法制的轨道。一般人既成不了圣贤，也不至于沦为恶人，因而只要处理好了这些普通人，国家就自然会得到治理。故法家强调一种必然之势，而坚决反对人治主义政由心出的偶然性，即单凭圣贤之智和忠教仁义的道德教化和修养。因而法家的势治主义就不单是指君主的权威这一自然之势位，而是以法制为中心的完整的政治制度这一人为之势，"吾所以为言势者，中也。中者，上不及尧舜，下亦不为桀纣，抱法处势则治，背法去势则乱。今废势背法而待尧舜，尧舜至乃治，是千世乱而一治也。抱法处势而待桀纣，桀纣至乃乱，是千世治而一乱也"（《韩非子·难势》）。而儒家的圣贤之智及忠孝仁义等道德的自我完善却正是"千世乱而一治"的政治，何则，人不尽为尧舜，也不都能以忠孝仁义自律，因而乱就是必然的了。相反法家的势治主义就是要以法制为中心，建立起一套完整的政治制度，从而形成一种必然之治的环境和氛围。在此，势即类似于围棋中的厚薄之势的势，具体而言就是以循名责实的方法，对官吏进行治理，使其上不敢蔽主，下不敢贪渔百姓；而以赏功罚过的方法，将百姓都驱入为国耕战的道路之中；而以重轻罪，即以刑去刑的严刑峻法的方法维护社会治安。

因此，法家的法制原则就呈现出一种客观性、必然性和适用对象的普遍性的理论特征。

五　氏族统治方式之余绪

法家虽然与氏族贵族具有不可调和的矛盾，如吴起和商鞅的被害，及韩非所论述的法术之士与当途之人的势不两立（《韩非子·孤愤》），故主张对他们进行严厉的打击。但由于中国私有制的发展未能冲破氏族外壳，因而法家所反对的只是氏族贵族的统治者，而对于氏族统治的国家形式，则是肯定的。表现在其理论体系中就是对嫡庶之别和父子尊卑关系的肯定上，申不害的《人体》篇就特别强调这一点，法家的集大成者韩非也仍然没有摆脱它的影响，从而使法家思想表现出明显的氏族余绪的痕迹。韩非在论亡国的征兆时，就以"国小而家大"、嫡庶和妻妾不别、太子与庶子轻重颠倒作为重要特征，故其在论政治时就特别强调嫡庶的尊卑关系，"无尊妾而卑妻，无孽嫡子而尊小枝。无尊嬖臣而匹上卿，无尊大臣以拟其主也"（《韩非子·说疑》）。在此，正是以嫡庶、妻妾之尊卑关系来喻君臣关系的，所谓尊主卑臣，正是尊嫡卑庶在上层建筑中的反映。儒家虽然讲"亲亲之杀"，但三纲五常的源头则在法家，即"臣事君，子事父，妻事夫，三者顺则天下治，三者逆则天下乱，此天下之常道也"（《韩非·忠孝》），所不同者，儒家以礼来保证，而法家则以法来维护，并且更加直截了当。

六 自上而下的论政方式及专制的经济观

由此就决定了法家的政治理论都采取了自上而下的论证方式，法家思想的中心内容就是尊主卑臣，而富国强兵的最终目的亦在此。它虽然承认人们追求财富的合理性，但并非由保护私有财产的所有权出发，并进而要求相应的政治权利，在这一点上法家同先秦其他诸子一样，都没有提出公共的权力机构，即选举执政官的理论，因为没有这样的经济基础。国家的经济和政治生活都要由在上者，即君主来安排，诸子之间的差异主要表现在如何安排上。对此法家的经济观就是一个很好的证明，法家固然承认人们追求富贵的合理性，但却要将它完全控制在为国耕战的范围内。富贵要来自于国家赏赐的爵禄，而爵禄的唯一途径即是耕战，商鞅和韩非称之为"利出一孔"。其他一切与此无关的私有经济都在打击之列，如对工商技艺之人的打击。韩非就曾明言："功伐可立而爵禄可致，爵禄致而富贵之业成矣。"（《韩非子·六反》）"夫驯鸟者断其下翎，则必恃人而食，焉得不驯乎？夫明主畜臣亦然，令臣不得不利君之禄，不得无服上之名……焉得不服。"（《韩非子·外储说右上》）甚至主张凡不为君用者，都在诛杀的范围以内（《韩非子·外储说右上》），在此根本没有自由的私有经济存在的余地，富贵既然来自于国家的赏赐，而却想以此要求什么政治权利，是根本不可能的。

七　急功近利的战时政策性特征

由于战争的现实需要，因而法家除了富国强兵以外，其他一切都被置于次要的地位。所谓"糟糠不饱者不务粱肉，短褐不完者不待文绣。夫治世之事，急者不得，则缓者非所务也"（先慎曰："粱当作粱。"《韩非子·五蠹》）。当时之所急者，就是如何富国强兵，至于其他一切学术文化及贤智之人的修养都是不重要的，因为它是很慢的功夫才可培养起来的，而富国强兵之所急者，在于对耕战之士的奖励，一切与此无关的都在"缓者非所务也"的范围内。一切文化都要视其有用与否，才能表现出其价值，"夫言行者，以功用为之的彀者也"（《韩非子·问辩》）。功用成了检验一切的标准，而不仅限于言谈，私有经济也同样，在战争环境下是没有存在的空间的，这不独古代，近现代亦然。

因而法家在表述其思想时，也同样表现出了这种急功近利的，即直接简明性特征，它没有什么玄妙之言，更没有什么空洞的说教，一切都重在实际问题的解决，故论述时也都清清楚楚，而且强调法律条文的制定一定要清楚详尽，不得产生歧义，因而法家思想的这种理论特征，就不是无意识的表现，而是自觉的规定，"书约而弟子辩，法省而民讼简，是以圣人之书必著论，明主之法必详事"（《韩非子·八说》），即不要让人去揣度，而务必使每个人一看就明白，同时也要对社会行为定出明确的法规，法律条文清楚和详尽，才会使法律过程简便，快捷，所谓"五里断者王"（《韩非子·饬令》），即事情在当地就可以解决，而不必申请上报而耽误时日。因此法家不但在其思想内容上坚决反对言而无实的文学、辩说之士，强调内容的实用性，认为"坚白无厚之词章，而宪令之法息"（《韩非子·问辩》），而且在理论的表述形式上也讲究言简意赅和直截了当。在此，理论和实际是正相统一的，即都强调实用。

八　学派晚出的理论综合性特征

黑格尔曾说："那在时间上最晚出的哲学系统，乃是前此一切系统的总结……将必是最丰富、最渊博、最具体的哲学系统。"[①]　就先秦哲学而言，法家正是这个最晚出的哲学系统。法家作为先秦诸子的最后一个学派，其发生、发展的时间并不太久远。而它之所以由一个新兴的学派，迅速发展壮大并占据了统治地位，除了具体的历史环境的因素之外，其他诸子的理论来源更是其直接的决定因素，它们为法家的发生发展从各个方面作了理论准备，法家正是在对道、儒、黄、名、墨、兵等诸子学说，进行批判继承的基础上发展起来的。故它能从正反两方面吸取它们的理论成果，从而建立起自己的学说。因而法家思想最显著的一个理论特征，就是它的批判性和综合性。如果同其他诸子比较一下就会看得更清楚了。其他诸子除了中国历史的特殊性所决定的共同特征，即自上而下的论政方式和氏族关系的余绪而外，对别家的继承都不如法家，它们都有自己固有的家法。而在法家身上则可以看到许多其他诸子的身影，如道家的自然天道观、因任自然的无为而治及对人治主义的否定；黄学由道而法的过渡和刑名学说；儒家的正名思想和贵贱等级制；墨家的尚同思想和社会功利观；名家的循名责实思想，兵家的赏罚、立信、一民、诈术，等等，这一切都被法家所综合吸收，然后以法为熔炉经过一番冶

---

①　黑格尔：《小逻辑》，商务印书馆1950年版，第66页。

炼，遂建立了自己的学说，在此，法作为一种治国的总原则，却是法家自家"拈出"的。①

　　因此，要想把握法家思想的独特本质，就得阐明法家与其他诸子学说的相互关系。通过与其他诸子的相互比较才能揭示出哪些是法家继承别人的，哪些是自己的，以及它们又是如何统一起来的，作为一个晚出的"哲学系统"它的独特贡献即在于此。

---

① 《上蔡语录》，程颢说：吾学虽有所受，"天理"二字却是自家拈出来。

第四章

法家对诸子的批判继承

第一节 法家与道家

一 道家对法家的影响

司马迁在论到法家人物时都要提到两个特征，一是刑名，一是黄老，如："慎到，赵人……皆学黄老道德之术，因发明序其指意"（《史记·孟子荀卿列传》）。

"申子之学本于黄老而主刑名……韩非者，韩之诸公子也，喜刑名法术之学，而其归本于黄老。"（《史记·老子韩非列传》）

故主刑名而本黄老，就成了法家的基本特征。它一方面标明了法家思想的学术特征；另一方面亦指出了法家思想的理论来源。在此，所谓黄老之老，即指老庄之学的原始道家，而黄老之黄，则是指由原始道家发展而来的一支新的道家学派①。丁原明认为：黄老之学"就是在老庄原始道家之外兴起的以'道'为究竟，而兼取百家之学的治国、治身学说"。② 在此，尽管黄学与

---

① 参见白奚《稷下学研究》，三联书店1998年版，第93页。
② 丁原明：《黄老学论纲》，山东大学出版社1997年版，第4页。

原始道家不同，或者是别一派学说，但都无法否认它与原始道家的联系，这从司马迁将其视为法家共同的理论来源也可以得到反证。本书为了行文的方便，称老庄之学为道家，称黄老之黄为"黄学"（黄学与法家，详见下章）。

具体而言道家对法家的影响主要表现在以下几个方面。

（一）自然天道观给法家提供了理论基础

道家认为在人类社会和世界万物之外，有一个独立的客体存在，它是自然而然的一个实在本体。世界万物正是道的具体形态，即道的客观化，或对象化的产物。而世界万物的发生、发展和变化也正是道的自身运动的结果。因此，道一方面具有本体论的意义，另一方面还有规律性的意义。《老子》曰："有物混成，先天地生，寂兮寥兮，独立不改，周行而不殆，可以为天下母，吾不知其名，字之曰道。"（《老子·第二十五章》）《帛书老子》甲乙本也有此文，文字稍异，然意思一样，可见"先天地生"的道的这种本体存在性是老子的根本观念，"独立不改，周行而不殆"，正表明了道是超然于宇宙之外的，而且自身是运动不止的，它流贯于世界万物之中，世界正是它运动变化的结果。事物的规律正是道的本身规定的显现，"大道泛兮，其可左右，万物恃之而生而不辞。功成不名有，衣养万物而不为主。常无欲，可名于小，万物归焉，而不为主，可名为大"（《老子·第三十四章》）。道生万物，万物复归于道，这都是自然而然地进行的。并非有一个有意志的人格神在那里主宰着世界，"不为主"即是此意。"道生之，德畜之，物形之，势成之。是以万物莫不尊道而贵德。道之尊，德之贵，夫莫之命而常自然。"（《老子·第五十一章》）世界万物既是由道主宰着，则人类社会也一样，这正是老子天道观的落脚处，老子并非为自然而自然，其目的则是要对混乱的社会寻求一个根本的解决办法，但由于私有财富在中国没有形成一种凌驾于社会之上的客体力量，因而道家只好将目光投向世界之外，试图以道来作为规范社会的价值标准。故胡适认为道家的天道观是由社会政治而成为自然哲学的，其目的则在于社会政治的根本解决①，这是非常正确的论断。

（二）主张因任自然的无为而治

由此出发，道家就反对一切人为的规章制度对人性的束缚，因为道家眼见当时多家为政的一个共同倾向，都是要加强对人的控制，而这正是社会动乱的根源。世界万物即是自然而然的道的显现，道无为而无不为。因而圣人治天下也要遵循道的规定，使百姓顺其本性以自治，而不要横加干涉，为政者的一切人为的控制都是违反道的规定的，如此为政就只能是越治越乱。以道治天下就是要因任自然顺民之性使其自治，即在上者的无为而治。"道恒无名，侯王若能守之，万物将自化……天地将自正。"（《老子·道经》帛书乙本）对此，通行本《老子》说得更清楚一些："道常无为而无不为，侯王若能守之……"（以下与帛书《老子》相同），明白地将"道恒无名"，阐释为"道常无为而无不为"（《老子·第三十七章》），并且明确提出了"人法地，地法天，天法道，道法自然"（《老子·第二十五章》）的政治原则。

（三）反对人治主义的圣贤之智

正因为道家坚决反对一切人为的制度对人性的束缚，而主张因任自然顺民之性以治天下，即使民自治。由此就必然对这些规章制度的制定者持一种否定态度。在道家看来，这些圣贤之智正是天下大乱的根由，所谓"天下多忌讳，而民弥贫。民多利器，国家滋昏，人多伎巧，奇物滋起，法令滋彰，盗贼多有"（《老子·第五十七章》）。在道家看来，原始社会的人是纯朴的，不知

---

① 胡适：《中国哲学史大纲》卷上，东方出版社1996年版，第44—45页。

有争斗，也没有那些对付争斗的规章制度。正是由于有了圣贤之智设置的各种制度，损害了人类的这种纯朴之性，人才变得奸诈起来，于是才有损人利己的事发生。因而要达到治世的目的，就要从根本上解决，否则圣贤之智发明的制度不但无助于治理，适足以为盗资，庄子就以一则寓言形象的说明了这个道理："故跖之徒问于跖曰：'盗亦有道乎？'跖曰：'何适而无有道邪？夫安意室中之藏，圣也；入先，勇也；出后，义也；知可否，知也；分均，仁也。五者不备而能成大盗者，天下未之有也。'由是观之，善人不得圣人之道不立，跖不得圣人之道不行。天下之善人少，而不善人多，则圣人之利天下也少，而害天下也多。"（《庄子·胠箧》）仁、义、勇、智、信，善人用来立身，盗跖用来为恶，故根本的解决办法就是消解人们的自私自利之心，也同时消除圣贤之智对此而设的各种防止办法。圣贤之智所设立的各种规章制度本是为了防奸，而盗贼连国而窃之，则这些却正可为盗贼所用。所谓"彼窃钩者诛，窃国者为诸侯，诸侯之门，而仁义存焉，则是非窃仁义圣知邪？"（《庄子·胠箧》）可见圣智只能防止小非，而对于大恶适足于为助尔。道家认识到了私有财富的发展是社会争斗的根由，所谓"货财聚，然后睹所争"（《庄子·则阳》），但私有制的发展还不足以使道家起来为其辩护，并由此而找到一条解决的途径，即法权形式和财富标准。因而就要从根本上否定私有财产和圣贤之智，所谓"不贵难得之货，使民不为盗"（《老子·第二章》）。"绝圣弃智，民利百倍，绝仁弃义，民复孝慈"（《老子·第十九章》）。所以，至治之世就是回到人的本初的自然状态。

（四）对忠孝仁义之道德说教的否定

与上述思想相适应，道家不但反对圣贤之智所设的各种制度，同时亦坚决反对它的道德说教。因为道家的乌托邦是人的自然状态，即无阶级差别的原始社会。在这种状态下，人与人之间本来就是和睦相处的，相亲相爱的，没有后来的那种复杂的社会关系和阶级矛盾，也就不需要那些忠孝仁义的道德说教。人类之所以要用道德说教来规范人性，就是因为人的本性的丧失。所谓"大道废有仁义，智慧出有大伪，六亲不和有孝慈，国家昏乱有忠臣。"（《老子·第十八章》。《帛书老子·道经》甲本："故大道废，案有仁义，智慧出，案有大伪。六亲不和，案有孝慈。邦家昏乱，案有贞臣。"《帛书老子·道经》乙本："故大道废，安有仁义。智慧出，安有大伪。六亲不和，安有孝慈。国家昏乱，安有贞臣。"其中甲本的"案"有，乙本为"安"有，甲本的"邦"家，乙本为"国"家，余则均同①。比较而言，今本《老子》之义为长。）仁义、孝慈等人与人之间的和睦关系，本来是人在自然状态下的固有之情，因其是自然而然的、普遍的，也就显现不出来它的存在，而现在却被当作一种难以企及的境界，原来是发自内心的自然之情，现在却要施以外部的教化，这些都表明忠孝仁义正是道德沦丧的产物，因而要用它来教人向善是根本不可能的。《庄子》讲得很明白："爱利出乎仁义，捐仁义者寡，利仁义者众，夫仁义之行，唯且无诚"（《庄子·徐无鬼》）。社会已经是私欲横流了，却要人以仁义利人而与己毫无好处，这是没有人能够做到的，人都等着别人来利己，而少有去利人者，因而仁义是根本行不通的。

　　总而言之，道家面对混乱的社会现状，正求一种根本的解决办法，以调节人与人之间的矛盾，使社会复归于正常，但由于中国历史的特殊性，使得它无法找到一个规范社会的价值标准，因

---

　　①　高明：《帛书老子校注》，中华书局1996年版，第450页（甲本），第462页（乙本）。

而就寄希望于自然法则，由此发明了自然天道观，其目的就正在于对社会问题的解决。所谓"天之道损有余而补不足，人之道则不然，损不足以奉有余"（《老子·第七十七章》、《帛书老子·德经》甲乙本，甲本较乙本缺文为多，以乙本与今本义近①）。由此，可见道家救世的苦心，即以自然法则来解决有余者同不足者的矛盾，然而自然法则是抽象的，它不能直接运用于社会。它的理论贡献就在于提供了一个独立的客体标准，并由此提出了因任自然顺民之性以为治的政治理论，至于自然法则如何运用于社会，无为而治又如何实现，等等，就要由法家去完成了。

二　法家对道家的批判继承

道法两家虽然一倡无为而治之说，一主循名责实之论；表面看起来似乎两不相涉，但深入地看，这两者却都有一个共同的特征，就是都试图建立一套客观的价值标准，以否定政由心出的人治主义政治。所不同者，在于道家否定现实而归于自然的天放；而法家则承认现状而归于社会的法制。法家把道家飘浮于空中的神人和真人重新拉回到了现实之中，而食以法制的人间烟火，使其具有了现实的可能性。具体而言，法家对道家的批判继承就主要表现在下列几个方面：

（一）由道而法的转化

道家以自然的天道作为规范社会的标准，但这个标准尽管是客观的，但却是抽象的，如何具体来规范社会，道家也并无具体的施行办法，因而只能归之于自然的天放。法家则以规矩权衡将自然法则的道改造成了社会法则的法，一方面克服了其自然的抽

---

① 陈鼓应：《老子今注今译》，商务印书馆2003年版，第406页（甲本），第421页（乙本）。

象性，另一方面则保留了其客观性，因而法，即是作为自然法则的道的社会显现。而其转化的过程则是经由黄学的过渡，再由慎到接其绪，而至韩非集其成。慎到是由道而法的过渡人物，这已成学界共识①，梁启超没有看到黄学的著作，今天看来，慎到以规矩权衡改道为法，正是上承黄学的余绪，而下开韩非之先河的。

　　要之，道家的自然天道观给法家的法制思想提供了理论基础，法家正是以道的自然性，来论证法的客观性，从而将自然法则变成社会法则，并以此为中心构成了它的理论体系。

　　（二）因任自然，顺人之性的无为而治

　　道家主张无为而治，反对一切人为的干涉，而要使民自治。但它却将人的本性视为近似于动物本能的自然属性，因而它的乌托邦就是要使民返回到原始的自然天放状态。法家继承了它反对人治主义的一面，但却改造了它的自然人性论，从而解决了使民自治的动力问题。法家的人性论完全是一种社会属性，在法家看来，对富贵的追求正是人的本性，人与人之间的关系主要的就是一种经济利害关系。因而它承认人们追求财富的合理性。英明的君主就要善于利用人们这种自私自利之心，使其自觉地为国而耕战。慎到讲"因循"，"因人之情也，人莫不自为也"（《慎子·因循》）。人之情，即是喜富贵而恶贫贱，君主只要提供了致富之道，则民自会努力，而不必人为的干涉，"故用人之自为，不用人之为我，则莫不可得而用矣"（《慎子·因循》），在此，慎到的"因循"只是要统治者顺应老百姓的利己之心以治国，并没有对其进行具体的规定，而商鞅则明确提出了"利出一孔"（《商君

――――――――――

　　① 梁启超：《先秦政治思想史》，第143页；郭沫若：《十批判书》，第169页；侯外庐等：《中国思想通史》第一册，第601页；罗根泽：《诸子考索》，第523页。

书·饬令》）的思想，就是把耕战作为富贵的唯一途径，其角度完全是站到了在上的统治者一面。"人君不可以不审好恶，好恶者，赏罚之本也，夫人情好爵禄而恶刑罚，人君设二者，以御民之志而主所欲焉。夫民力尽而爵随之，功立而赏随之。人君能使其民信于此，如明日月，则兵无敌矣。"（《商君书·错法》）耕战虽然既劳苦又危险，但只要君主能劝之以爵禄，威之以刑罚，则民自然勇于耕战，何则，可得以富贵矣（《韩非子·五蠹》）。由此可见，法家把道家因任自然的无为而治，改造成了顺民之性的自为而治，道家要顺应民之自然属性，法家则要顺应其社会属性，即对富贵的追求；道家的人性论是空想的，法家的则是现实的。

（三）必然之势对圣贤之治的否定

承认人追求富贵的合理性，只是解决了使在下者自为的动力问题，但如果没有一套完整的政治制度的规范，则这种自为之心适足为社会动乱之根源。因而法家论政就力图建立一套完整的政治制度，从而解决在上者的无为而治问题。在法家看来治理国家凭借的是政治制度，而不是个别的圣贤之智，也就是要形成一种必然的政治趋势。治、乱都不是个别圣贤和奸臣所能决定的，慎子讲得非常明白："亡国之君，非一人之罪也，治国之君，非一人之力也。"（《慎子·知忠》）韩非则进一步发挥道："势者中也，中者，上不及尧舜，而下亦不为桀纣，抱法处势则治，背法去势则乱。今废势背法而待尧舜，尧舜至乃治，是千世乱而一治也。抱法处势而待桀纣，桀纣至乃乱，是千世治而一乱也。"（《韩非子·难势》）在此有两层意思，其一是"抱法处势"，其二是"势者，中也"。前者表明，势离法而不行，它实际上就是以法为中心的完整的政治制度和意识形态；后者是指法的普遍性、客观性和公平性，尧舜和桀纣都是少数，只要中间之民得到了治理，则国家自然就安定了，正由于有了完善的政治制度，在上者就不必斤斤计较于具体事务了，一切按规章行事，则自然清静无为。具体讲就是以循名责实的方法，考核、监督和管理官吏；以赏功罚过的方法，使臣民自愿地为国而耕战；以严刑峻法维护社会治安，即不恃人之向善，而恃其不敢为恶（《韩非子·显学》）。

（四）对忠孝仁义道德说教的否定

由此出发，法家坚决反对劝人向善的道德说教，一是它不足以使人向善，二是也不必要，因为人都是自私自利的，而要以忠孝仁义的道德说教，使人从主观上克制它而利人，是根本不可能的。商鞅就曾明言："仁者，能仁于人，而不能使人仁。义者，能爱于人，而不能使人爱，是以知仁义之不足以治天下也。"（《商君书·画策》）韩非也认为，孔子以仁义教天下，所服役者，只有七十列徒，而真正能奉行的，普天之下也只有孔子一人而已。所以治国"不乘必胜之势，而务行仁义，则可以王，是求人主之必及仲尼，而以世之凡民皆如列徒，此必不得之数也"（《韩非子·五蠹》）。另外它也是不必要的，人既然都是自私自利的，因而只要君主顺应了人的这种本性，则自然就可以王霸天下。君主与臣民之间，完全是一种利害关系，所谓"臣尽死力以与君市，君垂爵禄以与臣市"（《韩非子·难一》），这里不存在什么君不仁，臣不忠的问题，相反它倒是王霸天下的有力保证（《韩非子·六反》）。

第二节　法家与黄老之学

一　黄学对法家的影响

司马迁在评价法家人物时，总称其归本于黄老，但到底何为黄学则不甚明了，一则由于黄学之作不现于世，二则由于《庄子》的退尧舜而祖黄帝，后世遂以黄老指称道家，即老庄之学，三则由于汉初所谓的黄老之治，似更多的偏向于老学，因而以往所谓的黄学，多视为道家的老庄之学。但是1973年长沙马王堆汉墓《黄老帛书》的发现，则为黄学的存在提供了证据。唐兰认为这附抄于帛书《老子》乙本之前的四篇古佚书，即是《汉书·艺文志》首列的黄学著作《黄帝四经》[①]，李学勤认为这一论断是"有道理的"[②]。关于这四篇帛书有以下几个问题需要辨明，一是四篇佚文的篇名到底是什么，二是它代表了哪一学派的思想，三是它的成书年代是什么时候。关于篇名学界有许多不同看法，比较有代表性的有《黄帝四经》、《黄老帛书》、《黄帝书》和《经法》等四篇几种[③]，对于《黄帝四经》这个篇名，目前认可的学者多一些；李学勤虽然认为唐兰的这一论断有道理，但他自己则称其为《黄帝书》[④]。本书对于其是否即为《黄帝四经》这一点存而不论，不过为了行文的方便，依然简称作《四经》。关于其学派归属，目前学界比较一致的看法，认为它是道家后起之一派，即与道家老庄一派相对的"黄老一派"[⑤]；余明光经过系统的研究认为，黄老二者同源而异流，都是道家的两个不同流派[⑥]。关于成书年代，大多数学者认同战国早中期之

---

① 唐兰：《马王堆出土〈老子〉乙本卷前古佚书的研究》，载《考古学报》1975年第1期。

② 李学勤：《简帛佚籍与学术史》，江西教育出版社2001年版，第310页。

③ 张增田：《〈黄老帛书研〉究综述》，载《安徽大学学报》2001年第4期，第116页。

④ 李学勤：《简帛佚籍与学术史》，江西教育出版社2001年版，第297页。

⑤ 同上书，第309页。

⑥ 余明光：《〈黄帝四经〉与黄老思想》，黑龙江人民出版社1989年版，第75页。

说①，此说正与《史记》所称慎到、申子、韩非等人归本于黄老的记载相印证。

　　道家论政的主旨就是因任自然的无为而治，而法家论政则试图以法为中心建立起一套完整的政治制度，采取的是干涉主义的有为之治。然而"夫以尊自由宗虚无之道家，与主干涉综核名实之法家，其精神若绝不相容，何故能结合以冶诸一炉耶?"梁启超认为即是"宇宙之自然法"②，但这抽象之自然法如何转变为现实的社会法，这中间就缺乏一个由道而法的过渡环节，正是由于黄学的发现才填补上了这一中间环节的空缺。黄学以它的"道生法"、"抱道执度"、"循名复一"，以及上下有别的王术观念等命题，从而使法家最终实现了道家的无为而无不为的政治理想，即上无为而下有为。

　　由《四经》反映的思想内容来看，黄学正处于前期道家，即老子与法家的中间环节上，法家对道家的继承和发展正是经由黄学的过渡而最后完成的，呈现出老子→黄学→法家的发展轨迹。具体而言，黄学对法家的影响主要表现在以下几个方面。

　　(一) 理——由道而法的过渡环节

　　老子论政试图以天道来校正人道，但它的天道观只是一种抽象的自然法则，尚不能直接运用于社会。而他的后学，即黄学则不但言道而且论法，从而使抽象的自然法则向具体的社会法则过渡，而所用的武器正是被老子所反对的规矩权衡。作为道家的后学，黄学在自然天道观上同老子是一致的，同样认为它是一个独立的最初规定，"恒先之初，迥同太虚。虚同为一，恒一而止。

────────

　　①　张增田：《〈黄老帛书〉研究综述》，载《安徽大学学报》2001 年第 4 期，第116 页。
　　②　梁启超：《先秦政治思想史》，东方出版社 1993 年版，第 143 页。

湿湿梦梦，未有明晦。……大迵无名。天弗能覆，地弗能载……小以成小，大以成大。盈四海之内，又包其外……一度不变，能适蚑蛲。鸟得而飞，鱼得而游，兽得而走。万物得之以生，百事得之以成。人皆以之，莫知其名。人皆用之，莫见其形。……是故上道高而不可察也，深而不可测也。显明弗能为名，广大弗能为形，独立不偶，万物莫之能令"(《四经·道原》)。可见黄学的道，仍然是先万物而生万物的独立实体，它无形，无名，是世界最初的和唯一的"一"，即宇宙的本源。因而同老庄一样，黄学在论政治时，仍然主张要执道而治，把道视作解决社会问题的最终根据，以及评价社会治乱的唯一标准。所不同者，在于它将道转变成了法，明确提出了"道生法"的命题，"道生法。法者，引得失以绳，而明曲直者也。故执道者，生法而弗敢犯也……称以权衡，参以天当……斗石已具，尺寸已陈，则无所逃其神。故曰：'度量已具，则治而制之矣'"(《四经·经法·道法》)。道是一个独立的客体标准，它是公正无私的，圣人秉此而设之法亦具有道的这种性质，只要建立了这个独立公正的法制标准，社会就会得到规范。

在老子那里，抽象的道与具体的万物之间的相互关系，表述得是不太清楚的。黄学在由道而法的转化过程中，就首先要解决这个问题，因此，它提出了"理"这个概念："物各合其道者，谓之理。理之所在谓之道。物有不合于道者，谓之失理。"(《四经·经法·论》)圣人之治天下就要"审察名理终始"，"是非有分，以法断之"，"故执道者之观于天下也，见正道循理，能举曲直……如衡之不藏重与轻。故执道者能虚静公正"(《四经·经法·名理》)。道具体化为万物的理，理即道的具体显现。权衡尺寸就是人类社会之理，圣人据此而设法，即一种客观的价值尺度。它一方面克服了道的抽象性，另一方面则保留了它的客观性，在此，道→理，权衡→法，其轨迹是非常清楚的。而有学人则认为由道不能生法，而是由天道以生法，道只是宇宙的本源，天道才是规律，因此自然的道须经过人对规律的利用才能设立法，天道即道的规律性显现①。这主要是由于没有看到"理"这一概念的重要性，所谓"物各合其道者，谓之理。理之所在谓之道。物有不合于道者，谓之失理"（《四经·经法·论》），道既有本源性又有规律性，道是无形的，作用于天即为天道，作用于地即为地道，作用于人即为人道，实则就是天理、地理、人理。理这个概念后来被韩非所继承与发展（见其《解老》、《喻老》篇）。

法固然是人所设立，然人据何以设法？就是以道。道与法的共性即在于它们的客观性，"道生法。法者，引得失以绳，而明曲直者也。故执道者，生法而弗敢犯也……称以权衡，参以天当……斗石已具，尺寸已陈，则无所逃其神。故曰：'度量已具，则治而制之矣'"（《四经·经法·道法》）。黄学因此主张圣人治理天下，就要以法为标准，而反对政由心出的人治主义。所谓规矩、绳墨、权衡、斗石即是道的显现，它们的共同特征即不因人而异的客观性、标准性，"度量已具，则治而制之矣"，说得还不明白么？度量即客观标准，即法，"治"即统治、治理，"制之"即制度化，故立法就能使社会的治理制度化。"世恒不可释法而用我，用我不可，是以生祸"（《四经·称》），"抱道执度，天下可一也"（《四经·道原》）。"用我"则政由己出，政从己出即天下不一，天下不一，则"是以生祸"。后来法家之所以不厌其烦地强调规矩、绳墨、权衡、斗石的重要性，就是为了以其来比喻法的客观性、标准性。这正是由黄老之学这里来的，因为老庄之学的道家是坚决反对规矩绳墨、权衡斗石的。

---

① 参见张增田《"道"何以生"法"》，载《管子学刊》2004年第2期。

在此，"抱道执度"即概括了黄学以法治国的政治思想。它对法家的影响亦正在于此，当然，正因为黄学是由道而法的过渡环节，它的客观的法制理论还是不完善的，一方面它也讲德治、慈爱，主张刑德并用，另一方面它还主张"亲亲而兴贤"（《十大经·立命》）提倡圣贤之治。由此，它没有以法为中心建立起一套完整的政治制度，从而真正实现客观的法治，这些就有待法家去完成了。黄学对老子道的抽象性，作了第一次的否定，但却留下了人治主义的片面性，法家必须再来一次否定，即扬弃，才能真正实现客观之治。

（二）循名究理的刑名学说

那么圣人又是如何以法来治天下的呢？这就是黄学的循名究理的方法论。道是抽象的独立实体，它既然要化为万物，就必有一定的形，既有形就有名。名作为概念必然概括了某一类事物的本质规定。如山之高，渊之低，等等，此即事物之理，亦即道的独特显现。圣人治国也一样，要确定社会的等级秩序，即赋之以形，然后授之以名，形名既已确定，则治理起来就方便了。只要按名的规定来监督管理就成了，"道无始而有应……有物将来，其形先之，建以其形，名以其名"（《四经·称》），此即自然界的形和名。"执道者之观于天下也，必审观事之所始起，审其形名。形名已定，逆顺有位，死生有分，存亡兴坏有处。然后参之于天地之恒道，乃定祸福死生存亡兴坏之所在，是故万举不失理，论天下而无遗策。故能立天子，置三公，而天下化之，之谓有道。"（《四经·经法·论约》）这正是以自然界的秩序来规定社会秩序，以体现自然法则之名来解释社会秩序之名，形名相称，就是天下有道。形即人在社会上应处的实际地位，名即对此的称谓及有关规定："达于名实相应，尽知情伪而不惑，然后帝王之道成"（《四经·经法·论》）。可见确定名实关系即"帝王之道"，亦即治民之"成法"。所谓"循名复一，民无乱纪"（《四经·十大经·成法》），一者道也，社会之秩序也。循名复一，就是使乱归于治，即达成正常的统治秩序，在此，名就是根据道而设的法及其他规章制度。"得道之本，握少以知多；得事之要，操正以正奇……抱道执度，天下可一也。"（《四经·道原》）

社会是复杂的，而法的标准则是划一的，其名也是划一的，**执此之一，就能御彼之多**，并使之复归于一。"抱道执度"就是由道而法，"循名复一"就是以法治国，由此可见黄学的形名学说，正是其法治思想的方法论保证。不过黄学的形名学说还是一种治理社会的原则，还很不具体。后来法家则在此基础上将它发展成了一套完整的制度。

（三）尊主卑臣的王术观念

法家尊主卑臣的思想正是由此而来的。老庄虽然也讲圣王之治，但由于其自然天道观的抽象性，故主张"天放"的无为而治，反对对臣民的人为控制。黄学在将其转化为法的同时，就扩大了道的社会性一面。故其论政就受了儒家的影响，主张尊主卑臣的贵贱等级制，并且以父子关系来比拟君臣关系。黄学的等级制正是它以天道治人道的表现，天道有高低之别，人道有贵贱之分。故君臣和父子易位都是失道，即逆，如《四经》云："为人主，南面而立，臣肃静，不敢蔽其主，下比顺，不敢蔽其上……天下无敌"。"主主臣臣，上下不赿者，其国强"。相反"其子父，其臣主，虽强大不王"（以上《四经·经法·六分》）。并且这种等级关系还是天道自然的，不可改变的，所谓"天地有恒常，万民有恒事，贵贱有恒位"（《四经·经法·道法》）。在黄学看来贵贱失序即是亡征，但法家的贵贱等级制，则是可以改变的。《韩非》有《亡征》篇，《四经》有《亡论》篇，其中一个共同的倾向就是都将臣蔽主作为亡国之征的一个重要方面。

此外《四经》还明确提出了"王术"的概念，以为虽然有了完善的政治制度，但不能谨慎地推行它，仍然不能王天下，"王天下者之道，有天焉，有人焉，有地焉，三者参用之，□□而有天下矣。为人主，南面而立。臣肃敬，不敢蔽其主。下比顺，不敢蔽其上。万民和辑而乐为其主上用，地广人众兵强，天下无敌。文德究于轻细，武刃于□□，王之本也。然而不知王术，不王天下。知王术者，驱骋驰猎而不禽荒，饮食喜乐而不湎康，玩好嬛好而不惑心，俱与天下用兵，费少而有功……不知王术者，驱骋驰猎则禽荒，饮食喜乐而湎康，玩好嬛好则惑心，俱与天下用兵，费多而无功，战胜而令不行"（《黄帝四经·经法·六分》）。在此，王术的内容只是勤政，不知王术即是耽于玩好享乐，即荒政，它与后来法家的术，即君主的统治策略有所不同，在此也表明黄老之学对人治的肯定。而在法家看来，只要建立起完整的制度，人主则尽可以"驱骋驰猎"，"饮食喜乐"而天下大治，然而对人主的统治手段的重视还是给法家以重要的启示。在此，王术的概念加上尊主卑臣的内容，后来被法家改造成了一种完整的御臣之术。

二　法家对黄学的批判继承

（一）最终实现了由道而法的转化

道家抽象的道，转化为具体的法，这个过程正是由对黄学的继承实现的，这其中慎到是一个关键人物[1]，有的学人更视慎到为黄老一派人物[2]。对此，如果从黄老之学对慎到的影响而言是

---

[1]　参见潘俊杰《慎到——从黄老到法家转折性的关键人物》，载《西北大学学报》2004年第4期。

[2]　参见江荣海《慎到应是黄老思想家》，载《北京大学学报》1989年第1期。

正确的，但如果由此而否认慎到为法家这一传统观念则是错误的。

《四经》云："道生法。法者，引得失以绳，而明曲直者也。故执道者，生法而弗敢犯也，法立而弗敢废也。□能自引以绳，然后见知天下而不惑矣……称以权衡，参以天当，天下有事，必有巧验……斗石已具，尺寸已陈，则无所逃其神。故曰：'度量已具，则治而制之矣'。"（《经法·道法》）由此可见，黄学论政就初步将道具体化成了法，明确提出了"道生法"的命题，宇宙既然有个客观的自然法则，人类社会也应有个客观的标准。法与社会，正如权衡与轻重的关系一样，权衡既是衡量轻重的标准，法就是规范社会的标准。所谓"抱道执度，天下可一也"（《四经·道原》），圣人以道治天下，即是以法治天下，道是宇宙的总原则，法是人类社会的具体法则，有了固定的政治制度，就避免了政由心出的偶然之治，其政治也就合于道的规定了。

慎到在此基础上明确提出了以法治国的理论命题，如"寄治乱于法术……属轻重于权衡，不逆天下，不伤情性……守成理，因自然，祸福生乎道法，而不出乎爱恶"（《慎子·佚文》）。"治国无其法则乱，守法而不变则衰，有法而行私谓之不法，以力役法者百姓也，以死守法者有司也，以道变法者，君长也。""有权衡者，不可欺以轻重，有尺寸者，不可差以长短，有法度者，不可巧以诈伪。"（《慎子·佚文》）在此，道→权衡→法的演进轨迹是非常清楚的。因而慎到就坚决反对"诛赏予夺，从君心出"（《慎子·君人》）的政治偶然性，认为圣人治国以法，正如称轻重以权衡一样，则万不失矣，亦即如万物归于道一样。

韩非则在此基础上使其进一步系统化理论化了，世界万物都有它不得不然的法则，即道，人类社会也一样，即法，圣人治国以法，则正如万物秉道而生一样。如"道者万物之始，是非之纪也。是以明君守始以知万物之源，治纪以知善败之端"（《韩非子·主道》），"道者，万物之所然也，万理之所稽也。理者成物之文也，道者万物之所以成也……万物各异理而道尽稽万物之理"（《韩非子·解老》）。"古之牧天下者……因道全法……治之至也"（《韩非子·大体》）。道是世界万物的根本规定，把握了道则万物无所隐其形，匿其迹，世界是无限的杂多，而道则是一，一生万物，万物体现着一。把握了道就能执一以御多。同样，人类社会也是无限的杂多，然其中也必然隐含着一个本质的规定，这就是法，法即是一。人各异理，而道，即法则"尽稽"万人之理，亦即用一个客观的统一标准来规范社会，"故欲成方圆而随其规矩，则万事之功形矣，而万物莫不有规矩……圣人尽随于万物之规矩……则事无不事，功无不功"（《韩非子·解老》）。法即是道在人类社会的体现，一个规矩可以画出无数个方圆来，法即是人类社会的规矩，方圆即是理想的政治秩序。

（二）发展了黄学的刑名学说

法家形成了一套完整的考察官吏及规范社会的政治制度，即循名责实。所谓循名责实就是以法律为准绳，根据个人所处的地位，即名，来考核其所应负的责任，即实。有功则赏，有过则罚。韩非称："事在四方，要在中央，圣人执要，四方来效，虚而待之，彼自以之……用一之道，以名为首，名正物定，名倚物徙，故圣人执一以静，使名自命，令事自定……因而任之，使自事之……上以名举之，不知其名，复脩其形（顾广圻曰："脩当作循"），形名参同，用其所生……道无双，故曰'一'。是故明君贵独道之容。君臣不同道，下以名祷，君操其名，臣效其形。形名参同，上下和调也。"（《韩非子·扬权》）韩非此论充分概括了法家循名责实、无为而治的思想，由此也正显示出它同黄学的渊源。《四经》称："上信无事，则万物周遍，分之以其分，而万民不争。授之以其名，而万物自定……得道之本，握少以知多；得事之要，操正以正奇……抱道执度，天下可一也。"（《道原》）讲的就是圣人治国要抱道执度，则天下可一，道以物显，物以名现，名即是道的概念化的表现形式。名为有限之形式，却包含着无限的内容，故要执一以御多，就只有循名而责实了。对此，法家作了进一步的完善，不但具体化了黄学的形名理论，而且给以了实施的保证，黄学的形名思想还有许多道家的自然法则性质，只是强调君主要以自然法则来解决社会问题，从而使名自命，令事自定，它虽然也强调法的作用，但这两者还没有很好地统一起来。法家则使这两者构成了一个有机的统一体，它的形名理论完全具体化为了一套完整的政治制度，明确表明了，"名"即职位，"实"即其职责，以名责实，故能治官。在此由形名，到名实的发展正是法家对黄学的改造，在黄学那里形即事物本身，名即事物的称谓，因而它的使名自命，令事自定就缺乏一个实现的保证，法家则以社会效果使其具体化了，责实就是视其社会效果如何。黄学也知道名不正则乱，但它没有解决如何使其归于正的问题。法家则以法的标准，以赏罚为手段解决了这个问题，从而使君主实现了执一以御多的无为而治。

（三）由王术转化为循名责实的御臣之术

这是由申不害为中介的，过去称韩非的御臣之术是来源于申不害的，而现在看来，申子的术也是受黄学影响的结果。王术在黄学那里主要还只是君主勤政与否的个人操守，所谓有术之君，即不耽于玩乐而勤于政的君主，反之则为无术之君（《经法·六分》），在黄学那里尊主卑臣的实际内容与王术的概念还不相统一，申不害则将其统一了起来，认为君主要制御臣下，就得隐蔽自己的意图使其莫测高深，目的即在于专君权。但申子的术与法、势还没有很好地结合起来，成为一个相辅相成的整体。因而尽管他也尚法而重势，但徒以术驾驭臣下而得不到法、势的支持，因而给后人以只知用术的印象。故韩非批判他只知术而不知法，因而使韩国"托万剩之劲，十七年而不至于霸"（《韩非子·定法》）。韩非则吸取了申不害的教训，对其循名责实的君人之术，以法为中心进行了一番改造，从而形成一种客观的政治制度，由此韩非敢夸口："故明主者，不恃其不我叛也，恃吾不可叛也，不恃其不我欺也，恃吾不可欺也"（《韩非子·外储说左下》）。治理国家而单凭个人的小权术，是根本靠不住的，对此，申子是有很清醒地认识的，可惜他在具体的从政实践中没有很好地实现而已，这其中可能并非申子一人之责。

法家思想的中心就是强调王权，实际上即是对官吏的治理，使他们上不敢蔽主，下不敢贪渔百姓（《韩非子·奸劫弑臣》）。圣君治国在于抓根本，如此则纲举目张，而"吏者民之本纲者也，故圣人治吏不治民……是以圣人不亲细民，明主不躬小事"（《韩非子·外储说右下》）。只要官吏廉洁清明，则老百姓之善者自然奉公守法，其恶者亦不敢为非，而国家自然也就太平无事。但是君主只有一人，如何来实现对臣下的控制以达到上述目标呢？此亦正是法家特别是《韩非子》一书中的重要内容。韩非认为："人主有二患，任贤则臣将乘于贤以劫其君。妄举则事沮不胜。故人主好贤，则群臣饰行以要君欲，则是群臣之情不效。"（《韩非子·二柄》）人主好贤，则臣下就会投君所好以获得高官厚禄，况且贤与不贤人君又不得一一详考，无非是以誉听之，而臣下则比周结党以蔽其君，君蔽于上，则臣贪于下以渔民，国故不治。举能亦然，之所以是"妄举"就是由于没有一个客观的标准来评判，无非是朝中有人好做官，正如后来汉代的一首歌谣所称"举孝廉，父别居。举秀才，不知书。寒素清白浊如泥，高第

良将怯如黾"(《桓灵时童谣》)。韩非正是竭力要禁止这种情况的
发生，其具体办法就是"循名而责实"，用今天的话说，就是根
据你的官职即名，来考核你所应负的责任，即事，以工作结果来
评判你是否尽到了责任即功，名、事、功相当则赏，反之则罚。
此正是御臣之术。韩子称："术者，因任而授官，循名而责实，
操杀生之柄，课群臣之能者也，此人主之所执也。"（《韩非子·
定法》）君循名而责实，故力寡而功多，反之则劳心积虑而治愈
乱。这里的名实即指官职和应负的责任，所谓"审名以定位，明
分以辩类……周合刑名，民乃守职"（《韩非子·扬权》），各人的
职位及职责既已明确，则君自不必亲躬于具体的事务，而只要
"君操其名，臣效其形"，果能如此，则"形名参同，上下和调
也"（《韩非子·扬权》）。但在当时并没有科举制度，国君对官吏
的选用虽然明了了职位和职责及赏罚的标准，而实际上仍然要听
群臣的介绍（推荐）或当事人自己的陈言，特别是后者更是士求
职的主要途径，故韩非竭力要禁止言谈之士以言惑主的情况发
生，于是名实又更多地表现为言与事。故"人主将欲禁奸，则审
合刑名者，言与事也。为人臣者陈而言，君以其言授之事，专以
其事责其功，功当其事，事当其言，则赏。功不当其事，事不当
其言，则罚。"韩非特别强调名实相当，否则就要受罚，"言大而
功小者，则罚"，反之"言小而功大者，亦罚，非不说于大功也，
以为不当名也，害甚于有大功，故罚"。学人或以此而诉韩非，
实际上此正韩非思想中极有价值之部分，言小功大者即越职而代
别人之劳，韩非接着举例言之，韩昭侯寝，典冠者加之以衣，昭
侯觉醒，罪典衣而杀典冠，"其罪典衣，以为失其事也，其罪典
冠，以为越其职也，非不恶寒也，以为侵官之害甚于寒。故明君
之畜臣，臣不得越官而有功"（以上《韩非子·二柄》）。此官得
以越职而有功，必有彼官失责之过在。前者乃偶然之功，后者则

为必然之过，不禁必然之过，而奖偶然之功，害莫大焉。名为捕盗之官，而盗贼公行，即为名实不称，名实不称，则官不治。君主自不必亲自去捕盗，只要责成捕盗之官即可，并以法论功罚过。

总而言之，法家敢于面对现实，一方面承认人追求富贵的合理性，从而解决了使在下者自为的动力问题；另一方面则以法制来规范社会，试图建立起一套完整的政治制度。至此，道家的无为而无不为的政治理想才得以实现，换句话说，法家的政治理论是道家的抽象原则的具体化。所谓上无为就是人主以制度来治理国家，而不需事必亲躬；所谓下有为，则是在制度的规范下人人各司其职、各尽其责。

第三节　法家与名家

一　刑名之学与名家

太史公在论法家人物时都称其喜刑名法术之学而其归本于黄老（《史记·老子韩非列传》），可见刑名之学与法家有着密切的联系。《汉书·艺文志》则称之为名家，视其为诸子之一家，近人如胡适等则以其为逻辑学的派别。然细考起来，刑名之学或称名辩之学，其与名家并非一回事，前者作为一种治学的方法论是各家都在用的，后者则是脱离了具体的社会政治问题而专心于此一种方法的研究，遂成一家之言的一个学术派别。郭沫若就认为："'名家'本来是汉人所给与的称谓，在先秦时代，所谓'名家'者流每被称为'辩者'或'察士'。察辩并不限于一家，儒、墨、道、法都在从事名实的调整与辩察的争斗。"他认为名辩"起初导源于简单的实际要求，即儒者的'正名'；其后发展而为各派学说的争辩，一部分的观念论者追逐着观念游戏的偏向，更流为近于纯粹的诡辩"①。名学作为一种治学方法是各家都在用的，这已为学界所公认，侯外庐等人亦持此说②，然胡适进而以为名家"不成为一家之言"③，则似失之公允。如公孙龙、惠施等人，得非一家之言乎？

要之，名辩思潮最初只是出于实用的需要，后来遂成专门之学，如惠施、桓团、公孙龙等人皆是。春秋战国之际乃新旧制度交替之时，诸侯国各自为政，交往亦日趋频繁，口枪舌剑之争在所难免，各国使者在诸侯会集之时往往凭其口舌的灵变，为自己的国家赢得便利，于是语言的技巧遂与之发展起来，此其一。

而随着学在四野的形成，一些文学之士往往恃己之才以干世主，因而苟用我，则如之何之类的说辞乃各家常用之语，如孔子"苟有用我者，期月而已可也，三年有成"（《论语·子路》）、墨子"越王将听吾言，用我道，则翟将往"（《墨子·鲁问》）、"王公大人用吾言，国必治"（《慎子·佚文》）云云。于是这些文学之士或者为了推销自己的学说，或者为了与同行辩难以立己说，遂发展了言语论辩的技巧，此其二。

而随着成文法（刑鼎）的公布，遂有一些专门咬文嚼字之人，如邓析等人"弃礼而征于书"（《左传·昭公六年》），于是发展了刑名之学，此其三。

至后来这种使用语言的技巧被诸子用来建立自己理想的政治秩序，遂有孔子的正名之论，此其四。

而一些文学之士则专心于这种语言使用的技巧本身，遂与现

---

① 郭沫若：《十批判书·名辩思潮的批判》，东方出版社1996年版，第261、262页。

② 侯外庐等：《中国思想通史》第一卷，人民出版社1957年版，第416页。

③ 胡适：《诸子不出于王官论》，《中国哲学史大纲》卷上，东方出版社1996年版，第356页。

实政治相脱离而成了一家之言，即名家，此其五。

因此，所谓名辩思潮其构成非常复杂，但总的可分为两类，一为实际之运用，一为专门之学。前者为"实用名学"，后者则为"理论名学"，即名家。

由此出发我们才有可能来探讨名辩之学对法家思想的影响，因为法家所继承的名辩或曰刑名之学，不是其专门的学问家如惠施、公孙龙等人的学说，即"理论名学"，而是"实用名学"。相反，前者正是法家所坚决反对的，邓析倘若生在韩非的时代，亦必在其诛杀范围之内无疑，如韩非称："儒服带剑者众，而耕战之士寡，坚白无厚之词章，而宪令之法息，故曰上不明则辩生焉。"（《问辩》）这种对言谈察辩之士的非难之言，在《韩非子》一书中随处可见。因而所谓刑名之学对法家的影响，实际上即是法家对当时的"实用名学"的继承和发展，而与真正的名家无关。再者本书所论述的刑名之学仅限于对法家思想有可能发生影响的部分，而与法家思想无关的则存而不论。

二 刑名之学对法家的影响

从法家思想的整体来看，其循名责实的理论渊源主要来自实用名学中的刑名之学和孔子等的正名思想。而刑字从词源来看乃一假借字，其本字或为型，即铸造用的模型，或为井刂，即刑罚之刑。由前者发展而来即为正名之说。因每个模型都有一个固定的形状和名称，及其一套固定的操作工艺，而生产出的器物不论多少其规格都是一样的，故只要一称其名，则器物的规格及复杂的制作过程都不用细讲，自然知道该物为何了，故型名相称即为正，反之即为乱。由后者发展而来即为成文法的刑名之学。这两者的共同之处就是它们的规范性，故执政者能执一而御多，儒家正名以礼，法家循名以法，为政之原则虽然不同，但都强调对臣民的规范的统治方式，就其形而上的意义讲则是一样的。

（一）邓析辩狱

说到刑名之学对法家的影响就不能不提到邓析，学界一般都认为他是法家的开山祖师，但此论似乎不确，他对法家的影响实际上是起了反面教材的作用。因为邓析是以私人讼者的身份而与公法相对抗的，实际上他是中国最早的私人律师，如果在古罗马他可能是个有名的律师，也可能发展成一个法学家。但在中国则不免被杀的结局，中国是容不得他这样的法学家的。

邓析，《汉书·艺文志》录有《邓析》二篇，然学界公认其为南北朝人所伪托。因而对其行略只能参用一些间接的史料：

1.《左传·定公九年》，2.《荀子·不苟》，3.《荀子·非十二子》，4.《荀子·儒效》，5.《荀子·宥坐》，6.《吕氏春秋·审应览·离谓》，7.《淮南子·氾论训》，8.《淮南子·诠言训》，9.《说苑·指武》，10.《列子·力命》，11.《列子·仲尼》，12.《墨辩序》。

《吕氏春秋·离谓》篇所载邓析事最详："郑国多相县以书者，子产令无县书，邓析致者。子产令无致书，邓析倚之。令无穷，则邓析应之亦无穷矣，是可不可无辨也。可不可无辨，而以赏罚，其罚愈疾，其乱愈疾……子产治郑，邓析务难之，与民之有狱者约：大狱一衣，小狱襦袴。民之献衣、襦袴而学讼者，不可胜数。以非为是，以是为非。是非无度，而可与不可日变。所欲胜因胜，所欲罪因罪。郑国大乱，民口喧哗，子产患之，于是杀邓析而戮之，民心乃服，是非乃定，法律乃行。"《左传·定公九年》则云："郑驷颛杀邓析，而用其《竹刑》。"由此使邓析之死遂成历史上一大公案，主驷颛杀邓析的如张湛（《列子》注）等人认为，子产死后二十年，邓析被杀，近人钱穆亦持此说（《先秦诸子系年·邓析考》）。这是先假定邓析非子产所杀，而认定是驷颛所杀，反过来再以子产死后二十年邓析被杀，来论证子产不能杀邓析，而为驷颛所杀，这纯粹是循环论证，其谬固不足辩。然邓析是被郑国的执政者所杀，则是可以肯定的。这里的关键在于邓析被杀说明了什么。《左传·昭公六年》子产铸刑鼎，叔向就提醒他"民知有辟，则不忌于上（《正义》曰："刑不可知威不可测，则民畏上也"），并有争心，以征于书……铸刑书，将以靖民，不亦难乎？民知争端矣，将弃礼而征于书，锥刀之末，将尽争之"。邓析之所为则正是教民"弃礼而征于书"，实际上即类似于今天的律师，对法律条文咬文嚼字以为参与讼狱者辩护。官府既然布法于众，则民就可以此为据来与官府打官司，或将民事纠纷诉诸法律，但这是统治者所不愿意接受的，因为"民知有辟，则不忌于上"。从而使在上者失去了固有的权威，后来孔子对晋国之铸刑鼎就反对道："民在鼎矣，何以尊贵？贵何业之守？贵贱无序，何以为国？"（《左传·昭公二十九年》）可见成文法的公布直接威胁到了氏族贵族的特权地位，继续下去早晚将动摇氏族统治的国家形式，而代之以国民的公共权力机构。但中国的历史特殊性决定了它不可能走到这一步，因此，站在下层民众的立场，试图利用法律来为自己的权利而与统治者争辩，其结局必然是悲剧性的。邓析之所以能以是为非，以非为是，"操两可之说，设无穷之辞"（《列子·力命》），是因为刑书是铸在鼎上的，因而必然文词简约，邓析遂对其加以引申以使之周详，故其《竹刑》并非他私设之刑书，不过是对鼎刑的具体解释而已，所以执政者才能杀其人而用其书。而用其书却杀其人，并非书不善也，以下乱上者也。

　　邓析对法家的影响就积极方面而言，就是他对法律条文的遵守，一切征之于书。就反面影响而言，亦在于此，何则？守法征于书固然不错，但以私人身份而对公法进行"任意"（实际上亦是严格遵守其条文的，令不让悬书，他就致之，不让致之，他就倚之）的解释，使执政者失去了执法的权威。因而邓析对法家的影响就表现在，一方面要严格遵守法律条文的规定，另一方面则要竭力禁止在下者对法律条文的解释。前者是对官方而言的，后者则是对老百姓而言的，法律活动只能由政府说了算，而绝不允许在下者"以文乱法"。

（二）孔子的正名

如果说刑名之学在法律条文的规定上给法家以具体的（形而下的）影响，那么孔子的正名思想则给法家以形而上的影响。子路曾问孔子，为政的当务之急是什么，孔子曰"必也正名乎"。在孔子看来"名不正则言不顺，言不顺则事不成，事不成则礼乐不兴，礼乐不兴则刑罚不中，刑罚不中则民无所措手足。故君子名之必可言也，言之必可行也，君子于其言，无所苟而已矣"（《论语·子路》）。或以为孔子此论，不过讲的语言上的概念与其所指称之事物的关系问题，与政治秩序无关。这似乎失之偏颇，因为这其中固然有语言的因素，但更重要的则在于政治秩序的建立。具体而言，名、言、事是指的语言问题，名即事物的概念，言即为说话，事，即泛指一般的社会行为。此段话的意思是说概念必须是具体有所指的，概念明确，表达才能准确。此即为名正、言顺、事成。但至此以下则是有关政治秩序的建立了，所谓礼乐不兴，刑罚不中，民无所措手足，正指统治秩序的混乱。因而名正、言顺、事成只是手段，目的则在于后边的兴礼乐，中刑罚，治民于有序。所以就整体来看，孔子的正名就是要正礼所规范的统治秩序。孔子云："不学诗，无以言。"（《论语·季氏》）并非是说，不学诗就不会讲话了，亦不是学诗为了巧言。相反对于"巧言令色"孔子一向是"耻之"的（《论语·公冶长》），认为"巧言乱德"，因而对于一般的言谈只要"辞达而已矣"（《论语·卫灵公》)。学诗的目的不是为了讲话的艺术，而是为了按礼而行，是为了政治的需要，即使言谈都合乎礼的规范，所谓"非礼勿言，非礼勿动"(《论语·颜渊》)，"诵诗三百，授之以政"(《论语·子路》)，"迩之事父，远之事君，多识于鸟兽草木之名"(《论语·阳货》)。季康子问政于孔子，孔子对曰："政者，正也，子帅以正，孰敢不正。"(《论语·颜渊》)因此，正名在孔子的原意里并非仅是要确定语言的概念内涵，孔子并非一个专门的语言和逻辑学家，他所关心的首先在于政治秩序的建立。所谓礼乐不兴，就是指"季氏八佾舞于庭"(《论语·八佾》)这种背礼的事。在季康子问政于孔子之前，齐景公亦问政于孔子，孔子答曰："君君、臣臣、父父、子子。公曰，善哉，信如君不君，臣不臣，父不父，子不子，虽有粟，吾得而食诸。"(《论语·颜渊》)这些正是对孔子正名思想的明确解释，由此说明孔子的正名就是要确定礼的规范，礼的各种规定即是名，它所规范的各种人的行为即是名的内容，名即人的各种行为规范的观念表现。君、父，这个名就包含了许多的特权在内，而臣、子，这个名亦包含着许多义务在内。

（三）史疾的"乌鹊之论"

类似的正名思想还有相传是列子提出的："乌不乌，鹊不鹊"之论：

　　史疾为韩使楚，楚王问曰："客何方所循（修）？"曰："治列子圉寇之言"。曰："何贵？"曰："贵正"，王曰："正亦可为国乎？"曰："可"。曰："以正围盗，奈何？"顷间有鹊止于屋者，曰："请问楚人谓此鸟何"？王曰："谓之鹊"。曰："谓之乌可乎？"曰："不可"。曰："今王之国有柱国、令尹、司马、典令，其任官置吏，必曰廉洁胜任。今盗贼公行而弗能禁也，此乌不为乌，鹊不为鹊也。"

——《战国策·韩策二·史疾为韩使楚》

任官置吏，名为廉洁胜任，而实不能禁盗，此就是名实不称，所谓"乌不为乌，鹊不为鹊"。这正是对孔子正名的具体发挥，孔子是以礼来规范氏族贵族的等级特权地位，而史疾则以名实表示官吏的职称和应负的职责的关系，由刑名到正名再到名实，表明实用名学逐渐向制度化的发展，原来仅仅是一种治学和应对的方法，逐渐发展成了一种统治方法，其后则被法家进一步发展成了一种治国的政治理论。钱穆认为史疾之论"盖亦上承儒家正名之绪，一变而开道法刑名之端者"。[①] 此论甚确，然似仍有可辨者，盖钱穆在该考中认为乌不乌，鹊不鹊乃列子之说，又谓此论上承儒家而下开道家刑名之端。钱穆自己已引《汉书·艺文志》《列子》班注并据《庄子》所称列子者证明列子"先庄子，庄子称之"，是列子居老子与庄子之间，所谓下开道家者，似指开庄子，而《庄子》一书中并无有"因名责实"的概念，相反庄子是反对有是非标准的，与其争谁是谁非不如两忘，更反对以人设的规章制度损害人之本性。再者，史疾只是说他学列子之道，所谓"贵正"却可以是他自己的政治主张，并非就是直接从列子那里照搬的。因而说乌不乌之论是上承儒家而下启黄法似乎更确当，因为黄学正是道家的后学，而庄子固然也是道家的进一步发展，但下开庄子并不能就说是下开道家，因为道家还有老子，除非说老子也是学于列子的。之所以说钱穆此论甚确者，是因为他的天才的理论敏感性，如果以黄学作为老庄以后的道家，则此论不是具有先见之明吗？总之史疾的"乌鹊"之论正是继承了儒家

---

① 钱穆：《列御寇考》、《先秦诸子系年》，商务印书馆 2001 年版，第 204 页。

的正名思想，而下开了法家的循名责实理论，这其中的过渡环节正是由援儒入道的黄学来完成的。而法家的循名责实理论尽管亦受了当时实用名学的影响，但其直接的思想来源似乎不能不说是对黄学的继承和发展。

（四）黄学的循名究理

黄学的刑名理论已如前所述，在此只作一简略回顾。

黄学的刑名理论正是由儒家的正名思想与道家的自然天道观融合而成，其以自然法则的形名关系的客观性来证明人类社会的名实关系的必然性。道是无影无形的虚无，但却通过世界万物而得以显现，即物自为形，而每个物都有一个相应的名称，这些名称任何个人也说不清它到底是怎样产生的，故表现为形自为名。形名关系既已确定，则举其名而必知其形，如说到山这个名，人们就知道它指称的是什么，不论自然界的山有多少种，其本质特征则是相似的。人类社会亦然，其各种规章制度亦都是自然法则的体现，也都要有个相应的名称，而每个名称又都包含着相应的内容。圣人之治就是要首先确立这个名的正常秩序，如君臣，父子，男女，妻妾，嫡庶，长幼，贵贱，等等。然后再据此来考核它所代表的实际关系。这就是执一以御多，名即是抽象事物的一种具体显现，即寓无限于有限的有效形式，此即荀子所称之"大共名"、"大别名"者也（《荀子·正名》）。名正则社会秩序不乱，故圣人不必巨细亲躬，只要据名以责实，其治国自然用力少而功多。但黄学的刑名更多儒家的正名成分，即侧重于政治秩序的和谐，它更多理想的成分，而较少实际操作的可行性，因它与法还没有很好地结合起来。

三 法家对刑名之学的批判继承

实用名学在儒家和黄学那里主要还是侧重于政治秩序的建

立，而到法家这里则逐渐发展成了一种统治的方式，即侧重于对以法为中心的政治制度的具体实施，它更加具体化和制度化了。具体而言，它包括两个方面的内容，一是法；一是术。就法而言，即法律条文的制定与罪名的统一等问题；就术而言，即驾驭臣下的循名责实，名者，法所规定的职责名称；实者，职责完成的实际状况。

对政治秩序的维护则主要以法来实现，故法家不太讲正名，而是更多的强调循名责实，它是事无巨细一断于法的保证。儒家的正名靠的是礼的规范，而对礼的遵守又更多的是靠人主观的道德修养，所谓"克己复礼"。但是碰到不愿意克己的又怎么办呢？像"八佾舞于庭"的季氏，孔子就只好发一通"是可忍也，孰不可忍也"（《论语·八佾》）的感叹而已。这是由于儒家在政治秩序的建立上虽然强调要正名，但在具体的执行上则又强调圣贤之智及仁义道德的人治主义，正名必然要有一个强有力的保证，然后才能循名而治。法家正是在此问题上解决了这个矛盾，它以法律的强制手段来实现政治秩序的建立，它不讲君仁、臣忠、父慈、子孝这种伦理道德，而是以君主的王霸大业为中心，在此前提下，儒家所规定的等级被打破了，个人可以通过自己的努力而改变其社会地位。法在形式上是公平的，客观的，正由于有了这种客观的强制标准，循名责实、无为而治的统治方式才可以得到实现。所谓循名责实就是以法律为准绳，根据个人所处的地位即名，来考核其所应负的责任即实。有功则赏，有过则罚。名为农夫，就要给国家多献粮食，只以粮食的多寡作为评判的依据，从而以法赏功罚过。至于农夫怎样生产则不过问，这就与儒家有很大的区别，儒家固然重农，但又有许多繁琐的步骤，如君主后妃的亲耕仪式以及亲桑仪式，重在对过程的干预。而法家则重在结果，循名责实，责实即是考查结果。再如名为将军，实即胜敌，至于是否身先士卒，是否为士兵吮伤，那是你个人的事，胜者赏，败者罚。故法家论政首先强调"定分"："一兔走，百人逐之，非以兔也，夫卖者满市，而盗不敢取，由名分已定也。故名分未定，尧舜禹汤且皆如鹜焉而逐之，名分已定，贫盗不取。今法令不明，其名不定，天下之人得议之，其议，人异而无定，人主为法于上，下民议之于下，是法令不定，以下为上也。"（《商君书·定分》）其中"一兔走"又见《慎子·佚文》、《吕氏春秋·审分览·慎势》，学人或以为"一兔走"云云乃确定财产私有权之规定，实际上商鞅所论的重点在后头，一兔走云云，只是个比喻。目的是在阐述法的客观标准，即以法律将人们的社会地位和经济利益都确定下来，使每个社会成员都各安本业，各人只管自己分内的事，亦即各司其职，各尽其责，职即是名，责即是实。否则法无明文规定，则下就可以议上，故民乱而无治，如满街逐兔然，兔即为名利的化身。韩非称："事在四方，要在中央，圣人执要，四方来效……各处其宜，故上下无为，使鸡司夜，令狸执鼠，皆用其能，上乃无事……上下易用，国故不治。用一之道，以名为首，名正物定，名倚物徙，故圣人执一以静，使名自命，令事自定……因而任之，使自事之……君臣不同道，下以名祷，君操其名，臣效其形。形名参同，上下和调也。"（《韩非子·扬权》）韩非此论充分概括了法家循名责实、无为而治的思想，可以说是其循名责实思想的理论基础，由此也正显示出它同黄学的渊源。道为虚无之物，通过万物而显现，万物乃无限的杂多，故归之以类，命之以名才能被人所把握。社会生活亦是无限的杂多，五行八门、各种各样的人都有，一人一心，又如何来统治？申不害称："为人君者操契以责其名，名者天地之纲，圣人之符；张天地之纲，用圣人之符，则万物之情无所逃之矣……主处其大，臣处其细，以其名听之，以其名视之，以其名命之，镜设，精，无为而美恶自备。衡设，平，无为而轻重自得。"（《大体》）概括地讲就是名正者治，名倚者乱，圣人治天下不亲躬于小事，而要抓纲，即以名责实。名为有限之形式，却包含着无限的内容，故要执一以御多，就只有循名而责实了。

儒家虽然也讲正名，但其重点在于君臣父子尊卑的等级关系，而在治国的具体方针上则要凭圣贤之智，在人与人之间的社会关系上又笼统地强调爱人，讲究忠孝仁义的道德修养，但这些都仅是一种主观的内在的要求，很难用一个标准来衡量。法家则不然，它的正名是强调人们的社会职责，已经多少有些公共权力机构的思想成分在内了，国家的利益高于一切，尽管它是以王权的形式表现出来的，但在当时的条件下，即国民阶级的力量还不足以产生公共权力机构的历史条件下，王权具有一定的进步作用，恩格斯就曾认为，在封建制度瓦解时的"这种普遍的混乱状态中，王权是进步的因素……王权在混乱中代表着秩序"。[①] 法家思想的中心就是强调对王权的加强，实际上即是对官吏的治理，使他们上不敢蔽主，下不敢贪渔百姓（《韩非子·奸劫弑臣》）。圣君治国在于抓根本，如此则纲举目张，而"吏者民之本纲者也，故圣人治吏不治民……是以圣人不亲细民，明主不躬小事"（《韩非子·外储说右下》）。只要官吏廉洁清明，则老百姓之善者自然奉公守法，其恶者亦不敢为非，而国家自然也就太平无事。其具体办法就是"循名而责实"，用今天的话说，就是根据你的官职，即名来考核你所应负的责任，即事，以工作结果来评判你是否尽到了责任，即功，名、事、功相当则赏，反之则罚。

---

① 恩格斯：《论封建制度的瓦解和民族国家的产生》，《马克思恩格斯全集》第21卷，人民出版社1965年版，第453页。

此正是御臣之术，韩子称："术者，因任而授官，循名而责实，操杀生之柄，课群臣之能者也，此人主之所执也"（《韩非子·定法》）。君循名而责实，故力寡而功多，反之则劳心积虑而治愈乱。这里的名实即指官职和应负的责任，所谓"审名以定位，明分以辩类……周合刑名，民乃守职"（《韩非子·扬权》），各人的职位及职责既已明确，则君自不必亲躬于具体的事务，即"君操其名，臣效其形，形名参同，上下和调也"（《韩非子·扬权》）。但在当时并没有科举制度，国君对官吏的选用虽然明确了职位和职责及赏罚的标准，而实际上仍然要听群臣的介绍（推荐）或当事人自己的陈言，特别是后者更是士求职的主要途径，故韩非竭力要禁止言谈之士以言惑主的发生，于是名实又更多地表现为言与事。故"人主将欲禁奸，则审合刑名者，言与事也。为人臣者陈而言，君以其言授之事，专以其事责其功，功当其事，事当其言，则赏。功不当其事，事不当其言，则罚"。韩非特别强调名实相当，否则就要受罚，"言大而功小者，则罚"，反之"言小而功大者，亦罚，非不说于大功也，以为不当名也，害甚于有大功，故罚"。名为捕盗之官，而盗贼公行，即为名实不称，名实不称，则官不治。君主自不必亲自去捕盗，只要责成捕盗之官即可，即以法论功罚过。以上所述，正表明了法家的循名责实思想是对史疾的"乌不乌，鹊不鹊"之论的继承和发展，循名责实正是消除乌鹊名实不称的有效方式。

对于黄学的抱道执度，循名复一的理论，法家也作了进一步的完善。

而实用法学的具体实践，即刑名之学，及其在实施过程中出现的一些问题，例如邓析的以辞"乱法"，都给法家以影响。受此影响或者说是教训，法家特别强调，一是法律条文必须清楚明白使老百姓一看就懂，二是要保持法律的稳定性不能随意更改，同时对法律条文的解释权由政府掌握，即以吏为师。国家必须使老百姓都能明白法律条文的内容，法官更是必须熟记条文的内容，亦必须回答老百姓的法律咨询，忘了哪条，就以此条之罪所受之刑而罚之。由此，既保证了成文法的实施，又避免了邓析之类的"混乱"发生。商鞅就强调，法律条文一经制定就不得更改，"有敢剟定法令，损益一字以上，罪死不赦"。老百姓有问法令者，主法令之吏必须告知，并且刻到券上，民执左券，吏执右券，并藏之密室，且封之以长印，吏不告者，后及民犯罪，就以他不告诉民的那一条罪之，其目的就是要使全体老百姓都知道法律条文的内容。这样官吏知道老百姓都了解了法律的内容，就不敢违法以渔民，而民既知法故不犯罪。不但如此，在法律条文制定之初就应该清楚明白，"故夫知（智）者而后能知之，不可以为法，民不尽知（智）。贤者而后知之，不可以为法，民不尽贤。故圣人为法，必使之明白易知，名正，愚知遍能知之。为置法官，置主法之吏，以为天下师……法令明白易知……万民皆知所避就，避祸就福，而皆以自治也"（以上《商君书·定分》）。法令明白易知，则民不用问人，而君置主法之吏，民有疑问亦不必献衣裤以求教于私人讼师，且法律条文的是非以吏所讲为是，故民无以承辞辩以乱法。

韩非亦有类似的论述："书约而弟子辩，法省而民讼简，是以圣人之书必著论，明主之法必详事。"（《韩非子·八说》）认为法律条文必须清楚明白，另一方面还应尽量包括社会生活的各个方面，这正是他对商鞅的发展。法令尽管清楚明白，但如果包括的内容不多，使得许多社会问题无法可依，或者对同一事件法令规定的不详尽，则民各执一端，仍然有碍法律的实施，使邓析之类者仍可能以辞乱法。"故法省①而不侵，独制四海之内，聪智不得用其诈，险躁不得关其佞。奸邪无所依，远在千里外，不敢易其辞，势在郎中，不敢蔽善饰非"（《韩非子·有度》）。主张"法莫如一而固，使民知之"（《韩非子·五蠹》）。法律不但要稳定不轻易改变而且要使民知之，并且"法已定矣，不以善言害法"（《韩非子·饬令》）。可见即使是出于善意也不能随意变更法律条文。因而对于言谈辩说之士法家是坚决反对的，所谓"坚白无厚之词章，而宪令之法息"（《韩非子·问辩》），因而主张"明主之国无书简之文，以法为教，无先王之语，以吏为师"（《韩非子·五蠹》）。总之法律完全由国家控制，成为社会生活的一个重要构成，故邓析倘若生在此时也必然无用武之地。要而言之，法家的循名责实理论正是在对实用名学批判断承的基础上发展起来的，孔子的正名思想给了它建立统治秩序的形而上指导，即以名分确定各个等级的社会地位，其中史疾的"乌鹊之论"又起了一种具体化的过渡作用。在此基础上它将其与自己的法制理论相结合，将形名和名实统一了起来，以名定位，使臣民各处其位，各司其职，各尽其责，从而以法为标准赏功罚过。而黄学的使名自命，令事自定，以及抱道执度，循名复一等命题都给了它以理论素材的充实，黄学正处于由道而法的过渡环节上，道家的上无为而下有为的无为而治思想，经过黄学的执一以御多的刑名理论的中介过渡，遂被法家所直接吸收，并将其发展为一套执行法律的

---

① 省：音醒，此亦正证前文"法省而民讼简"之"省"为音醒，是原文不误，顾广圻读为"法省（生）而民萌讼"，与原意不符，陈奇猷认为原文不误，但亦读省为（生），与原意更不符，书约与法省相对，固然不错，但简与辩则相反，一句话前半截正对，后半截反对，似有些绕口。倒不如顾说，讼即争，民萌对弟子亦相对成文，然以意改之而已。故笔者以为应读"法省（醒）而民讼简"，意为法令清楚明白民讼就简便，以法断是非一目了然。

重要手段。而实用法学的刑名学说，则给了法家以法律条文上的影响，其具体实施过程中的矛盾也给了它以经验教训。

第四节　法家与兵家

一　兵家对法家思想的影响

兵家思想虽然不是有关治国的政治理论，但治军如同治民一样，仍然需要一套相应的规章制度，尽管在内容上它要简单直接一些。而法家迫于战争的现实需要，其对国家的治理思想在很大程度上已经军事化了，事实上法家是视国家百姓都如士兵一般的，这其中固然是现实环境所决定的，但在一些具体思想上，兵家对于法家的影响，其作用是不可低估的。例如，它的一民思想；它的赏功罚过的赏罚思想；它的严明纪律的立信思想；它的兵者诡道也的诈术思想；它的以客观之势胜敌的形势思想，等等。这些都给法家以很大影响，《韩非子》一书中就多次提到吴起的用兵之道及其为人行事，这表明兵家与法家是有着非常密切的渊源关系的，更何况商鞅和吴起都是身兼兵、法的政治家。钱穆在评论李悝、吴起、商鞅时就认为："《荀子·议兵篇》：'秦之卫鞅，世俗所谓善用兵者也。'是重兵事，又李悝吴起商鞅三人所同也……当时从政者率主兵，乃时代使然，岂得徒以兵家目之。"（《先秦诸子系年·商鞅考》）郭沫若亦认为："吴起并不是单纯的一位兵家，即就兵法来说，应该只是法的一个分枝。"[①]这一是说，作为战国时一个富于进取精神且有所作为的政治家，其本身即兼为政与主军于一身；二是说，兵法（在此，非仅指带兵打仗、排兵布阵之战法）实即军法，也是法之一组成部分。前

---

① 郭沫若：《十批判书》，第333页。

者或不一定从政者皆主兵，但后者则具有一定的普遍性。处于战国之际，国家之政治莫不具有一定的战时特征，而法家之学说在这方面表现的就更明显一些。这其中受兵家的影响，亦是其中一个重要的方面。

（一）"一民"

对兵家来说最重要的莫过于使全体将士能够上下一心、同仇敌忾，故如何使众将士如同一人，是兵家首先要解决的问题。《孙子兵法》[1] 将此列为第一篇不是没有道理的："兵者，国之大事，死生之地，存亡之道，不可不察也。故经之以五校之计而索其情：一曰道，二曰天，三曰地，四曰将，五曰法。道者，令民与上同意也，故可以与之死，可以与之生，而不畏危。"（《孙子兵法·计篇》）此处的"道"可以作正义解，亦可以作具体的使兵专于一的政策方针解，但不论作何解。它的基本思想就是要使众将士团结成一个人，为了一个目标而战，即生死与共，而不存他志，即"上下同欲者胜"（《孙子兵法·谋攻篇》）。上下同欲，在上者驱民于战是为了他的王霸大业，故其自然是欲战的，而普通士兵就不一定了，因而这里的同欲，其实质是如何使民乐于战的问题，只有使民同人主一样乐于战，才能有战斗力。其具体办法就是恩威并用，即"视卒如婴儿，故可与之赴深谿；视卒如爱子，故可与之俱死。厚而不能使，爱而不能令，乱而不能治，譬如骄子，不可用也"（《孙子兵法·地形篇》）。此亦即孙膑所谓的仁义德信智：

　　　将者，不可以不义，不义则不严，不严则不威，不威则

---

① 本书所谓《孙子兵法》者，指孙武兵法，用《诸子集成》本。孙膑兵法，即言之《孙膑兵法》，用张泽震《孙膑兵法校理》本，中华书局1984年版。

卒弗死……

　　将者，不可以不仁，不仁则军不剋，军不剋，则军无功……

　　将者，不可无德，无德则无力，无力则三军之利不得……

　　将者，不可以不信，不信则令不行，令不行则军不抟，军不抟则无名

——《孙膑兵法·将义篇》

　　总括而论，即是要恩威并用。恩者，仁德也，使民乐于为之死；威者，严令也，便民不得不为之死。其中前者又包括两层意思，其一，即爱兵，其二，即诱以奖赏。关于奖赏下节再论，这里先看其以恩德感动士兵："吴起为魏将而攻中山，军人有病疽者，吴起跪而自吮其脓。伤者母，立而泣。人问曰：'将军于若子如是，尚何为而泣？'对曰：'吴起吮其父之创而父死，今是子又将死也，今吾是以泣。'"（《韩非子·外储说左上》）此事亦见《史记·孙子吴起列传》，为伤者吮血或为后人夸张之谈，然关心士卒疾苦以感其心则似不虚。关心士卒疾苦的目的正是为了使其乐于死也，此是专兵于战的一种方法。这种恩威并用的方针是从总体而言的，具体的兵家亦有一套相应的施行办法，这就是兵家的形名理论："凡治众如治寡，分数是也；斗众如斗寡，形名是也"；"杜牧注曰：分者分别也，数者人数也。言部曲行伍皆分别其人数多少，各任偏裨长伍，训练升降，皆责成之。故我所治者寡也"。形名者，曹操注云："旌旗曰形，金鼓曰名"（《孙子兵法·势篇》）。众多的士卒临阵不乱者形名指挥之力也，或进、或退视旗闻金即知，这正是以少御多的方法，挥旗者一人，视旗而进者万人，鸣金者一人，闻金而退者亦万人。形名不过是一形式

符号，或一声音标识，但却包含着具体的信息内容。正由于有了这种包含着丰富内容的简单形式（名），万千之众的军队才能动如一人。"《军政》曰：'言不相闻，故为鼓铎；视不相见，故为旌旗。'夫金鼓旌旗者，所以一人之耳目也；人既专一，则勇者不得独进，怯者不得独退，此用众之法也。"（《孙子兵法·军争篇》）"齐勇若一，政之道也……故善用兵者，携手若使一人。"（《孙子兵法·九地篇》）军队有许多兵种，各兵种的职责亦不一样，然各有其名号，金鼓旌旗的种类亦各不同，而各有其固定的意思，故以旌旗视目，以金鼓语耳，即形名相应，则万众如一。兵家在具体战斗中对军队的这套组织及指挥办法，给法家以很大影响。法家之治民固然不同于治军，然使万民一于耕战则与一兵于敌有相似之处，而治军的那一套具体的组织形式，亦与臣民的组织结构有许多相似之处（商鞅的什伍连坐之法就是直接由军队之组织结构而来），无非都是"审名以定位，明分以辩类"（《韩非子·扬权》）。孙膑所谓"分定则有刑矣，刑定则有名"（《孙膑兵法·奇正篇》）。对治军而言，使万众若一则战必胜攻必克，对治国而言亦然，"一民"于耕战则国强民富。

（二）赏罚

但在如何一兵若使一人上，仅靠恩德是不够的，具体的组织及指挥方式亦然不能解决使士兵从内心深处乐于战的问题，故兵家就以赏罚作为治军的重要手段，形名不过是具体的方法，而赏罚才是根本的保证，没有这个保证，前者也是不能很好实现的。孙武就以赏罚是否分明作为胜败的保证，"法令孰行……赏罚孰明？吾以此知胜负矣"（《孙子兵法·计篇》）。赏罚不明则战必不胜，因而他提出："故杀敌者，怒也，取敌之利者，货也。故车战得车十乘已上，赏其先得者。"（《孙子兵法·作战篇》）但孙子认为赏罚也要适当，失去了一定的标准都是失败的征兆，"屡赏者，窘也；数罚者，困也"（《孙子兵法·行军篇》）。他的后人孙膑，在这方面进一步发展了他的赏罚理论，明确提出了赏罚是使兵乐于战的重要手段，尽管孙膑认为这不是治兵之急务："夫赏者，所以喜众，令士忘死也，罚者，所以正乱，令民畏上也"（《孙膑兵法·威王问》）。"不信于赏，百生（姓）弗德，不敢去不善，百生（姓）弗畏"（《孙膑兵法·篡卒》）。"明爵禄而……必审而行之，士死"（《孙膑兵法·杀士》）。此段缺文太多，但联系前文及篇名则似可明其意，即要以信赏必罚而使民死命于战，"杀士"者，死心于战之士也。张震泽引今本《尉缭子·兵令下》解"杀"为"牺牲"，"谓号令严明，信赏必罚，士卒用命……甘战而死者十之若干也"。① 而荣挺进、李丹等人虽也承认张的士卒用命之说"尚通"，但却认为"如此则'杀卒之半'未必通也"，其理由就是《孙膑兵法·奇正》里孙膑主张要想令之行，其令要百姓能做得到才行，否则"而责之民，是使水逆留（流）也"，此句本来没有歧义，但不知荣李二人由何得出了"民不能行其令，杀卒之半也白搭，杀一未必能儆百，杀鸡未必能儆猴"。② 在此，荣李将"杀士"之杀解作了杀人之杀，将"杀士"解作了杀人；这是由于荣李二人先以为别人错了，他们来纠正，但张震泽之说并无错，因而反倒是其自己纠正为错了。由此，荣李二人又以《孙膑兵法·篡卒》及《见威王》、《威王问》等篇的主张选拔精兵强将而不恃众兵、主张义战、主张整个国力的强大而不是穷兵黩武，得出了"杀士"即"裁军"之意③。别的不论，其一，孙膑时代正是诸侯争霸的战争年代，各国都在扩军备

---

① 张震泽：《孙膑兵法校理》，中华书局1984年版，第94页。
② 荣挺进、李丹：《孙膑兵法白话今译》，中国书店1994年版，第58页。
③ 同上书，第59页。

战何来裁军之说。其二，所谓精兵强将与"杀士"并不矛盾，相反"杀士"正是精兵强将的体现，"杀士"也并非仅仅是以严刑峻法威逼士兵去卖命，更多的还是以爵禄刺激士民的好战之心使其死心于战。其三，兵家如孙膑者流虽不主张穷兵黩武，但当不得不战之时奈何，国家的整体实力再强，最终还是要以战争决定胜负的，所谓不战而屈人之兵，必得有能战而胜之的军事力量的存在为前提。这一切都得有众多的"杀士"为根本保证，而要想培养出大量的"杀士"，则信赏必罚就是根本的策略。由此孙膑明确提出了赏罚的标准问题，"用兵移民之道，权衡也。权衡，所以篡贤取良也……正衡再纍既忠，是谓不穷。称乡县衡，虽其宜也，私公之财壹也。夫民有不足于寿，而有余于货者，有不足于货，而有余于寿者，唯明王圣人知之，故能留之，死者不毒，夺者不愠……民皆尽力……货多则辨[1]，则民不德于上"（《孙膑兵法·行篡》）。其大意是说选贤任能要有一套客观的标准，而且要反复地权衡直到公正为止，所谓"私公之财壹也"，公者，王公者流也；私者，公以下之卿、大夫、陪臣、士也；财，张震泽训为人材之材；[2]壹者，一个标准也。民众有有钱无力的，有有力无钱的，则无力者出钱，无钱者出力于战，这样战死者不怨，出钱（被夺）者亦不怒，故民尽力于战而不需对上感恩戴德。明

---

①　辨，张震泽训为办，即钱多好办事。笔者按，张说非，辨者，辨别、辨析之谓也。选材、赏罚标准即明，富贵的路径就很明确了，即为国而战，以力而富贵，故不需对上感恩戴德。

②　张震泽按：温，借为愠。此段译文，多以张说为是，然间亦有不同看法者，如对"不足于货"之"足"字，张训为满足，不足即不满足。笔者按，不足者，即其本意，与有余相对，即谓有钱无力及有力无钱者也。又：财，张震泽训为材，指人材，材力之材，钱财之财，本篇以货指。笔者按，张说恐非，财即为其本义，财富之财，钱币之财，以货称；财指其他非钱币之财物。所谓："私公之财壹也"者，一句话就是有钱的出钱，有力的出力，在此只有一个标准，即为国耕战。

主圣君正是要利用百姓的这种心理使其为国而战，并以此权衡赏功罚过。在论述明主应利用百姓的求富之自为心为国而战的同时，孙膑强调赏罚必须立刻兑现，而且要公平，不论亲疏，即"赏不逾日，罚不还面，不维其人。不何外辰，此将军之德也"（《孙膑兵法·将德》）。由此可见，兵家已初步认识到应该利用百姓追求财富的自为之心使其乐于为国而战，只不过它同时还尚仁德，主张将领要爱护士兵，即以恩化之。法家则在继承了它的赏罚思想的同时，抛弃了这种恩德观念，而将赏罚发展成了一种完整的政治制度。

（三）立信

治军最重要的莫过于严明纪律，此正是上述一兵、赏罚措施得以实行的保证和目的，而严明纪律的首要任务则在于立信，信立则令才能行，令行则民才能上，即服从于法度。故严令与信赏必罚成了有为将领的标志，此类记载不绝于书，此随举几例：

司马穰苴斩齐景公之宠臣庄贾，遂振军心，故一举皆收"所亡封内故境"（《史记·司马穰苴列传》）。

孙武斩吴王阖庐之爱姬二人，遂使宫中"妇人左右前后跪起皆中规矩绳墨，无敢出其声"（《史记·孙子吴起列传》）。军令严明，妇人尚可为军，何况本为士卒者。故孙武云："法令孰行？……赏罚孰明，吾以此知胜负矣"（《孙子兵法·计篇》）。孙膑则明言："令不行，众不壹，可败也"（《孙膑兵法·将败·将失》）。他还对令提出了具体的要求，即令不能多变而要稳定；否则"令数变，众偷，可败也"（《孙膑兵法·将败·将失》）。同时，军令还必须是士兵都能做到的，否则仍然无用，并且违背了事物发展的规律。"赏未行，罚未用，而民听令者，其令，民之所能行也。赏高罚下，而民不听其令者，其令，民之所不能行也。使民虽不利，进死而不旋踵，孟贲之所难也，而责之民，是使水逆流也。故战势，胜者益之，败者代之，劳者息之，饥者食之。故民见□人而未见死，蹈白刃而不旋踵。故行水得其理，漂石折舟；用民得其性，则令行如流。其令，民之所能行也。"（《孙膑兵法·奇正》）故行令也要顺应事物发展的规律和民情，否则就如使水逆流，必然于事无益，反而适足为害。同时使民严守军令还得有个过程，这就要求平时的训练，"卒未亲附而罚之则不服，不服则难用也。卒已亲附而罚不行，则不可用也。故令之以文，齐之以武，是谓必取。令素行以教其民，则民服，令不素行以教其民，则民不服"（《孙子兵法·行军篇》）。素行者就是平时培养成的习惯，及一贯奉行的法令，这亦是对法令要稳定的强调。齐威王问孙膑曰："令民素听，奈何。"孙子曰："素信"（《孙膑兵法·威王问》）。"素信者昌"（《孙膑兵法·威王问》），"兵之胜在于篡卒，其勇在于制，其巧在于势，其利在于信，其德在于道……信者，明赏也……不信于赏，百姓弗德，不敢去不善，百姓弗畏"（《孙膑兵法·篡卒》）。由此可见信赏必罚，才能使纪律严明，而这则在于平时的训练和培养，故为兵之道首先要立信，这也是每一个将军初帅军时所必须要做的事，所谓"将者，不可以不信，不信则令不行，令不行则军不榑，军不榑则无名；故信者，兵之足也"（《孙膑兵法·将义》）。[1] 如前述司马穰苴与孙武之初为将时所作的那样。《韩非子·内储说上》记载了一段吴起立信的故事，吴起为魏武侯之西河守，欲攻临秦境的小亭，为激励百姓的斗志，乃立一车辕于北门之外，令曰："有能徙此南门之外者，赐之上田上宅"，开始无人相信，"及有徙之者，遂赐之如令……乃下令曰：明日且攻亭，有能先登者，仕之

---

[1]　此段原文多重字符号，故用张震泽译文。按，张训"榑"为专，"即专制之专"。参见张震泽《孙膑兵法校理》，第175页。

国大夫，赐之上田上宅。人争趋之，于是攻亭，一朝而拔之"。《吕氏春秋·似顺论·慎小》亦有类似的记载，其文最后曰："自是之后，民信吴起之赏罚。赏罚信乎民，何事而不成，岂独兵乎。"《史记·商君列传》亦言商鞅有过类似之举。要之，吴起、商鞅或不必立木以取信，然必有立信于民之方法，史家记事不过表其易为而已。然此亦正说明只有平时立信于民，才能令行禁止，而只有信赏必罚才能使民乐于死战。此正是兵家对法家的影响所在，不过在兵家只是治军的具体措施，而在法家则是治国的纲领所在，但是立信于民则是相同的，在法家而言治国就如同治军。

（四）诈术

两军相争出奇致胜的重要保证即在于充分了解敌情，相反却要尽量隐蔽自己的实情不使对方知道，所谓"知彼知己，百战不殆"（《孙子·谋攻篇》）。还有一层重要的意思就是不使对方知己，然而要做到这一点消极地隐蔽自己的实情还不够，而要积极地给敌以假象，以使其发生判断错误。因此诈术就成了兵家思想的重要组成部分。孙武就说得非常明白："兵者，诡道也。故能而示之不能，用而示之不用，近而形之远，远而示之近；利而诱之，乱而取之……攻其无备，出其不意，此兵家之胜，不可先传也。"（《孙子兵法·计篇》）。"故兵以诈立，以利动，以分合为变者也"（《孙子兵法·计篇》）。也就是要给敌以假象，使其按我的计划行动，"故善动敌者，形之，敌必从之[①]；予之，敌必取之，以利动之，以卒待之。"（《孙子兵法·势篇》）"故形人而我无形，

[①] 《诸子集成》本，此句作："形之敌必从之。"《武经七书》本作："形之，敌必从之。"联系后句，"予之，敌必取之"，今从之。见《中国军事史》编写组《武经七书注释》，解放军出版社 1986 年版，第 23 页。

则我专而敌分；我专为一，敌分为十，是以十攻其一也，则我众而敌寡，能以众击寡者，则吾之所与战者约矣。"（《孙子兵法·虚实篇》）在形势不明朗的情况下，甚至对己方的士兵也不能泄露作战意图，"故形兵之极，至于无形；无形，则深间不能窥，智者不能谋"（《孙子兵法·虚实篇》）。"将军之事，静以幽，正以治。能愚士卒之耳目，使之无知。易其事，革其谋，使人无识；易其居，迂其途，使人不得虑……若驱群羊，驱而往，驱而来，莫知所之。"①（《孙子兵法·九地篇》）由此可见，隐蔽自己的意图和实力不使人知，就成了取得战争胜利的重要保证。反之对于敌人的情况则要充分掌握，孙武和孙膑由此都提出了用间的理论。孙子十三篇，其中一篇就是《用间篇》，认为应该"赏莫厚于间"（《孙子兵法·用间篇》），反之，"而爱爵禄百金，不知敌之情者，不仁之至也，非人之将也、非主之佐也、非胜之主也……故明君贤将，所以动而胜人，成功出于众者，先知也"（《孙子兵法·用间篇》）。而"先知"得以行者，用间之功也。法家这种充分掌握敌情而不泄露自己的意图的诈术理论给法家以很大的影响，法家思想中的御臣之术即是对它的继承和发展。

（五）形势

在兵家看来战胜对方并不是哪一个方面的原因，而是天时、地利、人和等各种因素相互作用的结果。取胜的根本保证在于"自恃"，"故用兵之法，无恃其不来，恃吾有以待之；无恃其不攻，恃吾有所不可攻也"（《孙子兵法·九变篇》），即自己一方的充分准备，而不在于敌方的失误，敌方的失误也应是己方促使其发生的，这即前面所说的行诈的结果。所谓"形"即客观事物自

---

① 《诸子集成》本，此句作："若驱群羊而往，驱而来，莫知所之。"引文从《武经七书》，见《武经七书注释》，第52页。

身的规律性，而"势"即人对它的利用，因而所谓势就是事物发展的不得不然的趋势，孙子曰："激水之疾，至于漂石者，势也。"（《孙子兵法·势篇》）"夫兵形象水，水之行避高而趋下；兵之形避实而击虚，水因地而制流，兵因敌而制胜，故兵无常势，水无常形；能因敌变化而取胜者，谓之神。"（《孙子兵法·虚实篇》）在此静为形，动为势，水之形静而趋下，动则势能漂石。形和势其实就是事物静止和运动的两个方面，为兵之道就是充分利用各个方面的有利因素，使其成为一种不可阻挡的必然之势，所谓整体大于部分之和，各个方面的有利因素一旦汇聚在一起，其能量自然要比它们单独发挥作用时的力量的简单相加大得多。对此，孙膑的解释更清楚一些，"有胜有不胜，五行是也，有生有死，万物是也，有能有不能，万生是也，有所有余，有所不足，形势是也。故有形之徒，莫不可名。有名之徒，莫不可胜。故圣人以万物之胜胜万物，故其胜不屈"（《孙膑兵法·奇正》）。万物都有它有利的一面和不利的一面，利者，胜也，为兵之道就是要综合这有利的一面，使其成为不可败之势。君以刑名制将而不必亲躬，即"将能而君不御者胜"（《孙子兵法·谋攻》）。反之君"御将，不胜"（《孙膑兵法·篡卒》）。而将领只要制定好赏罚的标准，严明了军纪，则士卒自然会奋力于战，所谓"势者，所以令士必斗也"（《孙膑兵法·威王问》）。势成，则将领不必一个个地责兵于战。"故善战者，求之于势，不责于人，故能择人而任势。任势者，其战人也如转木石。木石之性安则静，危则动，方则止，圆则行。故善战人之势，如转圆石于千仞之山者，势也。"（《孙子兵法·势篇》）有为的将领胜敌于战斗之先，"其所措必胜，胜已败者也。故善战者，立于不败之地，而不失敌之败。是故胜兵先胜而后求战，败兵先战而后求胜"（《孙子兵法·形篇》）。"昔之善战者，先为不可胜，以待敌之可胜。

不可胜在己，可胜在敌。故善战者，能为不可胜，不能使敌必可胜。"（《孙子兵法·形篇》）为兵之道毫无侥幸可言，必须在己方做好了充分的准备，即立于不败之地以后，才能对敌发动进攻，而在具体的战斗中还要随机应变，综合各方面的有利条件从而形成必胜的态势，即所说的大局已定的形势。"故用兵之法，无恃其不来，恃吾有以待也；无恃其不攻，恃吾有所不可攻也。"（《孙子兵法·九变篇》）由此可见，为兵之道关键在于己之不可攻，而不在寄希望于敌之不攻。这在兵家还只是具体的为战之法，法家则将其发展成了一套完整的政治制度，即以客观的标准来代替人治主义的主观偶然性，寄希望于制度的完善，而不企求于个人的向善之心。

二　法家对兵家思想的批判继承

（一）一民于耕战

兵家"犯三军之众，若使一人"（《孙子兵法·九地篇》）的一民思想对法家产生了很大的影响，在兵家而言只是要将全军将士团结成一个人一样，以战胜敌人，而法家在此基础上则要使全国百姓都能统一于君主的王霸大业，即一全国之民于耕战，不但在各项规章制度上就是在意识形态上也要统一步调，赏要给予耕战的有功之士，誉亦要归之于耕战之人，而毁罚则要归于那些文学之士、工商技艺之人、言谈游侠之众，即一切非耕战之人。因此法家为政的首要任务就是一民，在经济上要"利出一孔"（《商君书·弱民》），就是要百姓都以为国耕战而求富贵，除耕战以外的其他行业都是应该排斥的，个体私有的自由职业在法家的理想王国里是没有位置的。在政治上一切赏誉都要归于法术之士及耕战有功之人，是否有利于国家的王霸大业，是决定一个人的政治地位的决定性因素，个人的道德修养在法家看来不但无益，甚至有害于国家。商鞅就明确提出："圣人之为国也，壹赏，壹刑，壹教……所谓壹赏者，利禄官爵，抟出于兵，无有异施也……所谓壹刑者，刑无等级，自卿相将军以至大夫庶人，有不从王令、犯国禁、乱上制者，罪死不赦……所谓壹教者，博闻、辩慧、信廉、礼乐、修行、群党、任誉、清浊，不可以富贵，不可以评刑，不可独立私议以陈其上……彼能战者，践富贵之门，强梗焉，有常刑而不赦……圣人治国也，审壹而已矣。"（《商君书·赏刑》）"惟圣人之治国，作壹，抟之于农而已。"（《商君书·农战》）商鞅要一民于农战，韩非则进一步使其成为一种治国纲领主张："赏利一从上出"（《韩非子·诡使》），也就是要臣民的经济利益和政治地位都要由人主的爵禄而来，而爵禄则来自于为国耕战的功劳。因而韩非坚决反对"国平则养儒侠，难至则用介士，所养者非所用，所用者非所养"（《韩非子·显学》）的赏罚毁誉名实不符的治国政策，明确提出赏罚毁誉应有一个统一的标准问题，即以法赏功罚过。并由此制定了一套循名责实的考核办法，从而将国家的政治生活纳入战争的轨道。对民而言在于耕战而致富，对臣而言则在于奉公守法为人主的王霸大业服务而致贵。人主的王霸大业要依靠耕战之士，而富贵的唯一途径亦在于耕战，因而耕战就成了国家生活的中心，法家的"一民"即是"一民"于耕战。

（二）赏罚

兵家的一民，其具体办法就是恩威并行，法家在继承兵家恩威并用的同时，抛弃了恩德的一面，而发展了其赏罚的措施。在兵家还主张以爱惠仁义以感兵士之心，吴起吮伤是也。而法家的赏罚则完全是物质的奖励和惩罚，在法家看来人与人之间的关系，都是一种利害关系，追求富贵是人的本性，只要人主给以高官厚禄的鼓励，则百姓自然愿意为君死命，用不着仁义道德的说教和慈爱的感召；人都是自私自利的，人为追求自己的富贵自然会死命于战，而严明的法律也使其不得不战。兵家称："势者令士必斗也"（《孙膑兵法·威王问》），法家则以为致民之产不足于战，而"信赏必罚，其足以战"，即令民"无得不战"（《韩非子·外储说右上》）。"故善为主者，明赏设利以劝之，使民以功赏而不以仁义赐。严刑重罚以禁之，使民以罪诛而不以爱惠免。"（《韩非子·奸劫弑臣》）赏罚在此成了治国的重要手段，"若陆行之有犀车良马也"（《韩非子·奸劫弑臣》）。兵家赏罚的一些具体政策也被法家所继承，如兵家以为赏罚要适当，要有一定的标准，孙武称："数赏者，窘也；数罚者，困也"（《孙子兵法·行军篇》）；孙膑称："用兵移民之道，权衡也"（《孙膑兵法·行篡》）；韩非则称："赏罚敬信，民虽寡，强，赏罚无度，国虽大兵弱者，地非其地，民非其民也……故用赏过者失民，用罚过者民不畏……则国虽大必危"（《韩非子·饰邪》）。所谓过者，即没有一定的尺度，而以心裁轻重，此正是法家所竭力要避免的，所谓"释法术而任心治，尧不能正一国，去规矩而妄意度，奚仲不能成一轮，废尺寸而差短长，王尔不能半中，使中主守法术，拙匠执规矩尺寸，则万不失矣。"（《韩非子·用人》）此即指治国要以法为标准，或赏或罚都要有一个固定的尺度。再者，兵家，虽然强调令行禁止，但亦认为这种令必须是人能做到的，否则就如同使水逆流一样（《孙膑兵法·奇正》）。而法家正是受了这种影响，它虽然主张严刑重赏，但亦然认为"明主立可为之赏，设可避之罚"（《韩非子·用人》）。赏虽厚，但要人经过努力所能得到才行，刑虽重亦要人能不犯才行，否则就是失度，失度则赏不足以劝善，罚不足以禁恶，此乃亡国之道。

（三）取信于民

法家固然以法行赏罚，但法的施行仍然要使民相信，因此同兵家一样，法家也强调立信于民，《韩非子》中记载了吴起立信的故事，除前面所举的吴起倚车辕的故事外（《韩非子·内储说上》），还有吴起因妻所织之布不合其幅而出妻之事。妻不奉令，所织之布不合其幅，则吴起出妻，可见其信，"起家无虚言"是也。（《韩非子·外储说右上》）将不信则无以为军，君不信则无以为国，兵家法家于此一也。商鞅称："夫民力尽而爵随之，功立而赏随之，人君能使其民信于此，如明日月，则兵无敌矣。"（《商君书·错法》）韩非则称："赏誉厚而信者，下轻死。"（《韩非子·内储说上·七术》）《韩非子·外储说左上》还有吴起与故人约而食，故人至暮不至，吴起因而不食，至旦故人至遂食的记载。可见韩非对吴起立信的重视。由此也表明了立信对治国是何等的重要，"故有术之主，信赏以尽能，必罚以禁邪"（《韩非子·外储说左下》）。而立信的目的在于行令，"信"，正是法律得以执行的保证，故法家认为："令者言最贵者也，法者事最适者也。"（《韩非子·问辩》）法家之所以对文学及言谈之士那样深恶痛绝，就是因为这些人常常以文乱法，故在法家看来只有将这些人排斥在国家政治生活之外，法律才能得到彻底的实行。由此，法家特别强调法令的客观性，法既已确定，则任何人不得妄议，私改一字更是罪死不赦，任何人，自卿相将军大夫以至庶人，有不从王令者，罪死不赦。可见在令行禁止方面，法家是完全继承了兵家治兵的那一套经验，并且更加完善了。兵家认为，令不能经常改动，"令数变，众偷，可败也"（《孙膑兵法·将失》）。法家亦持同样的主张。"法禁变易，号令数下者可亡也"（《韩非子·亡征》）。韩非批评申不害时就以为，他尽管精于术，却失于法，即法令数变而他不能以法一之，使其固定下来，所谓"先君之令未收，而后君之令又下，申不害不擅其法，不一其宪令，则奸多"（《韩非子·定法》）。因而法令必须稳定，不能轻易改动。

而且法一旦确定就得对谁都一样，即"刑过不避大臣，赏善不遗匹夫"（《韩非子·有度》）。否则国将不保。由此可见，法家信赏必罚的思想正是对兵家的继承和发展，它以权衡尺度的客观性使法具有了固定的标准，并以此反对政从心出的人治主义，并以循名责实的方法保证了其实施，这一套完整的御臣治民之法是兵家的简单的赏罚思想所无法涵盖的，兵家要"犯三军之众，若使一人"（《孙子兵法·九地》），法家则要"范"全国之民，若使一人，因而简单的军令是不够的，而必须使其成为一种完整的政治制度，此正是法家对兵家的发展。

（四）御臣之术

为兵之道为了取胜就要充分了解敌方的情况，并尽量隐蔽自己的情况不使敌人知道。为了了解敌情就不得不使用间谍，故孙武称："兵者，诡道也。"（《孙子兵法·计篇》）这种诈术思想对法家来说正好适用。在兵家是为了对敌，而有时出于战情的需要也要对自己的士兵施以诈术，这后一点被法家发扬光大，而用来加强君权以御臣下。兵家要隐蔽自己的真而以假示敌，法家亦要君主将自己的思想意图深藏不露。韩非称："术者，因任而授官，循名而责实，操杀生之柄，课群臣之能者，此人主之所执也。"（《韩非子·定法》）"术者，藏之于胸中，以偶众端，而潜御群臣者也，故法莫如显，而术不欲见。"（《韩非子·难三》）可见术在法家这里是君主治臣的一种重要手段。法家自己也证明了这是对兵家思想的继承，晋文公阴用诈谋，而阳赏忠厚，孔子谓善赏，韩非则非之，认为应光明正大地重赏行诈伪之计的人，因为"所谓不厌诈伪者，不谓诈其民，谓诈其敌也"。"万世之利，在今日之胜，今日之胜，在诈于敌"，孔子以为诈伪乃图一时之利，而失万世之利。韩非则认为今日不胜则亡国，何来万世之利。况且"诈伪者，军旅之计也"（《韩非子·难一》），只要能胜敌，何为不用。

这种军旅之计却被韩非发展成了一种御臣之术。这是法家尊主卑臣所不得不然的，亦是其反对政从心出的一贯政策的必然结果，君现喜怒于外，则臣下就会巧言令色以取悦于上，或者文过饰非以蔽主，或者下比周以邀君幸，对上，阻碍法术之士不得进，对下，则贪渔百姓，上害国而下害民。因而人主就要把自己的意图隐藏于胸而以法为治，臣下既无法窥测到君主的意图，就不能取悦于上，也就不得不奉法而治民，所以御臣之术无非是对臣下的控制，因为人都是自私自利的，处于高位的大臣们更是如此，不加强控制则君主的权力就会受到威胁，这也正表明了政权下移的过程中君主与大臣们矛盾的激烈。其解决的办法就是"君操其名，臣效其形，形名参同，上下和调也"（《韩非子·扬权》），亦即"因任而授官，循名而责实"（《韩非子·定法》）。根据官职责其应负的责任，名实相符者赏，反之则罚。由此，则臣尽力于职，而不必邀幸于上。

这种术治思想还表现在，法家发展了兵家用间的方法，而重赏告奸者，这是将全国百姓都看作是敌人了，法家将这看作是治奸的有效办法。法家的术治思想一方面要使君主的意图不露于外，另一方面则又要充分掌握臣民的意图，此正是由兵家隐蔽自己而掌握敌情的诈术而来。

（五）客观之势

同样，法家的势治思想也是由兵家而来，法家论政不恃人的自我修养，而力图以法为中心形成一套客观的政治制度。"人主虽使人，必以度量准之，以刑名参之，以事遇于法则行，不遇于法则止。功当其言则赏，不当则诛，以刑名收臣，以度量准下。"（《韩非子·难二》）"故明主者，不恃其不我叛也，恃吾不可叛也，不恃其不我欺也，恃吾不可欺也。"（《韩非·外储说左下》）

"凡明主之治国也，任其势，势不可害，则虽强天下，无奈何也……然则害于不侵，在自恃而已矣。"（《韩非子·难三》）"夫圣人之治国，不恃人之为吾善也，而用其不得为非也。恃人之为吾善也，境内不什数。用人不得为非，一国可使齐。"（《韩非子·显学》）不恃人而恃己之自恃，正是兵家不恃不攻我，而恃我不可攻的形势论的合理发展，不恃人之向善，而恃其不敢为非正是法家思想的主旨，在此正可以看出兵家思想的影响作用。

综上所述，法家迫于战争环境的现实需要，其治国思想表现出很大的战时政策的特征，而兵家的治军理论则直接构成了法家的思想渊源，兵家讲一兵，法家讲一民于耕战，兵家讲赏罚，法家讲以法赏罚，并将其视为使民富贵的唯一途径，所谓利出一孔即是指民的富贵都应由君主的赏功而来；兵家讲立信，无信则令不行，法家则讲信赏必罚，否则就主危国亡；兵家讲诈敌，法家讲以循名责实御臣民的诈术；兵家讲势，法家讲恃人不敢为非。由此可以说法家对兵家思想的继承更直接，治理战争年代的国家百姓，本身就和治军有许多相同之处，法家在继承兵家思想的同时，不过是将其扩大到了整个国家的社会生活，因而更加系统更加制度化了而已。

第五节　法家与儒家

一　儒家对法家的影响

儒家学说本多为法家所否定，然而由春秋战国之际的文化思想特征，即官学的私学形式所决定，尽管是两个对立的学派，但由于为之服务的政权形式只有一个，所以彼此之间仍然有某些不可分割的联系，即所谓"同归而殊途，一致而百虑"（《易传·系辞下》）。具体而言，儒家对法家的影响，主要表现在这样几个方面：其一，法家人物的出身与儒家的渊源关系；其二，氏族传统的余绪及自上而下的论政方式；其三，贵贱有序的等级制思想及其正名学说。

（一）法家人物的儒家渊源

如前所述（见第五章诸子产生之历史背景）诸子之产生，一源于时代之需要；一出于以往王政之渊源，这两者实为相辅相成之关系。由时代言之，周天子之一政，变为诸侯、大夫之多政，遂有与之相应的诸子百家学说的产生，即多政之学，所谓"诸侯异政，百家异说"（《荀子·解蔽》）；由其出处言之，百家或不必出于王官，然断不能与原来之王政没有关系，或者说百家之学皆由其所出。诸子百家之前的一政之学，如周时的官学，到底是怎样一种情形，今天已不得而知。所知者，皆儒家典籍中所记载之内容，如《诗》、《书》、《易》、《礼》、《春秋》等，这些典籍后来成为儒家之经典。能不能这样看，儒家是原来官学在春秋时期的一种新的发展或延续。而法家作为后起之学，必然与原来之官学及其在新时期的代表，即儒家，有着某种割舍不断的联系，此已为不少学人所认可。郭沫若认为：韩非"在儒家有其瓜葛，自汉以来早为学者所公认"。[①] 胡适说得更直接："儒家的'礼'和后来法家的'法'同是社会国家的一种裁制力，其中却有一些分别。"[②] 这其中又有两个方面的不同，一是，某些法家人物身上具有儒家的思想成分，如前述之李悝、吴起、商鞅，郭沫若甚至认为他们"都出于儒家的子夏，是所谓'子夏氏之儒'"；[③] 一是，如韩非、李斯等法家或出于儒家荀子之师门。所不同者，在

① 《韩非子的批判》，《十批判书》，东方出版社 1996 年版，第 367 页。
② 《中国哲学大纲》，第 119 页。
③ 郭沫若：《前期法家的批判》，《十批判书》第 357 页。

前者，儒家思想是潜移默化地发挥着作用；在后者，则是对儒家之师门的反叛，但作为最晚出的思想家，韩非的思想深处必然会无意识地含有一些别家的思想成分。因此他"对于儒家的态度便是两样，那主要的是逆击，而只走私般地顺受了一些"。① 但不论是哪种形式，法家人物身上的儒家成分是多少都有一点的。

（二）氏族传统的余绪及自上而下的论政方式

前面我们说春秋战国之际的历史特征，就是由自然血亲的氏族统治方式向抽象的氏族统治方式的过渡，在此儒家思想就是其在意识形态上的典型代表。

儒家论政的一个根本特征就是它以自然血亲的父子关系来比附君臣关系，并将其扩大为整个社会的组织结构。《尚书》云："天子作民父母，以为天下王。"（《尚书·周书·洪范》）孔子论政云："君君、臣臣、父父、子子。"（《论语·颜渊》）孟子云："内则父子，外则君臣，人之大伦也。"（《孟子·公孙丑下》）荀子云："上之于下如保赤子"，"下之亲上欢如父母"（《荀子·王霸》）。又云："君子者……民之父母。"（《荀子·王制》）在此，父子关系的自然差别就成了儒家先天假定的等级秩序的现实依据，父子的老少关系既然是不可改变的，社会关系的贵贱之分也就是必然的了。儒家的社会理想，就是要把国家的社会生活认同为一个和睦的大家庭，君主与其臣民已经没有自然的血缘关系了，但仍表现为一种抽象的家族关系，所谓"君父"、"子民"正表现了这种关系。统治者对国家的治理，就像父母对家庭的管理一样，"这个政府与其说是管理民政，毋宁说是在管理家政"。②

---

① 《韩非子的批判》，《十批判书》第382页。
② ［法］孟德斯鸠：《论法的精神》张雁深译，上册，商务印书馆1961年版，第129页。

在此，臣民对于君主是没有任何权利可言的，一切社会生活都要由在上者来安排，所谓"子帅以正，孰敢不正"（《论语·颜渊》），"君子之德风，小人之德草，草上之风必偃"（《论语·颜渊》），孔子之所以要竭力反对成文法的公布，就是因为它动摇了氏族贵族自上而下的统治地位。因而儒家就特别强调正名，即以礼来规范这种先天假定的贵贱等级制。

（三）贵贱有序的等级制思想及其正名学说

儒家的正名学说，其本质就是要确定社会的等级结构的名分，它的语言形式上的正名，即名与言的关系只是手段，其目的则在于礼乐和刑罚的合乎规范（《论语·子路》）。以礼乐为例，乐舞的人数是，天子八，诸侯六，大夫四，士二。名既为天子就可以用八佾的乐舞队伍，反之名为大夫，却用八佾的乐舞，即是违礼，故"季氏八佾舞于庭"，孔子就大呼"是可忍也，孰不可忍也"（《论语·八佾》）。在此可以看出，名为什么，就享受什么待遇，不得违反。名实相称就是合乎礼的规范，即是治。反之则为僭、为乱。孔子正名就是要以礼的形式将社会的等级结构固定下来，并给以明确的称谓，名即是社会成员的等级地位的标识。在此，礼即具有法的性质，"'正名'的宗旨，只要建设是非善恶的标准……这是孔门政治哲学的根本理想……'君君臣臣父父子子'，也只是正名主义"。[1] 其目的"便是使家庭社会国家的种种阶级，种种关系，都能'顾名思义'，做到理想的标准地步"。[2]

而其所包含的实际内容，就是贵贱有序的等级结构，在儒家看来人是有先天的贵贱之别的，理想的政治就是要使贵贱有序，即，使社会成员都安于他们固有的社会地位。这是儒家政治理论

---

[1] 胡适:《中国哲学史大纲》，第84页。
[2] 同上书，第85页。

的基本原则，它的全部学说都是以此为中心而展开的。其具体的施行办法就是给以礼的规范，同时再辅以忠孝仁义的道德说教，从而使社会成员能够从内心深处产生一种信仰的力量，以自觉遵守礼的规定而不敢僭越。同时儒家还认为这种贵贱等级是不可改变的，因为它是先天命定的，因而要想保持正常的统治秩序，就要承认这种差别，礼正是维护这种差别的有效形式，所以礼的本质就是"别"。孔子曰："死生有命，富贵在天。"（《论语·颜渊》）可见富贵贫贱都是命中注定的，因而就要各安本分，即守礼。"一日克己复礼，天下归仁焉。"（《论语·颜渊》）对此荀子论述的最为精确："礼者养也，君子既得其养，又好其别。曷谓别？曰，贵贱有等，长幼有差，贫富轻重皆有称者也。"（《荀子·礼论》）人生而有欲，有欲则争，争则乱，"先王恶其乱也，故制礼义以分之，使有贫富贵贱之等"（《荀子·王制》）。由此可见，先王制礼的目的就是为了避免争斗，民不争则国安。儒家是坚决反对个人通过后天的努力，改贫贱为富贵的，故它反对一切竞争，更反对有一个评判争斗的客观标准。因此孔子对晋国铸刑鼎就坚决反对，其理由就是"民在鼎矣，何以尊贵，贵何业之守。贵贱无序，何以为国"（《左传·昭公二十九年》）。

要之，儒家的正名就是要维护社会贵贱有序的等级结构，礼即是其执行的标准，名正即是合理的，反之则是僭越。这正是自上而下的论政方式的具体内容。

二 法家对儒家的批判继承

与儒家相反，法家治国是强调以法米齐的，但它与儒家治国的一致之处就在于都要重建正常的统治秩序，因而儒家的氏族统治的余绪和自上而下的论政方式、正名和等级贵贱思想就被法家所批判继承。

　　法家虽然认为人与人之间都是一种经济利害关系，强调形式平等的法制原则。但由于中国历史的特殊性，使得法家仍然没有产生公共的权力机构及私有财富的权利义务观念，因而最终它仍然不得不以氏族关系来结构社会；而由于它对君权的强化，进一步发展了儒家自上而下的论政方式。在对统治秩序的维护上，法家就特别强调嫡庶之别，而以抽象的家族关系的有序与否，作为社会治乱的标准。申子的《大体》篇就主张嫡庶和妻妾有别，韩非则将其更加系统化了，将其作为了社会治理的手段和标志。认为嫡庶、妻妾不别即是亡国之征（《韩非子·亡征》）。社会本应是君臣、父子、上下、贵贱、亲疏、内外，各有差等，此即义，"义者谓其宜也"（《韩非子·解老》）。对社会的治理就是要维护这种嫡庶有别的尊卑关系，即"无尊妾而卑妻，无孽嫡子而尊小枝。无尊嬖臣而匹上卿，无尊大臣以拟其主"（《韩非子·说疑》）。在此正是以嫡庶、妻妾之尊卑关系来喻君臣关系的，所谓尊主卑臣，正是尊嫡卑庶在政治上的反映。后来统治中国几千年的三纲五常，其三纲正是源于法家的，即"臣事君，子事父，妻事夫，三者顺则天下治，三者逆则天下乱，此天下之常道也"（《韩非子·忠孝》）。由此可见法家对儒家的继承发展，即以法的强制来保证其实行，而不是像孔子那样只发一声"是可忍也，孰不可忍也"（《论语·八佾》）的悲叹了事。同样的，由于有了这种法律的强制手段，法家由上对下的控制也就更加强化了。一方面表现在对君权的加强上，另一方面表现在对国家经济生活的控制上。在法家看来，亡国不是土地和人民的实际丧失，而是君权的旁落（《韩非子·孤愤》），因而法家为政的中心就是如何强化君主对臣民的控制，儒家尚且要致民之产，而法家则要利出一孔，即将耕战作为臣民富贵的唯一途径。所谓"利于民者必出于君"（《韩非子·八奸》），在此是没有自由的个体私有制经济存在余地的，更不要说取得上层建筑的统治权了。

由此表明，在建立什么样的政治秩序上，法家继承了儒家自上而下的氏族统治方式，而在如何实行上则对其作了进一步的发展，即以法制对其礼制进行了改造，从而使其具有现实性。

具体而言就是它将儒家的正名学说改造成了一种循名责实的治国措施。社会是杂乱无序的，要规范它就得制定出相应的制度，划分社会的组织结构和政府的职能范围，名，即它的称谓，实，即它的内容。举例而言，名为农，实就是耕，名为兵，实就是战。循名责实就是根据社会成员的职业划分来考察其对国家应尽的职责。这更多的用于对政府各级官吏的考核，名为将军，实就得为国家攻城夺地，至于其他都在所不问，只要为国扩疆益地就是有功，反之则有过，有功则赏，有过则罚，这其中自有一套客观的标准，即法来权衡。功过就成了法家考核名实的最终依据。正名在儒家那里主要体现为对个人的特殊地位的强调，在法家这里则主要体现为对政府及臣民职能的强调，即以少御多的一种有效的政治统治形式。名作为概念必然代表着某一类事物的规定，循一名则能究一类，以此治国则用力寡而功多。当然在儒家的正名与法家的循名责实之间尚有许多过渡的环节，如道家的无为而治，黄学的"握少以知多"、"抱道执度"（《四经·道原》），及名家思潮的影响，等等，但儒家的正名则为法家的循名责实提供了原则上的指导。

儒家的正名是以有差等的礼来规范的，而法家则要齐之以法的规范。表面上看这只是形式上的区别，就其内容来看法家仍然是承认社会的等级差别的。然而法家的等级差别则是形式平等下的实际差别，这正是法家的进步性所在。因为社会的实际差别是客观存在的，问题在于能否改变，以及是否有一个客观的标准来保证其实现。法家解决了这个问题，只要臣民为国家尽了力，则他就可能由贫贱而富贵，法就是其评判的客观标准。因而法家的贵贱差别就是内容上的实际差别，而在形式上则是平等的，即每个个体都可以通过后天的努力而改变固有的社会地位，形式平等正是其重要的保证。这在法家著作中是表述得非常明白的，如韩非就明言："贵贱不相逾越……治之至也。"（《韩非子·有度》）"父兄大臣禄秩过功，章服侵等……可亡也。"（《韩非子·亡征》）"夫爵禄旗章，所以异功伐，别贤不肖也……此明等级也。"（《韩非子·外储说左下》）由此可见，法家同样也是强调贵贱有等的，它的循名责实也包含有确定这种等级关系的意味，"故审名以定位，明分以辩类"（《韩非子·扬权》），因而它视"章服侵等"（《韩非子·亡徵》）为亡国之征。但也正是在这里表现出了法家的进步意义所在，因为它的这种等级不是先天命定的，而是可以经过后天努力而得到的，章服爵禄的等级差别正是由功劳决定的，所谓"异功伐"者，就是为了标示功劳大小的，因而"过功"，即名实不称，就是"侵等"，侵等就自然要受到打击。因此法家对贵贱等级的维护正是一种平等的体现。

法家治国理论的主要内容就是奖励耕战，而赏功罚过是有一个客观标准的，这就是法。只要臣民为国耕战有功，就要受到奖赏，而不论原来的贫富贵贱，并且所获得的爵禄还要受法的保护，韩非说得非常清楚："明主使其群臣，不游意于法之外，不为惠于法之内……刑过不避大臣，赏善不贵匹夫。"（《韩非子·有度》）标准是划一的，在此没有什么先天的差别，而只有后天的差别，此即是形式平等的本意所在。

总而言之，法家对儒家的正名及其礼的规范给以了法的改造，以形式上的平等将先天命定的等级差别扬弃成了一种实际差别，自此，生而在下的贫贱者始有可能通过个人的努力上升为富贵者；相反，生而在上的富贵者则有可能因个人的不努力下降为贫贱者。但法家并未由此而达到公共的权力机构的高度，仍然采用的是氏族统治的国家形式，法制只是君主为其王霸大业而采取的一种手段，而不是财富私有权在政治上的体现。

三　儒法合流的内在机制

汉武以后虽然儒家处于独尊的地位，但是法家并未完全退出历史舞台，而只不过由前台退到了后台。此即史家所称的阳儒阴法，实际上即是儒法合流。而合流的内在机制，就是氏族统治的余绪及自上而下的论政方式。他们虽然一个称雄于战国之际，一个独尊于汉武之世，只不过是氏族统治的国家形式在意识形态上的不同体现而已。儒家之所以能够在汉武以后取得意识形态的统治地位，其根本原因就在于它适应了氏族统治的国家形式的政治需要，它为这种统治方式提供了理论根据，只要中国的氏族外壳不被彻底打破，而代之以公共的权力机构，独立自由的私有经济没有冲破专制经济的束缚，那么儒家的统治地位就是必然的。

而它之所以不能见用于战国之际，则是由于它不能直接满足诸侯力争的战时需要，所谓"仁义者，自完之道也，非进取之术也"（《战国策·燕策一》）。由此秦孝公就对商鞅的帝王之道不感兴趣（《史记·商君列传》）。对此，叔孙通称，"夫儒者，难于进取，可与守成"（《汉书·叔孙通传》）。

法家则正相反，是可于进取。① 它的法制标准及赏罚政策有利于充分调动庶民耕战的积极性，而一套完整的御臣之术对于加强君权也起到了极大的促进作用。这些都满足了富国强兵的现实需要，故它能称雄于战国。但由于它的公平的法制原则不是基于

---

① 笔者并不认为法家难与守成，汉武以降之中国几千年的基业，仍然是法家为其制度者，司马谈谓之"虽百家弗能改也"。

财富私有制的权利义务观念，而只是出于奖励耕战的战时需要。它虽然承认人们追求财富的合理性，但不是以庶民的经济利益为出发点，而是以君主的王霸大业为归宿。因而它虽然反对氏族贵族，却无法跳出氏族统治的国家形式，故同样讲君臣父子关系，强调贵贱不相逾越的等级制，强调国家对社会生活的控制。而这些它却不如儒家本色当行，故司马迁称它"可以行一时之计，而不可长用也"（《史记·太史公自序》）。

因而在维护氏族统治的国家形式方面，儒法是一致的，所不同者，仅在于其具体实行的手段，对此胡适所论最为精确，他认为礼的广义"颇含有法律的性质"。其不同者在于，第一，礼偏重于教人应该做什么、不做什么；而法偏重于禁止，它教人不该做什么，做了要受怎样的处罚。第二，违法的要受刑罚的处分；违礼的则只受舆论的谴责而不受刑罚的处分。第三，礼是为在上者设立的；法是为在下者设立的①。儒家以礼，法家以法，儒家以道德劝人向善，法家以法使人不敢为恶。儒家重在理论的建设，法家重在制度的完善。这些本来都是完备的上层建筑所不可或缺的，之所以各有侧重，不过是具体的历史要求的不同体现而已。儒家倘若在战国之际占据了统治地位，也必将建立相应的法制，而不能单凭自我克制的道德修养来治国，荀子作为孔子的后继者，就大讲法制，由此可见法家对他的影响。而所谓儒法合流和阳儒阴法，亦可以说是取得了统治地位以后的法家，以儒家为自己装点门面而已。

总而言之，法家为氏族统治的国家形式建立了完整的政治制度，从而以外部强制保证了有序的贵贱等级制；儒家则为其提供了完善的意识形态，从而以主观内心的道德修养保证了对专制制

---

① 胡适：《中国哲学史大纲》，第119页。

度的遵从。由一政而多政，故有儒法之分，由多政而一政，故有儒法之合。"难于进取"，故法家称雄于战国，"可与守成"故儒家独尊于汉武以后。其分化转合的内在机制就是氏族统治的国家形式。

第六节　法家与墨家

一　墨家学说对法家的影响

墨家之学，其旨在救乱世以拯民于水火，从而使大不侵小强不凌弱，贵不骄贱，富不欺贫。认为圣人为政当使贫者富之，贱者贵之，弱者强之，乱者治之，从而维持一种和谐的统治秩序。因此，墨家论政以兼爱为根本，主张天下之人都要"兼相爱，交相利"（《兼爱中》）由此出发，主张节用、节葬、非乐、非命、非攻，以反对由于在上者的奢侈贪欲而对百姓的横征暴敛。要维持一种和谐的统治秩序，就得使天下划归于一，就要有相应的政权组织形式和实际的施政方针，而其根本则要有社会的价值标准，即以什么使民划归于一，同时还需有赏贤罚暴的武器。故墨家以《尚同》一同天下之义，以天之意志为结构社会的价值标准，故有《法仪》、《天志》之论；以任贤使能为其参政之途径，故有《尚贤》之论；以鬼神为赏贤罚暴之保证，固有《明鬼》之说。而其归旨则在于百姓的实际利益，固有《节葬》、《非乐》之言。

对于墨家思想，学人有截然不同的看法，侯外庐认为墨家是具有平等意识的国民阶级的代表，[1] 而郭沫若则认为墨家是政治

---

[1]　侯外庐等：《中国思想通史》第一卷，第197页。

独裁的代表①。两家之说都有道理，然如能将其合而为一，可能更有说服力，墨家固以平民利益为归旨，但却不得不采取强化君主权力的方式。此正如郭沫若所论，墨子的节用、节葬是对王公贵族而言的，平民本来就无所用、无可葬，故自不必节约了一样。对平民而言，本来即在君主的专制之下，自然也就没有丝毫的自由可言，因而要一同天下之义者，不过出于限制贵族的权力之过分膨胀而已，此亦正是法家张公抑私的意义所在。在下的国民阶级自身的力量，不足以使其达到产生选举公共的权力机构的程度，只能寄希望于君主的专制，或许能对贵族的奢靡生活及其对国民的超经济的掠夺有所抑制，从而也使挣扎在生死线上的平民能活下去。这是我们在讨论墨家的专制主义思想时所应留意的。墨家以简朴的生活为宗旨，实在是不得已而为之的，其之所以要非乐、非兵、节用、节葬，实在是这些都是他们本身所无从享受的，而适足以受其害者。郭沫若也看到了这一点，但却得出了墨家为统治阶级着想的结论②，无非是以今日无产阶级的革命理论去评价两千多年前的古人。他批评那些认为墨家讲平等之说者，是中饱了两千多年的历史。他以为墨家的"足以奉给民用则止"（《墨子·节用中》），即要使平民起码不要冻饿而死，是替统治者考虑，这有点不公平，没有人愿意受苦受累的，实在是不得已罢了。

这正是中国古代平民力量软弱的必然表现，即还没有达到以私有财富冲破氏族统治的程度。在此情况下平民只有要求绝对的平等，才有望保证其利益了。所采取的只能是将在上者拉下来，

---

① 郭沫若：《十批判书》第366页。另参见该书"孔墨的批判"之"墨子的思想体系"一节。

② 郭沫若：《十批判书》，第117页。

而不是使在下者升上去的方式。否则，在无任何基础的条件下，强调等级差别的形式平等，那么得到实际利益的就只能是处于优先地位的氏族贵族了。由于平民的力量还没有达到这个程度，即提出自己的阶级要求，因此就只能把生存的希望寄托于君主的专制，而不可能是在上者的仁爱了。故孟子称墨家"爱无差等"（《孟子·藤文公上》），荀子称："墨子……上功劳苦，与百姓均事业"（《荀子·富国》），"有见于齐，无见于畸"（《天论》），"曼无差等，曾不足以容辨异，县君臣"（《非十二子》），即在阶级社会却要求实际上的平等，所以《庄子·天下》称墨子"反天下之心，天下不堪，墨子虽独能任，奈天下何？"墨家不行于后世的根本原因就在于它与时代趋势背道而驰，不但在上者不肯下来（更不用说把这种改良的希望寄托于在上者的仁慈了，即要统治者主动放弃其特权地位），就是在下者亦不肯永居下位而无上达之希望。"反天下之心"必然使"天下不堪"。但其主张限制氏族贵族的特权、强化君权的专制主义思想、积极有为而不信命运等方面，却给法家以极大的影响。

具体来看，墨家学说对法家思想的影响，主要有这样几个方面：其一是一同天下之义的尚同思想；其二是反对无故富贵，主张举贤任能不避贫贱的形式平等思想；其三是一切从实用出发的功利观；其四是它不信命运，崇尚个人努力的积极有为思想。

（一）一同天下之义的尚同思想

墨家的尚同思想有两方面的意思，其一，就是一同天下之义于君主意志的专制的一面，其二就是统一天下价值标准，而后者又是对前者的限定。

由专制的一面看，天下之民都要将善恶举闻天子，由天子来判断，然后，"上之所是，必皆是之，所非，必皆非之。""天子唯能壹同天下之义，是以天下治也。"（《墨子·尚同上》）这正是由墨家的阶级地位所决定的，笔者以为墨家主要代表了城镇的手工业者、自产自销的小商小贩者流，所谓"农与工肆之人"里的农，也多是没有土地的雇工之类，因此他们可以四处流动、有联系密切的组织，如后世之帮会者。有土地的农民是靠天吃饭，而墨家则多靠别人吃饭，在此，就只有寄希望于国家的保护了。

由另一方面看，墨家尚同的实质就是要建立一个统一的价值标准，即要求上之所赏与下之所誉，及下之所非与上之所罚相一致，否则国将不治。墨子论述到，古时无有政长，一人一义，十人十义，"是以人是其义，以非人之义，故交相非也"（《墨子·尚同中》），因而天下之乱就如同禽兽一样。为了避免这种混乱就得立政长，"是故选天下之贤可者立以为天子"，立以为三公诸侯、政长，这里的各级政长都是贤可者，天子遂布政于天下，使天下之民把善恶都举闻于天子，"上之所是，必皆是之，所非，必皆非之……上同而不下比者，此上之所赏，而下之所誉也"。"天子唯能壹同天下之义，是以天下治也"（《墨子·尚同上》）。但是"若苟上下不同义，上之所赏，则众之所非。上之所罚，则众之所誉，……赏誉不足以劝善，而刑罚不沮暴，则是不与乡吾本言，民始生未有政长之时同乎，若有正长，与无正长之时同，则此非所以治民一众之道"（《墨子·尚同中》）。可见墨子是针对当时混乱的政治局面而提出尚同的，古时贤可者立为政长，因而要一同天下之义于它，现在政长们已经不是贤可者了，故民不上同于他们，但是这种上下不同义，即上之所赏、誉，下之所非、毁的混乱局面必须结束，而以什么和怎样来一同天下之义呢？墨家以为则必须一同于三公、诸侯、各级政长，而最终则必须一同于天子之意志；而具体的实施办法则仍然是天子之上的天的意志，在人君之上又抬出一个天或道来以限制之，这是先秦诸子除法家外的一个共同特征。墨家先天假定天是爱护平民的，只要天子照顾到了老百姓的利益，就是天志的体现，相反则是违反了天志。但违反了又当如何，墨家就无能为力了。因此一同天下之义的最终归宿，还是天子的意志。

它对法家的影响即在于专制和统一价值标准这两方面，所谓"治天下之国，若治一家，使天下之民，若使一夫"（《墨子·尚同下》），墨家所欠缺的正是在对这统一标准的具体内容的阐述，它以善恶论赏罚，而善恶是没有标准的，法家则解决了这个问题，就是以功过，即实际效果来论赏罚。

（二）尚贤使能

墨家认为当时天下大乱正是因为不能上下同义，而这却是由于各级政长的设立已经不是为民的贤可者，而是为了政长本身利益的宗亲故旧了，因而要一同天下之义于政长，就得使贤可者重新为政长，如古时候一样。墨家论尚贤使能不分亲疏贵贱，这同它站在下层平民立场上论政治的平等思想是分不开的。由这种平等观念出发，墨家认为对政权的参与，应该以个人的政治才能为标准，并且认为尚贤使能是国家政治的根本，因而它竭力反对任人唯亲的政治方针，表示出对氏族贵族垄断政治的不满。墨家认为古时所立之政长皆为贤可者，而"今王公大人之为刑政则反此，政以为便嬖，宗于父兄故旧，以为左右，置以为正长"（《墨子·尚同中》）。"亲戚则使之，无故富贵，面目佼好，则使之"（《墨子·尚贤中》）这些骨肉之亲"焉故必知哉，若不知，使治其国家，则其国家之乱可得而知也"。天下的士君子都欲富贵而恶贫贱，"然女何为而得富贵而辟贫贱哉，曰：'莫若为王公大人骨肉之亲'……此非可学能者也"（《墨子·尚贤下》）。氏族统治的国家形式其病根即在于此，人们的政治及社会地位不能通过后天的努力来改变，政权的组织结构完全被氏族贵族所垄断，况且这些人不尽贤，不尽智，国家由这些人管理不可能不乱。而新兴的"士"对此更是不满，普遍要求对政权的参与。这同西方不一样，西方对政权的参与是为了保护自己的经济利益，当然这其中也包括对获得新的经济利益的可能的要求。而中国则相反，士阶层对参与政治的渴望首先是为了取得他们原来所没有的经济利益，即贵而富。因为氏族贵族已经获得了对国家经济和政治的占有，这时要重新平均分配国家的土地已经是不可能的了，因而他们也只有承认这种家族统治的国家形式，只有参与到其中去才有机会分得一杯羹，经济利益的矛盾在中国完全表现为政治斗争的形式。墨家站在下层平民的立场上，要想获得生存空间也就必然要求打破由氏族贵族统治国家的政治结构，所以它对儒家的"亲亲有术，尊贤有等，言亲疏尊卑之异也"（《墨子·非儒》）的氏族统治方式进行了猛烈的攻击；主张凡是有才能的人，即"厚乎德行，辩乎言谈，博乎道术者"，都应该使其参与政权，"上举义不避贫贱……不避疏……不避远……逮至远鄙郊外之臣，国中之众，四鄙之萌人……虽在农与工肆之人，有能则举之，高予之爵，重予之禄，任之以事，断予之令……以德就列，以官服事，以劳殿赏，量功而分禄，故官无常贵，而民无终贱，有能则举之，无能则下之，举公义，辟私怨"（《墨子·尚贤上》）。由此可见墨家在政治上是反对氏族贵族垄断国家政权的，而主张任贤使能不分贫富贵贱，认为人的社会地位应该能够由自己的努力而得到改变。同时这也表明墨家的尚贤思想还是偏重于个人的品德才干，它所谓的贤，即厚德、辩言、博道等，这些却正是法家所反对的。墨家重视人，即贤能之士在国家政治生活中的重要作用，认为这是圣王明君治国为政的根本，而法家则重视政治制度的完善。所以墨家对法家的影响不是表现在尚贤的内容上，而是表现在它对骨肉之亲、无故富贵和面目佼好者则使之，这种任人唯亲的反对上，表现在举能不避亲疏贵贱，以及官无终贵而民无终贱的形式平等上，即尚贤的形式上。墨家尽管主张尚贤，但它只解决了圣王明君应该干什么，而没有解决应该怎样干的问题，这个矛盾还有待于法家去解决。

（三）功利观

《淮南子·要略》称："墨子学儒者之业，受孔子之术。以为其礼烦扰而不说，厚葬靡财而贫民，服伤生而害事，故背周道而用夏政。禹之时，天下大水。禹身执藁垂以为民先。"古人多只看到礼烦一面，而忽视了"靡财而贫民"，"服伤生而害事"的一面。墨子之所以背儒家而别创一家并非仅仅因为其礼烦，更重要的原因还在于墨家代表着平民阶级的利益，厚葬及三年之服，一要有财富的保证，二要有时间的保证，即三年不必为生计而奔波，其归根结柢还是要有财富作后盾，而平民又如何具备这些条件，他们每日操劳尚且有衣食之忧，生人尚且不瞻，何暇顾及死人，这根本不是礼的繁简问题，而是经济基础问题。因而墨家在论述政治时就特别重视利民这个问题，一切政治措施的优劣，墨家的评判标准就是看是否有利于民，一切设施器物在墨家看来只要实用就够了，而不必再加以文绣之饰。"是故古者圣王，制为节用之法，曰凡天下群百工，轮车鞼匏、陶冶梓匠，使各从事其所能，曰凡足以奉给民用则止，诸加费不加于民利者，圣王弗为。"（《墨子·节用中》）墨家反对刻镂文采等奢侈的东西，并非以为这些东西本身不美，而是因为它"以此亏夺民衣食之财……上考之不中圣王之事，下度之不中万民之利"。反之钟鼓声乐只要"以其反中民之利也……即我虽弗敢非也"（以上《墨子·非乐上》）。可见是否与天下百姓的生活有利，就构成了墨家评价为政者之政策方针优劣的标准。"不义不处，非理不行，务兴天下之利，曲直周旋，利则止，此君子之道也。"（《墨子·非儒下》）即处于义而止于利，利人即是行义。不但圣人为政、君子处世要以利为目的，就是人们平时言谈也要以是否有用作为根据之一，"言而毋仪，譬如犹运钧之上而立朝夕者也，是非利害之辨，不可得而明知也。故言必有三表，墨子言曰：有本之者，有原之者，有用之者……上本之于古者圣王之事……下原察百姓耳目之实……废（发）以为刑政，观其中国家百姓人民之利"（《墨子·非命上》）。本先王之事，察百姓耳目之实，这两者还只是检验是非利害的具体方法，而其归根结底还是要由人民之利来检验，因为前两者的目的都是为了发以为刑政，而刑政的结果怎样，则最终要由是否与民有利来衡量。墨家这种一切从人民的实际利益出发的社会功利观，给法家以很大影响，法家正是以此为基础经过改造形成了它的功利观。

（四）非命

墨家由利民的功利观出发，必然导向对儒家"死生有命，富贵在天"（《论语·颜渊》）的命定论的反对，认为人不该以"命固如此"为借口，而应该积极有为，通过个人的努力来改变自己的现状。同样对于为政者来说也不应以此为借口而苟于政，而应积极有为地"强于政"，这样才能达到天下大治的目标。"昔上世之穷民……不知曰我罢不肖，从事不疾，必曰我命固且贫。"而暴王亡国亦"不知曰我罢不肖，为政不善，必曰吾命固失之"。可见不论是民还是君，其贫乱都在于不努力于事而信命。信命"则上不听治，下不从事，上不听治，则刑政乱，下不从事，则财用不足"。因而今天下之士君子果"实欲天下之富而恶其贫，欲天下之治而恶其乱"，就要彻底否定这种命定论（以上《墨子·非命上》）。为君者要勉力于政，"强必治，不强必乱，强必宁，不强必危"；为臣者也要勤于职，即"强必贵，不强必贱，强必荣，不强必辱"；为民者则要勤于业，即"强必富，不强必贫"，如此则"岂可以为命哉，故以为其力也"（以上《墨子·非命下》)。在墨家看来定命论的害处就是由于人们相信"命固如此",因而国家就不能以赏劝善,以罚禁恶。只有彻底否定了命定论,人们才可能强力于富贵,为政者才会强力于治。法家使民以力富贵的思想有很大部分正是从墨家这里来的。

二　法家对墨家的批判继承

(一)专君之权,统一价值观

如上所述,墨家的尚同包括两方面的意思,一是专制的一面,一是统一天下价值标准,要求上之所赏罚与下之所誉毁相一致。对其专制即强化君权的一面,法家给予了扬弃,吸收了一同天下之义于君的思想,而否定了其在君之上又设一天志的一面,而直接强调对君权的强化。对于统一价值标准这一方面,法家是完全接受了的,并给予了进一步的论证。而对于如何一同天下之义于君,法家是大大地发展了墨家的思想,并且进行了周密的理论阐释,从而使其具备了实际的可操作性。

法家思想的基本特征在于它强调一种客观的必然之势,而反对依靠个人主观的偶然之治。它以法作为社会的价值标准,并由此建立了一套完整的政治制度。但是任何完整的政治制度都必然要求相应的意识形态,法家在这方面更加重视。所谓政治制度和意识形态的统一,在法家这里就表现为赏罚和毁誉的统一,也就是说,实际施行的必须与其所提倡的相一致,即名实相符。否则上之所罚,则下之所誉,上之所赏而下之所毁,都是不利于君主的王霸大业的,甚至威胁到其统治地位的稳固。这正是对墨家一同天下之义的尚同思想的继承和发展,墨家由于没有找到一个任贤使能的实际办法,因而它的尚同理想就很难实现。而法家以法建立了一套客观的政治制度,即循名责实,并且以法为准绳而严刑重赏,它不再依靠贤能之士个人的政治能力及品德,即不求其向善，而使其不敢为非。每个官吏都有它相应的职位和他应负的责任，只要各司其职，各尽其能就行。法家所要解决的政治上的矛盾，就是法术之士与无故富贵的当途之人的矛盾，在经济上就是要解决耕战之士与文学之士及工商技艺等人的矛盾，国家的王霸大业仰仗的是前者，而后者却已富贵，即所养非所用，所用非所养。法家的上述政治方针都是为了解决这个矛盾。故上之赏罚毁誉必须只有一个标准，否则"利所禁，禁所利，虽神不行，誉所罪，毁所赏，虽尧不治……乱之所以产也"（《韩非子·外储说左下》）。墨家尚同论的主旨即是下必以善恶告其上，上必以此而赏罚，韩非亦有类似的论述：鲁穆公闻人恶于子思，子思隐之，问于子服厉伯，子服数之三，"自是之后，君贵子思而贱子服厉伯也。或曰，鲁之公室，三世劫于季氏，不亦宜乎，明君求善而赏之，求奸而诛之，其得之一也。故以善闻之者，以说善同于上者也，以奸闻之者，以恶好同于上者也。此宜赏誉之所及也"。子思隐人之恶，"此宜毁罚之所及也"而鲁公以为美德，子服厉伯以实相告，鲁公贱之。名为求奸，实却贵隐恶之人，而贱以实相告之人，是名实不符、毁誉不一也，其亡"不亦宜乎"（《韩非子·难三》）。因而法家论政就一再强调，赏罚只能有一个标准，而不能有两个标准，这个标准的具体内容就是君主的王霸大业，与此有功的就赏，与此无益的就罚。法家以民之好利禄而恶刑罚之心作为使民自为的动力，因而明君就要利用民的这种自为之心，使其为国而耕战，即"上掌好恶以御民力"（《韩非子·制分》），但这种赏罚一定要公平，"故治乱之理，宜务分刑赏为急，治国者莫不有法，然而有存有亡。亡者其制刑赏不分也。治国者，其刑赏莫不有分，有持异以为分，不可谓分，至于察君之分，独分也"（《韩非子·制分》）。这里的"分"，即区别赏罚的标准，持"异，以为分者"，即标准不一，而赏罚不分者，即没有标准，该赏的不赏，该罚的不罚，甚至反而行之，该赏的罚；该罚的赏，这是亡国之君的赏罚制度。至于察君，即明君的赏罚标准只有一个，即"独分"。韩非对赏罚标准不一的为政方针进行了猛烈的抨击，认为国家混乱的根本原因就在于"上之所贵，与其所以为治相反也"（《韩非子·诡使》）。在法家看来，只有耕战之士才是与国有利之人，其他一切人诸如文学之士，世外的隐士，有修行之人等都应受到排斥，博学莫过孔墨，然"孔墨不耕辱，则国何得焉"，修养莫过曾史，然"曾史不战攻，则国何利焉"。所谓"错法以道民也，而又贵文学，则民之所师法也疑，赏功以劝力民，而又尊行修，则民之产利也惰。大贵文学以疑法，尊行修以贰功，索国之富强，不可得也"（《韩非子·八说》）。国家所依靠的却不使其尊贵，受尊贵的却都是些无用而适足以为害之人，不亡何待。"故法之所非，君之所取，吏之所诛，上之所养也。法趣上下，四相反也而无所定，虽有十黄帝不能治也。"（《韩非子·五蠹》）再如"仓廪之所以实者，耕农之本务也，而綦组锦绣刻画为末作者富。名之所以成，城池之所以广者，战士也，今死之孤饥，饿乞于道，而优笑酒徒之属，乘车衣丝。赏禄所以尽民力，易下死也。今战胜攻取之士劳而赏不霑，而卜筮视手理狐虫为顺辞于前者日赐。"（《韩非子·诡使》）一句话，"国平则养儒侠，难至则用介士，所养者非所用，所用者非所养，此所以乱也"（《韩非子·显学》）。国家既然依靠的是耕战之士，则赏誉就应给予他们，而文学言谈末作之人既然与国无益则应在毁罚之列。可实际上相反，国家提倡的是耕战，而赏誉却在非耕战之人那边，即实际施行的与提倡的，亦即名与实不符。在墨家那里的是非不一，是上下的是非不一，这主要是由于"贪官污吏"当道使君民之间赏罚毁誉不一。认为只要仁人当政百姓就自然愿意以其是非为标准。法家正是在继承和发展了墨家一同天下之义的尚同思想的基础上，提出了自己的统一价值标准的命题。

在天下只有一个是非标准这一点上，法家继承了墨家的尚同思想，但在如何达到这个目标上，法家则发展了它。墨家依靠贤可者个人的品德才干，而法家则依靠一套以法为中心的政治制度，使赏罚毁誉都有一套客观的标准，就是君主也不应由自己的好恶出发随意赏罚，一切以是否有利于国家的王霸大业为标准。它从理论上克服了政从心出的人治主义的主观偶然性，而推行一套客观的必然之治的势治主义。慎子称："君人者，舍法而以身治，则诛赏予夺，从君心出矣……君舍法而以心裁轻重，则同功殊赏，同罪殊罚矣，怨之所由生也。"（《慎子·君人》）"立法而行私，是私与法争，其乱甚于无法。"（《慎子·佚文》）故"圣人治国也，审壹而已矣"（《商君书·画策》）。这里的"壹"即一个标准，其表现形式就是法，其具体内容就是国家的王霸大业。故"明主使其群臣，不游意于法之外，不为惠于法之内"（《韩非子·有度》），一切以法为准，赏誉必在耕战之士及守法之臣，罚毁必在儒侠、工商技艺之人及奸佞之臣，如此则国强民富无敌于天下矣。国家依靠的是耕战之士，而君主赏誉的则是儒侠，这正表明君主是背法而由私，即忘掉了国家的利益，而邀世俗的尊贤之名。在此墨家的天意变成了法家的法，一同天下之义于天，变成了一同天下之义于法。

（二）任用法术之士

由此出发，法家强调打破原先的固有等级制，不论贫富贵贱，以功过论赏罚，所谓"刑过不避大臣，赏善不遗匹夫"（《韩非子·有度》）。这正是墨家举贤使能不论亲疏贵贱的平等思想的合理发展。不过墨家的平等观其中心在于尚贤，即在于个人的品德和才干上。但是，这些都只是个人的主观能力问题，墨家想以此来反对骨肉之亲和无故富贵的氏族贵族对政权的垄断，但却缺乏一套切实可行的具体措施。所谓贤可者、所谓仁人，以什么来检验和评判呢？在法家看来这正是政治混乱的根源所在。人主重贤臣则下比周以投君所好，况且世俗所谓的贤能之人，与国家所需要的往往相反，如儒侠和文学之士，等等，不为国用而抗君令，世谓之贤，背国法行私勇，世谓之勇士，等等（《韩非子·六反》）。

因而法家对墨家平等思想的继承只重在其不论贫富贵贱以能举人这一点上，而否定了其尚贤中对贤可者立以为政长这一人治主义思想。墨家重在个人的品德和能力，法家则重在其结果，个人的品德能力是看不见摸不着的，而他的工作结果则是明摆着的。墨家事实上也有以功过论赏罚的思想，如在《墨子·尚贤上》中就称"以劳殿赏，量功而分禄，故官无常贵，民无终贱，有能则举之，无能则下之"。但墨家在此方面没有进一步形成理论体系，它的重点更多地在于对旧制度的批判，即以贤可者来代替氏族贵族对政权的垄断，似乎是在为贤可者从政寻找理论根据。而到了法家时代这已成为不必要的了。战争的残酷现实要求打破固有的禁忌，一切都要服从于战胜敌人的现实需要。这时的政治中心已不是该干什么的问题，而是应如何干的问题了。因而在法家看来只要是能为国建功立业的人都应受到奖赏。有能之士胜于不学而能的无故富贵者，因而举贤应以能力为依据这一点已由墨家在理论上所完成了，法家所要完成的就是如何考核这贤能之士的工作能力，在此唯有以其工作的结果来考核了。墨家以兼爱天下的贤可者否定了氏族贵族对政治的垄断，法家则在此基础上否定了它的不可操作性，即它的兼爱、仁义的道德主观性，而以功过论赏罚。正是经过了法家的这种扬弃，墨家唯能是举的用人思想才得以在法家这里发扬光大。故法家在人的使用上已经不再讨论其资格问题了,而是一切由国家的王霸大业出发,以法律为准绳、以功过论赏罚。故明王圣君用人"内举不避亲,外举不避仇,是在焉从而举之,非在焉从而罚之","不羞其卑贱也,以其能为可以明法,便国利民,从而举之"(《韩非子·说疑》)。但这种举能不避贫贱,并非如墨家那样出于世俗之舆论,而是有一套客观的考核办法的,即循名责实,"人主虽使人,必以度量准之,以刑名参之,以事遇于法则行,不遇于法则止。功当其言则赏,不当则诛,以刑名收臣,以度量准下"(《韩非子·难二》)。也就是说法家的用人是有一套客观的制度的,根据其官职及所应负的职责来考核工作成果,相符的赏,不相符的则罚,各司其职,各尽其责,在名与实之间有一套完整的客观标准来约束,称之为"上计"(《韩非子·难三》),它就是对各级官吏的政绩进行考核的具体规定,考之《睡虎地秦墓竹简》可以证明,上计制度后来在秦国是具体实行了的。由此可见法家以法为标准以功过论赏罚,故用人才能不避亲疏贵贱,也才真正实现了墨家唯能是举的尚贤理想。

(三)尚实用的社会功利观

法家在论政时特别强调功用,功用成了判断一切行为的标准,一切行为都要视其有利于国家的王霸大业与否为准。墨家一切以是否与民有利的功利观特别受到法家的欢迎,法家正是适应于战争的现实需要,而将墨家学说中的功利观大大地完善了。由此出发,法家一方面将人与人之间的关系都视为了一种利害关系,另一方面,则以是否有用作为判断社会行为的价值标准。墨家讲"兼相爱,交相利",还是以兼爱为前提的,法家则彻底否定了这种仁爱思想,认为世上之爱莫过于父母之爱子女,然而父母生子则相贺,生女则杀之,这正是出于"长利"的计较。君臣之间也一样,王霸大业是人主的大利,爵禄富贵是臣民的大利,因而"臣尽死力以与君市，君垂爵禄以与臣市"（《韩非子·难一》）这里不存在什么忠不忠，仁不仁的问题，完全是一种公平交易。相反，正是君不仁、臣不忠才可以成就王霸大业，因其充分调动了臣民的自为心。而墨家言之三表中的功用论则被法家完全继承并进一步完善了。法家强调客观之治，故反对一切言谈辩说之士，其根本原因就是他们所说的大而无用。而对一切与战争无关或有碍战争的行业，法家也是坚决反对的。在一切器物的制造上，法家完全继承了墨家（当然还有道家，但对墨家的继承更直接一些）倘足用则止，而不必再饰以刻镂文采的实用论思想，并且加以绝对化。墨家并不反对工商技艺这种行业，法家则是完全摒弃它们的，因为它们和国家的王霸大业无益，战争期间是没有正常的贸易可言的，自由贸易是不适用于战争的，因而有的只是黑市交易。故功用成了法家判断一切社会行为的价值标准，构成了法这个总尺度的一个重要组成部分。韩非称："明主之国，令者，言最贵者也，法者，事最适者也，言无二贵，法不两适，故言行而不轨于法令者，必禁。若其无法令，而可以接诈应变，生利揣事者，上必采其言而责其实，言当则有大利，不当则有重罪……夫言行者，以功用为之的彀也。"妄发，虽中秋毫，不谓善射，"无常仪的也，设五寸之的，引十步之远，非羿逢蒙不能必中者，有常也。故有常则羿逢蒙以五寸的为巧，无常则以亡发之中秋毫为拙。今听言观行，不以功用为之的彀，言虽至察，行虽至坚则妄发之说也"（《韩非子·问辩》）。以功用为之的彀，虽是由检验言谈的是非而发，但它并不限于言谈，而是法家思想的基本价值观，是其战时政策的必然特征。韩非明言，"糟糠不饱者不务粱肉，短褐不完者不待文绣。夫治世之事，急者不得，则缓者非所务也。故明主之道，一法而不求智。"（《韩非子·五蠹》）处于战争年代国家的首要任务就是战胜敌人，而使国家立于不败之地的根本出路，在于一民于耕战，而法律正是最有力的保证，不以此为标准来打击氏族贵族的传统势力，不充分调动起全国臣民的自为之心，要想无敌于天下是根本不可能的，只有以法为准绳才能将国家的危亡同个人的实际利益联系起来，因而建立一套客观的法律制度，就是当务之急。前面我们谈名家和黄学对法家的影响多是就其思想的相似性而言的，而墨家的功利观对法家的影响则是有着直接的思想渊源的。韩非就曾对墨子的尚功用思想表示过赞赏，"墨子者显学也……其言多不辩……今世之谈也，皆道辩说文辞之言，人主览其文而忘有用，墨子之说……若辩其辞，则恐人怀其文，忘其直，以文害用也……故其言多不辩"（《韩非子·外储说左上》）。在此，表明墨子之言重实际功用的性质，其后辈弟子发展成墨辩者，正同名家者流由实用而走向抽象者然。韩非还通过对墨子三年为木鸢一日而败的自我反省，赞扬了墨子尚实用的思想，弟子曰："先生之巧至能使木鸢飞，"墨子曰："不如为车辕者巧也，用咫尺之木，不费一朝之事，而引三十石之任，致远力多，久于数岁"（《韩非子·外储说左上》）。道家要人相忘于是与非之争，墨家则要"观其中国家百姓人民之利"为依据，法家在此基础上则明确提出了以功用为之的彀的言谈标准，并且将其扩大到国家政治生活的整个领域，墨家的言之三表法主要是为了论辩的实际需要，在法家则成了社会的价值标准。一切无实际效用的东西不论多宝贵，在法家看来都在应该摒弃之列，"夫瓦器至贱也，不漏可以盛酒，虽有千金之玉卮，至贵而无当，漏不可盛水"（《韩非子·外储说右上》）。可见器物本身的贵贱不足论，应视其有用与否，有用则贵，无用则贱。法家由墨子的功利观出发，将其发展成了一套相应的政治理论，其中一个重要思想就是一切以功用来作为检验的标准，它的循名责实的用人制度就是以此为基础的，而其以利害关系对人性论的改造，正是法家思想的理论立足点。而这正是对墨家"兼相爱，交相利"命题中言利一项的继承和发展，在墨家之前，其他各家是不讲利之于人的合理性的。墨家开言利之端于前，法家则发扬光大于后，并由此建立起了自己的思想体系。

（四）积极有为的自为之心

正因为法家认为人与人之间都是一种利害关系，因而它认为有为的君主就应该利用百姓的这种追逐富贵的自为心，使其为国而耕战。故法家对于墨家的非命论及其崇尚积极有为的思想作了很好的继承和发扬。法家是根本不信命运的。"越王勾践恃大朋之龟，与吴战而不胜……反国弃龟，明法亲民以报吴，则夫差为擒，故恃鬼神者慢于法。"（《韩非子·饰邪》）韩非在论社会历史的发展时指出："上古竞于道德，中古逐于智谋，当今争于气力。"（《韩非子·五蠹》）这不只是指历史的大趋势，对于个人也一样，富贵都在于个人的努力，国家要想无敌于天下就得依靠并鼓励老百姓的自为心，使其"以力得富，以事致贵，以过受罪，以功致赏，而不念慈惠之赐，此帝王之政也"（《韩非子·六反》）。一切都凭个人的努力，所谓"民力尽而爵随之，功立而赏随之"（《商君书·错法》）。法家思想的主要内容就是以爵禄调动百姓为国耕战的积极性，因而它必然要崇尚积极有为的力的竞争，这一点就不需多说了，重要的是这其中墨家的非命论对它是有相当影响的，因为儒家讲"死生有命，富贵在天"（《论语·颜渊》），而道家讲天放，只有墨家讲力强，所谓，强则治，不强则乱，强则富贵，不强则贫贱。不过墨家的强力思想还只是指要充分发挥自己的能力以致富贵，而法家则将其纳入到了为国耕战的轨道之中，墨家的强力论是自由经济观，而法家的强力论已经是专制的经济观了，所谓"利出一孔者"，即是要全国的老百姓为耕战而尽力，其余的行业和技能则都在摒弃的范围之内。

　　综上所述，法家在墨家尚同思想的影响下，将其发展为统一的赏罚毁誉的价值标准，要求政治制度与意识形态的统一；继承了墨家的平等观念，发展成了以功过论赏罚的公平法制原则，从而使任人唯贤的用人政策真正具备了它的现实性，即唯功是举的客观性；继承了墨家的功利观，发展为一种以功用作为检验社会行为的价值尺度，并使其成为一种政策而扩大到了整个政治生活领域，大到国家的施政方针，小到对言谈的是非判断，功用成了唯一的价值尺度，从而极大地丰富了法制这个总标准的内容；继承了墨家的非命思想，把重视民力提到了有关国家兴亡的高度，而将其纳入到了为国耕战的轨道之中，以爵禄充分调动臣民追求富贵的自为心，以力事富，以功致贵，而不以慈惠赐。总之法家在继承墨家思想时都将其向制度化方面大大地发展了，使其具有了更大的现实性，并因此而表现出了专制主义的特征。但这正是法家迫于战争的现实，而不得不然的必然结果。

结　语

综上所述，由于中国古代社会独特的早熟路径，使得氏族外壳没有被冲破，小私有制没有得到充分发展就进入到了奴隶制国家。因此就使中国的历史呈现出极大的特殊性。

第一，没有形成典型的财富私有者阶级；

第二，自然经济抑制了社会分工的发展和工商业的繁荣；

第三，缺乏自由竞争的商品意识及自豪的财富观念；

第四，因而财富在中国就不能形成一种凌驾于社会之上的客体力量；

第五，氏族统治的国家形式，以及法律制度的不完善；

第六，没有独立自主的个体意识及权利义务观念；

第七，没有自觉的科学意识及独立的私人著述。

春秋战国之际的社会历史和思想文化特征都要由此而得到解说。事实上，早熟的只是国家的形式，其内容，即各项政治制度的完善和私有制的发展则不成熟，或者说是晚熟的。因为氏族制的解体和私有制的发展是人类历史上不可缺少的阶段，它可以被跨越，但却不能被省略。那么缺少的这一课就得在奴隶制国家建立以后补上。因而，春秋战国之际作为中国历史的一大变局，其路线就只能是维新的，而不能是革命的。因为氏族统治的国家形式这时已经巩固，同时私有观念比氏族社会末期也有了更大发展，这时要让氏族贵族主动让出固有的经济和政治上的特权地位是根本不可能的了。但是私有制毕竟有了发展，而原来基于自然血亲的氏族统治方式，由于血缘关系的逐渐疏远而趋于解体。这一切决定了不论是政权的分化，还是财富的集中，都采取了向下移动的行进路线，即维新，而没有冲破氏族统治的外壳而代之以公共的权力机构，没有冲破氏族贵族经济的专制，而代之以普遍的平均分配土地的小私有制，即革命。中国春秋战国之际所要完成的历史使命，即私有制的发展和氏族纽带的冲破，是古典的古代在进入奴隶制国家之前就已经完成了的，惟其如此它是补课性的，因而其转变的结果就只能是，由自然血亲的氏族统治向抽象的氏族统治的国家形式的过渡。所以春秋战国之际的历史变革，不过是旧的氏族统治向新的氏族统治形式转化的一个准备阶段，即治—乱—治，乱是为在更高阶段上的治做准备。混乱的多政必然趋向新的一政。

与此相适应，春秋战国之际的思想文化也呈现出一种过渡性的历史特征，所谓诸子百家，正是多政的社会现实在意识形态上的反映，因此，同治—乱—治的发展线索相一致，它也表现出合（官学）—分（诸子百家）—合（经学）的行进轨迹。一方面它们都是由原来的官学中分化出来的，另一方面它们又都趋向于新的统一，即经学。因而它们都表现出与政治的紧密联系，而不是完全意义上的独立的私家学派，这从其形式上也可看出，即先秦诸子都不是私人的著述，而是后人对其言行的记录汇编。诸子各执大道之一端，即是专于政治制度的某一职能，这是政治制度的分工日趋细致和专业化的必然要求。所以所谓诸子百家，不过是私学化的官学，其发展的前途必然是新的官学，即经学。由多政而一政，由百家而一家，在此，社会存在与社会意识是正相一致的。

由此就决定了诸子中的某一家必然与其他各家有着不可分割的联系，而最晚出的学派也必然是对其他诸子的理论总结。

法家的社会根源是战乱年代的现实需求，即富国强兵，而其理论来源正是先秦其他诸子的学说。法家作为先秦诸子的最后学派，其体系构成正是对其他诸子的理论总结，即诸子私学由分而合的体现。

面对春秋战国之际的混乱局面，先秦诸子的解决办法，就是都试图建立一个价值标准来规范它，故儒家以礼，道家以自然天道，墨家以天志，法家以法。儒家的礼是强调先天的等级之别的，它不适应于战争年代的动乱局面，无法满足日益发展着的私有制的历史要求。道、墨的天道和天志又都是抽象的，唯独法家的法作为一个客观的价值标准，才具有规范社会的现实意义。而这其中道家的自然天道观给它提供了理论基础，墨家的一同天下之义的尚同思想，则为它提供了方法论的保证。法家的政治理论的中心就是，要以一个独立于人的主观意志之外的客观的价值标准来规范社会，主张事无巨细一断于法，强调法制标准的客观性和公平原则。因而道家的宇宙本源的独立存在的天道，给法家提供了理论借鉴，法家的法就正是由道转化而来的。具体而言就是以人所创设的规矩权衡对抽象的天道进行了改造，克服了它的抽象性，而保留了它的客观性。黄学正处于由道而法的过渡环节上，慎到又承其余绪，而至韩非则集其成，从而将自然法则的道，改造成了社会法则的法，而其客观公平的价值标准则是一致的。同时，墨家的尚同思想，即赏罚毁誉都要统一，则保证了法的实施。如果说道是法的本体，尚同则是法的运用，故法家特别强调政治制度与意识形态的统一，认为国家所提倡的和其所实行的应该一致，而坚决反对所用非所养，所养非所用的标准不一。

这种赏罚毁誉标准不一的根源，法家认为主要就是政由心出的人治主义。因而法家论政的主要目的，就是要以法为中心建立起一套客观的政治制度，即形成一种客观的必然之势，以防止政由心出的主观偶然之治。具体来看，就是以循名责实的方式对官吏进行管理，以赏罚为手段将百姓都纳入为国耕战的轨道。在法家看来，国家的治乱都不是个别的忠臣或奸臣所能决定的，而是决定于国家政治的总体趋势。故法家论政就不依靠个别的圣贤之智，而是强调政治制度的完善，不恃人之向善，而恃其不敢为非。这其中正显示出法家对其他诸子的批判继承关系，如政治的必然之势，正是由兵家的形势论发展而来，奖励耕战的信赏必罚，正是由兵家的赏罚、严刑峻法和立信等措施发展而来；一民于耕战，正是由兵家"犯三军之众，若使一人"（《孙子兵法·九地》）的一民思想发展而来。再如，它的循名责实，就是对儒家的正名、名家的刑名、黄学的名实关系等，进行批判断承的结果。而它反对圣贤之智的人治主义的思想，正是由道家的"绝圣弃智"而来。道家由于反对一切人为之制度，故其绝圣弃智就只能使人归于自然的本初状态，而法家则以法为中心建立起了一套完整的政治制度，故它的绝圣弃智就不是归于放任，而是非主观的必然之势，由此表明，法家继承了道家绝圣弃智，即对主观偶然性的政治的否定，而以客观之势扬弃了它的自然放任。

与此相适应，法家继承了道家否定忠孝仁义的道德说教的思想，道家认为仁义是根本无助于社会的，社会的动乱正是由于人的自私自利之心，而要以利他人的仁义的道德说教使其克制它，是根本办不到的。所谓"捐仁义者寡，利仁义者众"（《庄子·徐无鬼》）。在此道家之反对仁义道德是同人的自私自利之心一起否定的，而法家则正是在承认人的自私自利之心的基础上，来反对仁义道德的。只要建立了完整的政治制度，就用不着依靠道德说教来培养人的向善之心了，只要使其不敢为非，就自然能使社会得到治理。

这主要是法家改造了道家的人性论的结果，道家将人的本性视为人的自然属性。而法家则侧重于人的社会属性，承认人的自私自利之心的合理性，认为人与人之间，就是一种经济利害关系，英明的君主就要利用百姓的这种自私自利之心，使其为国耕战。在此，法家的人性论又正是对墨家的功利观的继承，墨家主张"兼相爱，交相利"，爱的落脚处正是在利上。法家继承了墨家"交相利"的一面，而扬弃了其"兼相爱"的一面，在法家看来，慈爱是根本无助于治的，这正是由道家对人治主义政治的否定而来的。所谓"爱民，害民之始也"（《庄子·徐无鬼》）。法家亦持此论，认为只要统治者以法赏罚，则老百姓自会以耕战而富贵。这里没有什么爱不爱的问题。君与臣民之间本是一种经济利害关系，君主是为了王霸大业，臣民是为了爵禄富贵，因而君不仁，臣不忠，就能天下无敌（《韩非子·外储说右下》），这正是对墨家"交相利"的发展。

更进一步来看，法家的社会功利观，也正是对墨家功用论的继承和发展。墨家论政强调人民之利，一切政治措施的优劣，都要视其是否与民有利，对社会生活也一样，只要适足于用就可以了，而不必再饰以文采。法家也持同样的看法。所谓"糟糠不饱者，不务粱肉，短褐不完者，不待文绣。夫治世之事，急者不得，则缓者非所务也。"（《韩非子·五蠹》）一切以是否有利于耕战为标准。由此出发，功用成了法家检验事物的价值标准，法家之所以要打击文学言谈之士和工商技艺之人，就是因为他们对国家的王霸大业没有什么用处。所谓循名责实，实即是功和过，以官吏的工作成果来考查其尽职与否，而不听其虚词。墨家对于言谈，有三表，其实质即在于政治的功用，韩非亦称"夫言行者，以功用为之的彀者也"（《韩非子·问辩》），所不同者，墨家功利观是建立在利民的基础之上的，而法家功利观则是以君主的王霸大业为中心的，表明了国家对社会经济生活的控制日益加强了，这正是由多政向一政转化的必然表现。

正因为法家以法为中心建立了一套完整的政治制度，同时承认了人们追求私有财富的合理性，所以道家的无为而治，即老子的无为而无不为，庄子的上无为而下有为的政治理想才真正具有了现实意义。在上者一切以法为治，而不必亲躬于事，此即无为；在下者以爵禄富贵劝之，以严刑峻法威之，则自然奋力于耕战，而不必施以人为的强迫和道德的说教，此即有为，在上者无为，在下者有为，才能真正实现道家的无为而无不为的政治理想。

但由于中国历史的特殊性所致，法家的客观之治也并未达到公共的权力机构的高度，而只能采取自上而下的论政方式，呈现出明显的氏族余绪的痕迹。一方面强调尊主卑臣；另一方面虽然反对氏族贵族的统治者，但却延续了氏族统治的国家形式，因而同样强调贵贱等级制。这其中抛开历史根源不论，其理论来源即是其他诸子的有关学说。如，尊主卑臣的御臣之术，就是黄学的王术概念与兵家的诈术的结合，法家则以法对其进行了一番改造，从而使具体策略变成了循名责实的考核及监督官吏的政治制度。同时黄学及儒家的贵贱等级制和氏族统治的国家形式，则被法家所继承。法家论政同样强调贵贱等级的不可逾越，但不同的是法家的等级是可以通过后天的努力而改变的，因而对此的保护正是出于对耕战的奖励，即保证臣民耕战的成果，在法家看来这是臣民富贵的唯一途径，因而学人以此来论证法家对私有财产的保护是不全面的，法家保护的不是个体的私有财产，而是君主的王霸大业，保护私有财产只是手段，目的则是君主的王霸天下。而对氏族统治方式的继承则是直接由儒家的父子君臣的比拟而来，其中经过黄学的中转而被法家所继承发展。后世的三纲，其源头正是法家而不是儒家。所不同者，儒家要以礼来规范，法家则要以法来规范，但这就产生了一个矛盾，即法的公平标准与父子关系的先天之别，法家由于无法解决这个矛盾，它的公平标准的法不是基于财产私有权的权利义务观念，而仅仅是出于奖励耕战的战时政策的需要，因此，当大一统的局面，即由多政转为一政之后，它就不得不融于儒家。

总而言之，道家的自然天道观，因任自然的无为而治思想，以及反对圣贤之智和忠孝仁义的道德说教等人治主义的政治理论，都给法家的客观的必然之治搭起了理论框架，其他诸子的政治学说则使其得到充实，一方面改造了道家的自然人性论，从而解决了使在下者有为的动力问题，另一方面则建立了一套客观的政治制度，为在上者的无为而治提供了保证，至此，道家无为而无不为的政治理想才最终得以实现，而法家处于中央集权的封建帝国的前夜，它的历史使命也行将告终，而不得不将意识形态的统治地位让给了儒家。

史料及参考书目

一　文献史料

阮元校刻《十三经注疏》之《诗经》、《尚书》、《周礼》、《礼记》、《左传》。

中华书局标点本《二十四史》之《史记》、《汉书》、《晋书》、《隋书》、《旧唐书》、《新唐书》。

（唐）欧阳询：《艺文类聚》，中华书局、上海古籍出版社1965年版。

（唐）长孙无忌：《唐律疏议》，刘俊文点校，中华书局1983年版。

（唐）魏征：《群书治要》，中华书局1985年版。

（唐）杜佑：《通典》，王文锦等点校，中华书局1988年版。

（唐）马总：《意林注》，江苏广陵古籍刻印社1982年版。

（宋）郑樵：《通志》，中华书局1987年版。

（宋）李昉：《太平御览》，中华书局1960年版。

（清）永瑢：《四库全书总目提要》，中华书局1965年版。

杨伯峻：《春秋左传注》，中华书局1990年版。

徐元诰：《国语集解》，王树民、沈长云点校，中华书局2002

年版。

　　诸祖耿：《战国策集注汇考》，江苏古籍出版社 1985 年版。

　　缪文远：《战国策新校注》，巴蜀书社 1987 年版。

　　国学整理社：《诸子集成》，中华书局 1954 年版。

二　考古史料

　　张震泽：《孙膑兵法校理》，中华书局 1984 年版。

　　《银雀山汉墓竹简》，文物出版社 1985 年版。

　　《睡虎地秦墓竹简》，文物出版社 1990 年版。

　　高明：《帛书老子校注》，中华书局 1996 年版。

　　余明光：《黄帝四经与黄老思想》，黑龙江人民出版社 1989 年版。

　　陈鼓应：《黄帝四经今注今译》，商务印书馆 2007 年版。

三　参考书目

　　赫西俄德：《工作与时日神谱》，张竹明、蒋平译，商务印书馆 1991 年版。

　　希罗多德：《历史》，王以铸译，商务印书馆 1959 年版。

　　〔古希腊〕柏拉图：《理想国》，郭斌和、张竹明译，商务印书馆 1986 年版。

　　〔古希腊〕亚里士多德：《政治学》，吴寿彭译，商务印书馆 1965 年版。

　　〔古希腊〕亚里士多德：《雅典政制》，日知、力野译，商务印书馆 1959 年版。

　　〔古罗马〕阿庇安：《罗马史》，谢德风译，商务印书馆 1979 年版。

　　〔古罗马〕查士丁尼：《法学总论》，张企泰译，商务印书馆

1989 年版。

〔法〕孟德斯鸠:《论法的精神》,张雁深译,商务印书馆 1961
年版。

〔英〕梅因:《古代法》,沈景一译,商务印书馆 1959 年版。

〔德〕黑格尔:《法哲学原理》,范扬、张企泰译,商务印书
馆 1961 年版。

〔美〕摩尔根:《古代社会》,杨东莼等译,商务印书馆 1977
年版。

〔美〕汤普逊:《中世纪经济社会史》,耿淡如译,商务印书
馆 1963 年版。

〔苏〕司法部法学研究所编:《国家与法权通史》,中国人民
大学出版社 1954 年版。

〔意〕贝奈戴托·克罗齐:《历史学的理论和实际》,傅任敢
译,商务印书馆 1982 年版。

〔匈〕卢卡奇:《历史与阶级意识》,杜章智等译,商务印书
馆 1992 年版。

〔英〕柯林武德:《历史的观念》,何兆武、张文杰译,商务
印书馆 1997 年版。

〔德〕马克思:《前资本主义生产形态》,日知译,《文史哲》
1953 年第 1 期。

(一) 历史部分

林志纯:《世界通史资料选辑·上古部分》,商务印书馆 1962
年版。

王国维:《殷周制度论》,《观堂集林卷十》第二册,中华书
局 1959 年版。

陈伯瀛:《中国田制丛考》,商务印书馆 1980 年版。

傅筑夫:《中国封建社会经济史》,人民出版社 1981 年版。

崔同祖：《中国法律与中国社会》，中华书局1982年版。

赵丽生：《中国土地制度史》，齐鲁书社1984年版。

吕思勉：《中国制度史》，上海教育出版社1985年版。

胡寄窗：《中国经济思想史》，上海书店1989年版。

郭沫若：《中国古代社会研究》，上海书店1989年版。

许倬云：《西周史》，三联出版社1994年版。

田昌五：《中国历史体系新论》，山东大学出版社1995年版。

李埏、武建国：《中国古代土地国有制史》，云南人民出版社1997年版。

李朝远：《西周土地关系论》，上海人民出版社1997年版。

缪文远：《中国制度通考》，巴蜀书社1998年版。

王德培：《西周封建制度考》，光明日报出版社1998年版。

刘红星：《先秦与古希腊：中西文化之源》，上海古籍出版社1999年版。

杨宽：《西周史》，上海人民出版社1999年版。

杨宽：《战国史》（增订本），上海人民出版社1998年版。

杨宽：《战国史料编年辑证》，上海人民出版社2001年版。

侯外庐：《中国古代社会史论》，河北教育出版社2000年版。

吴松等：《中国农商关系思想史纲》，云南大学出版社2000年版。

曹旅宁：《秦律新探》，中国社会科学出版社2002年版。

张金光：《秦制研究》，上海古籍出版社2004年版。

李雪山：《商代分封制度研究》，中国社会科学出版社2004年版。

许倬云：《中国古代社会史论》，邹水杰译，广西师范大学出版社2006年版。

赵冈、陈钟毅：《中国经济制度史论》，新星出版社2006

年版。

（二）思想史及诸子部分

（清）俞樾：《诸子平议》，上海书店 1988 年版。

（清）于鬯：《香草续校书》，张华民点校，中华书局 1963 年版。

刘及辰：《先秦诸子的思想方法与思想体系》，新潮书店 1951 年版。

侯外庐等：《中国思想通史》，人民出版社 1957 年版。

罗根泽：《诸子考索》，人民出版社 1958 年版。

罗根泽：《罗根泽说诸子》，上海古籍出版社 2001 年版。

陶鸿庆：《读诸子札记》，中华书局 1959 年版。

高亨：《诸子新笺》，山东人民出版社 1961 年版。

祝瑞开：《先秦社会和诸子思想新探》，福建人民出版社 1981 年版。

金德建：《先秦诸子杂考》，中州书画社 1982 年版。

胡适：《先秦名学史》，学林出版社 1983 年版。

胡适：《中国哲学史大纲》卷上，东方出版社 1996 年版。

吕思勉：《先秦学术概论》，东方出版中心 1985 年版。

蒋伯潜：《诸子通考》，浙江古籍出版社 1985 年版

张岂之：《中国思想史》，西北大学出版社 1989 年版。

孙中原：《墨学通论》，辽宁教育出版社 1993 年版。

梁启超：《先秦政治思想史》，东方出版社 1996 年版。

郭沫若：《十批判书》，东方出版社 1996 年版。

郭沫若：《青铜时代》，中国人民大学出版社 2005 年版。

周山：《绝学复苏——近现代的先秦名家研究》，辽宁教育出版社 1997 年版。

崔清田：《显学重光——近现代的先秦墨家研究》，辽宁教育

出版社 1997 年版。

丁原明：《黄老学论纲》，山东大学出版社 1997 年版。

白奚：《稷下学研究——中国古代的思想自由与百家争鸣》，三联书店 1998 年版。

蒋伯潜、蒋祖怡：《诸子与理学》，上海书店出版社 1998 年版。

罗检秋：《近代诸子学与文化思潮》，中国社会科学出版社 1998 年版。

程维荣：《道家与中国法文化》，上海交通大学出版社 2000 年版。

马积高：《荀学源流》，上海古籍出版社 2000 年版。

冯友兰：《中国哲学史》，华东师范大学出版社 2000 年版。

陈奇猷：《韩非子新校注》，上海古籍出版社 2000 年版。

陈奇猷：《晚翠园论学杂著》，上海古籍出版社 2008 年版。

郑良树：《诸子著作年代考》，北京图书馆 2001 年版。

钱穆：《先秦诸子系年》，商务印书馆 2001 年版。

钱穆：《庄老通辨》，三联书店 2005 年版。

徐复观：《中国人性论史》，三联书店 2001 年版。

秦彦士：《诸子与先秦社会》，河北人民出版社 2003 年版。

张吉良：《中国古典道学与名学》，齐鲁书社 2004 年版。

童书业：《先秦七子思想研究》（增订本），中华书局 2006 年版。

陈柱：《诸子概论》，中国书籍出版社 2006 年版。

陈柱：《子二十六论》，广西师范大学出版社 2008 年版。

张增田：《黄老治道及其实践》，中山大学出版社 2005 年版。

张舜徽：《周秦道论发微》，华中师范大学出版社 2005 年版。

赵鼎新：《东周战争与儒法国家的诞生》，华东师范大学、三联书店 2006 年版。

　　王叔岷：《诸子斠证》，中华书局 2007 年版。

　　王叔岷：《庄子校诠》，中华书局 2007 年版。

　　张丰乾：《出土文献与文子公案》，社会科学文献出版社 2007 年版。

　　傅斯年：《〈战国子家〉与〈史记〉讲义》，天津古籍出版社 2007 年版。

　　黄坚：《思想门——先秦诸子解读》，长安出版社 1997 年版。

　　张林祥：《〈商君书〉的成书与思想研究》，人民出版社 2008 年版。

　　罗焌：《诸子学述》，华东师范大学出版社 2008 年版。

　　白彤东：《旧邦新命》，北京大学出版社 2009 年版。

　　刘绪义：《天人视界：先秦诸子发生学研究》，人民出版社 2009 年版。

（三）法家部分

　　洪嘉仁：《韩非的政治哲学》，正中书局 1947 年版。

　　周钟灵：《韩非子的逻辑》，人民出版社 1958 年版。

　　梁启雄：《韩子浅解》，中华书局 1960 年版。

　　赵海金：《韩非子研究》，正中书局 1967 年版。

　　周勋初：《〈韩非子〉札记》，江苏人民出版社 1980 年版。

　　张震泽：《孙膑兵法校理》，中华书局 1984 年版。

　　张纯、王晓波：《韩非思想的历史研究》，中华书局 1986 年版。

　　杨鹤皋：《商鞅的法律思想》，群众出版社 1987 年版。

　　华岩：《凄壮的祭坛——从中国古代改革家的悲剧看传统文化中锐气与惰性的对垒及其终结》，国际文化出版公司 1988 年版。

郑良树：《商鞅及其学派》，上海古籍出版社1989年版。

郑良树：《商鞅评传》，南京大学出版社1998年版。

施觉怀：《韩非评传》，南京大学出版社2002年版。

孙实明：《韩非思想新探》，湖北人民出版社1990年版。

古棣、周英：《法和法学发生学》，中国人民大学出版社1990年版。

闫笑非：《韩非研究丛稿》，吉林大学出版社1991年版。

许抗生：《中国法家》，新华出版社1991年版。

张素贞：《国家的秩序——韩非子》，三环出版社1992年版。

陈启天：《中国法家概论》（民国丛书，第4编7），上海书店1992年版。

谢无量：《韩非》（民国丛书，第4编7），上海书店1992年版。

曹谦：《韩非法制论》（民国丛书，第4编7），上海书店1992年版。

陈烈：《法家政治哲学》（民国丛书，第4编7），上海书店1992年版。

张素贞：《国家的秩序〈韩非子〉》，三环出版社1992年版。

胡星斗：《韩非子帝王术》，山西经济出版社1993年版。

王宏斌：《中国帝王术》，河南大学出版社1995年版。

卫海东：《中国法家》，宗教文化出版社1996年版。

谷方：《韩非与中国文化》，贵州人民出版社1996年版。

曾振宇：《前期法家研究》，山东大学出版社1996年版。

李殿元：《以食为天之道：法家与经济改革》，四川人民出版社1996年版。

屈小强：《同声相应之策：法家与文化谋略》，四川人民出版社1996年版。

谢芳琳、于永昌:《君人南面之术:法家与人才管理》,四川人民出版社 1996 年版。

王康、梁银林:《质朴无华之美:法家与思辨智慧》,四川人民出版社 1996 年版。

赵映林:《威慑万民之法:法家与法制建设》,四川人民出版社 1996 年版。

段渝:《虎视六合之势:法家与国家统一》,四川人民出版社 1996 年版。

李海生:《法相尊严——近现代的先秦法家研究》,辽宁教育出版社 1997 年版。

武树臣、李力:《法家思想与法家精神》,中国广播电视出版社 1998 年版。

蒋重跃:《韩非子的政治思想》,北京师范大学出版社 2000 年版。

苏南:《法家文化面面观》,齐鲁书社 2000 年版。

陈鹏主编:《刑名法术——法家哲学》,鹭江出版社 2000 年版。

张有智:《先秦三晋地区的社会与法家文化研究》,人民出版社 2002 年版。

周密:《商鞅刑法思想及变法实践》,北京大学出版社 2002 年版。

韩星:《先秦儒法源流述论》,中国社会科学出版社 2004 年版。

王叔岷:《先秦道法思想讲稿》,中华书局 2007 年版。

于霞:《千古帝王术——韩非子》,江西出版集团 2008 年版。

熊十力:《韩非子评论与友人论张江陵》,上海书店出版社 2007 年版。

周炽成：《荀·韩：人性论与社会历史哲学》，中山大学出版社 2009 年版。

张亲霞：《韩非子与中国传统政治艺术》，长春出版社 2009年版。

后　记

　　这部小册子是在笔者 1997 年的博士论文"法家与先秦诸子的相互关系"的基础上历经十余年修改完成的，也是笔者第一部即将正式出版的作品。对笔者而言，其意义不亚于年当 45 而得一子者。在此，我要感谢我的母校——西北大学，没有它我根本不可能走上为学之路，更不要说出版学术专著了。笔者没有上过大学，而当 1991 年笔者以工人身份报考西北大学的研究生时，西北大学以它宽广的胸怀热情地接受了笔者，没有任何的歧视。并且在以后的学习、工作、生活、科研，直至此书的出版等方面都给予了笔者极大的帮助。在此，三位恩师的再造之德是尤当令笔者感怀终生的。他们是：

　　我电大毕业论文（1985 年）的指导老师，西北大学中文系教授薛瑞生先生，正是在先生的积极鼓励下，我才坚定了报考研究生的勇气，虽然我报考的不是先生的专业，先生还是向有关导师积极地予以推荐，没有先生我是不可能走上为学之路的。

　　我的硕士导师（1991—1994 年），西北大学中文系教授张孝评先生。不单是三年的授业之恩使我打下了应有的专业基础，而且在以后的工作中又给予了极大的帮助，使我由一名工人最终站在了大学的讲台上。

我的博士生导师（1994—1997 年），西北大学名誉校长、中国思想文化研究所所长张岂之先生。我本不是历史学出身，蒙先生不弃收于门下。三年期间，先生对我付出了比别人更多的辛劳。针对我由文学而史学的特殊情况，先生专门为我开设了相应的课程，以使我对治史的基本方法有所认识。当我选法家思想研究为论文题目后，先生对我的大纲提出了具体的修改意见，在写作过程中又给予了具体的指导，从而使论文在答辩时得以顺利通过。

在此，还要感谢同行专家及答辩委员会的诸位先生：周积明先生（湖北大学）、郑学檬先生（厦门大学）、林甘泉先生（中国社会科学院历史研究所）、吕绍纲先生（吉林大学）、赵吉惠先生（陕西师范大学）、赵馥杰先生（西北政法大学）、刘宝才先生、彭树智先生、周伟洲先生、沈仲英先生（西北大学），他们一方面对论文给予了很好的评价；另一方面也提出了改进的意见，这次在修改的过程中就充分遵照了诸位先生的意见。可惜的是吕先生和赵先生已经看不到此书的出版了，在此谨对二位先生致以深切的悼念。

另外还要感谢在求学及论文写作过程中曾给予我诸多指导和帮助的诸位老师、学长：西北大学思想所的方光华教授、谢阳举教授、张茂泽教授，西北大学文学院的段建军教授、南京大学哲学系的杨维中教授。

感谢西北大学"211"工程"十一五"学科建设基金项目的支持，他们为此书提供了出版资金。

感谢西北大学文学院院长李浩教授，不单是由他为我申请并提供了出版资金，还在于他一贯所给予的帮助。

感谢中国社会科学院出版社的罗莉编辑，此书诸多学术上和技术上的问题，她都提出了宝贵的意见，几年来经过她反复地推敲，从而使此书得以最终出版。

赵小雷

2008 年农历三十于西北大学桃园